これならできる！

自家採種コツのコツ

失敗しないポイントと手順

公益財団法人 自然農法国際研究開発センター 編

農文協

母本の見分け方・選び方 ―草姿で見分ける生育特性

自家採種で最も大切なことは、花を咲かせてタネをとる株（母本といいます）を選ぶことです。

作物には、着果・肥大が早く（光合成による同化養分の転流が果実に移行しやすい）草勢が弱くなりやすい性質の品種、着果・肥大が遅く草勢が強い性質の品種、中間的な性質の品種の3タイプがあります。

たとえば果菜類の場合、着果・肥大が早い品種は根域が狭く、生長が早い早生～中早生で、肥沃地や多肥、多湿、密植に向きます。

反対に着果・肥大が遅い性質の品種は栄養生長に傾きやすく、根張りが強く、開花・結実が遅い中生～晩生で、やせ地や乾燥、疎植に向きます。

草姿や収穫物の特徴から、どのような生育をするのかを見分ける目を養うことは、畑や栽培法にあった品種を選ぶうえで不可欠な技術です。

トマト

●着果・肥大が早いタイプ

成熟が早い、採光性がよい

●着果・肥大が遅いタイプ

成熟が遅い、草勢が強い、葉がよく茂る

キュウリ

●着果・肥大が早いタイプ

側枝が少ない

濃緑・角葉

立性

●着果・肥大が遅いタイプ

側枝が多い

淡緑・丸葉

這い性

カボチャ

●着果・肥大が早いタイプ

ツル先が伏せる

ツルが短い（左側）

●着果・肥大が遅いタイプ

ツル先が立つ

ツルが長い（右側）

ピーマン

●着果・肥大が早いタイプ

開帳性、着花が多い、小果

●着果・肥大が遅いタイプ

立性、着花が少ない、大果

抽根性

ヒゲ根が少ない

吸い込み性

ヒゲ根が多い

カブ

●草勢が弱いタイプ

草姿が立性

根部が円筒形で、ひげ根が少ない

●草勢が強いタイプ

草姿が開帳性

根部が扁平丸形で、ひげ根が多い

●胚軸の太さと草勢

胚軸が細い（左）：草勢が弱い
胚軸が太い（右）：草勢が強い

●葉の形と草勢

ビワ葉（左）：草勢が弱い
切れ葉（右）：草勢が強い

ニンジン

収穫物の肥大が早い早生タイプは、尻づまりが早く、しわがなく太りが早い。収穫物の肥大が遅い中晩生タイプは、尻づまりが遅く、しわがあり太りが遅い。

●尻のつまり

左：中晩生タイプ、右：早生タイプ

●しわの有無

左：早生タイプ
右：中晩生タイプ

コマツナ

草勢が弱いタイプ（左）
濃緑で葉柄が短い
草勢が強いタイプ（右）
淡緑で葉柄が長い

ダイコン

●草勢が弱いタイプ

濃緑・細葉（小葉）

●草勢が強いタイプ

淡緑・大葉

タネの性質は環境によって変化する

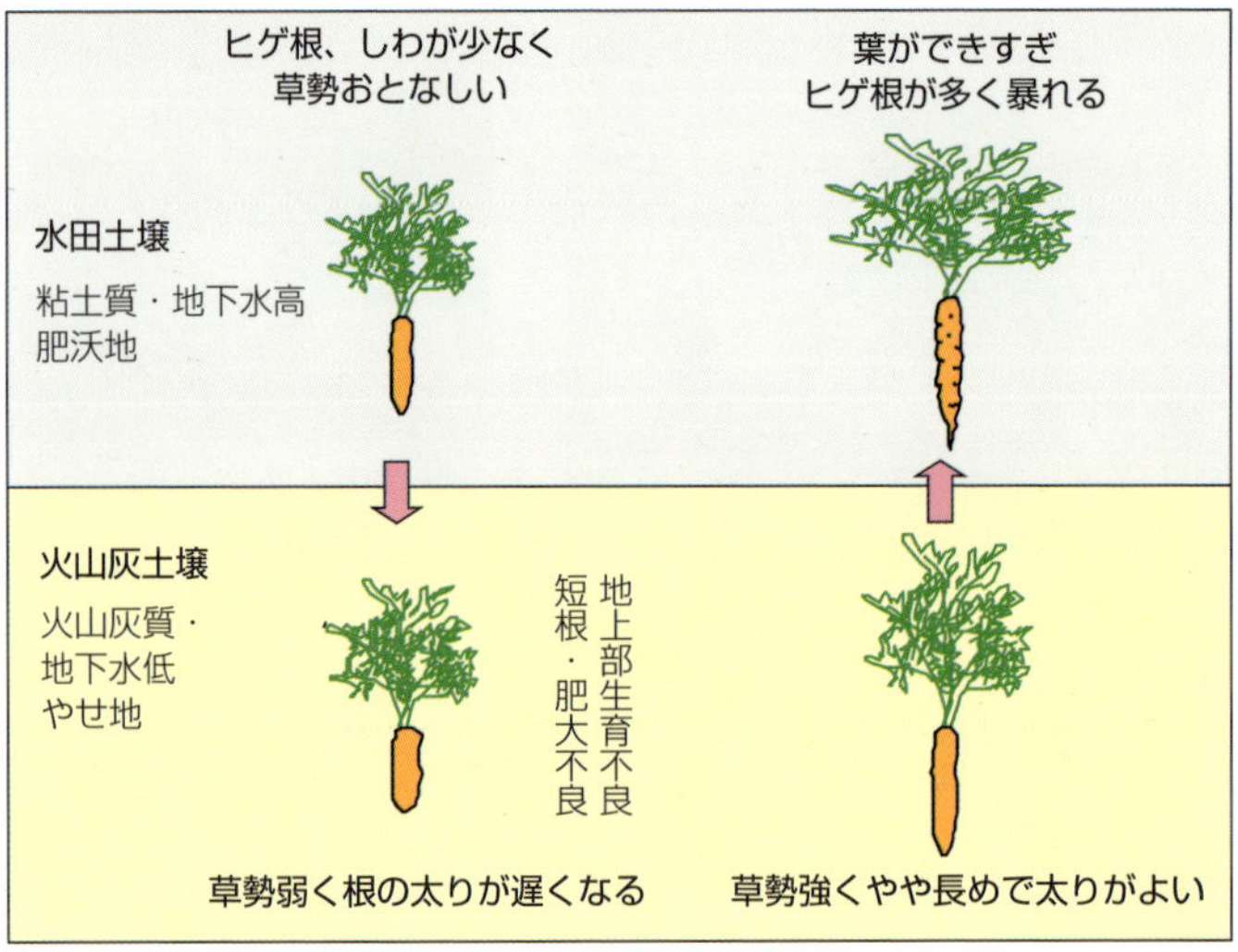

品種によって土壌への適応性がちがってきます。たとえば、水田土壌に適するニンジンの品種は、ヒゲ根やしわが少なく草勢はおとなしいですが、火山灰土壌で栽培すると草勢が弱く根の太りが遅くなり収量が低下します。

反対に火山灰土壌に適する品種は、草勢が強くやや長めで太りがよいですが、水田土壌で栽培すると葉ができすぎてヒゲ根が多く、地上部が過繁茂となり不良な根が多くなります。

このようにニンジンなどの根菜類は、土壌の性質に敏感なので土質に合った品種を選び、草姿や収穫物の特徴をみきわめて母本を選抜します。

ダイコンの母本の選抜と効果

母本の選抜と定植

収穫期に抜いて形の悪いもの、病害虫にかかったものは除外し、大きさの順に並べ、極端に長大なもの、短小なものは除外し、品種固有の特徴をあらわしている標準的なものを母本にします。母本は株間を十分にとって、やや北側に倒して斜めに植えます。

母本選抜の様子

母本の定植

母本選抜の効果

慣行栽培で採種した在来種の地大根を無施肥、不耕起栽培して、根の太りを重点に母本選抜すると、１年目で葉色が淡くなり、３年目に葉が大きく草勢が強まり、少肥な環境に適した草姿になります。

市販種子の生育

選抜１年目のダイコン

選抜３年目のダイコン

まえがき

全国の家庭菜園実施者は２００万人ともいわれ、自然菜園の広がりとともに固定種や在来種がみなおされ、種子メジャーの世界戦略への危機感などから、自家採種への関心が高まっています。

公益財団法人 自然農法国際研究開発センター（以下、当センター）が行なった自然農法種子ユーザー約３０００人へのアンケートでは、６割近い人がタネ代の節約や自分に合ったタネを育てたい、有機種子を確保したいといった理由から自家採種を実施しています。

しかし、自家採種についての技術情報が少なく、多くの人が自己流で、交雑による形質の劣化、発芽不良、生育不良などの問題を抱えています。失敗の原因は、意図しない交雑や不十分な病害対策、あやまった品種選びや選抜、採種果実の追熟不足、タネ洗いや乾燥の不徹底によります。収穫と採種の両方を楽しむには、収穫だけが目的の通常の食用栽培とはちがう管理が必要になってきます。

ただ、自家採種はけっしてむずかしくありません。要点さえおさえれば、家庭菜園の延長でだれでも楽しむことができます。本書では、育種の解説を菜園愛好家や農家にとって必要な範囲にしぼり、当センターの自家採種のノウハウ、失敗しないポイント、収穫と採種を両立させる栽培方法をあますところなく紹介しました。他社本にはない詳細な手順もカラーで掲載しています。これを読めば、農家はもちろん、家庭菜園でも、収穫を楽しみながら生命力の強いオリジナル品種を育てることができます。

自家採種によって、受け継がれ、守り育てられてきた種子を次の世代へ引き継ぐことは食の根底をささえ、地域固有の生活文化様式を伝える術にもなります。当センターではこれからの農業のあり方として、たんに栽培方法の一部（化学肥料・農薬の使用）をかえていけばよいという発想ではなく、各地域の自然条件や文化・社会条件、そこに暮らす人々の生活を含めた新たな視点をもって農業を構築していく必要があると考えています。

そのため正しい自家採種の知識を身につけ、自家採種を実施することは、種子を進化させることにつながり、これからの農業のあり方を考える、大きな鍵になるのではないかと考えます。本書が、ひとりでも多くの人が自家採種に関心をもっていただき、種子を通して食や自然、暮らし方をみなおすきっかけになれば幸いです。

最後に、本書の発行にあたり農文協の編集者の方々にたいへんお世話になりました。深く感謝の意を表します。

平成28年４月

公益財団法人 自然農法国際研究開発センター

目次

〔口絵〕
母本の見分け方・選び方……1
母本選抜の効果……4

まえがき……5

あなたにもできるタネとり─自家採種入門 9

1 やらなきゃ損する！ 自家採種─10

生命力を活かして、少肥でよし、病気に強し─10
「ど根性ダイコン」にみる1粒のタネの適応力……10
化学肥料ゼロでも元気に育ち、収量もかわらない……10
こんなにちがう病害虫抵抗性─ダイコンを例に……11
良質な無農薬種子を確保、タネ代も節約─11
有機対応のタネは自分で育てるのがいちばん……11
1粒何十円！ バカにならないタネ代も節約……12
出自が明白なタネだから安心、収穫物も高評価……12
自分だけのオリジナル品種を育てる・味わう─在来種も固定種も交配種も育種素材─12
在来種─地域の風土に適した品種……12
固定種─特性の一部がそろっている品種……12
交配種（F_1品種）─多様な性質を得やすい……13
タネの種類より自分の畑で採種をつづけることが重要……13
風土がはぐくんだ唯一無二の味を楽しみ、おすそわけ……13
作物の性質と生育を見抜く目が養われる─13
作物の性質が「見た目」だけでわかるようになる……13
育てやすい時期は病害虫の被害も少ない……14
【コラム】品種登録と自家採種の許容範囲─14
【コラム】環境がかわるとタネの生育もかわる─14

2 これだけは知っておきたい基礎知識─15

食用栽培と採種栽培の大きなちがい─15
タネとりは成熟期まで栽培、食用の収穫時期はいろいろ……15
葉菜類と根菜類のタネとりは栽培期間が長くなる……15
基本は少肥・無農薬、タネをきたえる栽培管理……17
強さだけでなく、おいしさや美しさも大切……17
自分が求める性質をもった品種の育て方─17
まず品種の目標や基準を決めよう……17
対照品種と比較するとちがいがみえやすい……18
基本的に分離育種法でいける……18
分離育種法と選抜方法……18

【コラム】ほかにもいろいろ、各種育種法とその特徴――19
自家採種に失敗しないためのポイント――19
人工交配や隔離が不十分でタネが別の品種に……19
着果期間と栄養不足に注意……20
タネを病気から守る……20
採種に必要な道具はたったこれだけ――20
自家受粉する作物には交配のための道具は不要……20
交雑を防ぐための道具と施設……21
交配の道具……23
採種用の道具……23

3 採種栽培の流れと勘どころ――25

土づくりと施肥――25
施肥に依存せず「土」で育てる……25
作柄にムラのある畑は堆肥で地力を均一に……26
有機物は土の上からやる＝有機物マルチ……26
前作残渣の活用……26
肥料は畑の地力だけでＯＫ、元肥を使うとよい野菜も……26
緑肥を上手に使って元肥ゼロ、雑草抑制……26
タネまき、育苗、定植――27
旬の栽培が基本だが、早まきや遅まきすることも……27
採種栽培も苗半作、「日だまり育苗」が便利……27
可能なかぎりタネとりに必要な株数を定植する……27
栽培管理――28
初期の水やりは控えめに……28
整枝はできるだけしない……28
追肥は交配の前まで……28
収穫を楽しみながら、タネとり用の果実も確保……28
摘花・摘果でタネを充実させる……28
病害虫は雨よけ、ストチュウなどで防ぐ……28
選抜のポイント――29
根が広く深く張っている株を選ぶ……29
草姿、草勢の良し悪しはこうみる……30
着果性や果実の良し悪しはこうみる……30
根菜類は収穫期に掘り出し選抜・移植……30
交雑防止対策――30
人工交配は時刻と雨に注意、袋がけもきちんと……30
アブラナ科など他家受粉作物は隔離栽培や障壁作物を利用……31
採種と採種後の処理――31
採種果の収穫までの期間を確保する……31
採種果は追熟で発芽力アップ……32
ていねいなタネ洗い、乾燥で発芽力を低下させない……32
タネの保存――32
貯蔵容器と記載すべき事項……32
貯蔵は乾燥した冷暗所で……32
発芽試験で発芽力チェック……33

4 初心者でも丈夫な苗がつくれる――果菜類の「日だまり育苗」――34

日中は日だまり、夜は家の中へ――34
日だまりを利用して「日だまり育苗」……34
温度管理の手間も資材代もわずか……34

日だまり育苗の実際――35
タネまきは小さな容器で……35
育苗用土について……36
土づめ……36
タネまき時期……36
タネまき穴の深さと覆土―タネまきのやり方……37
毎日の水やり……38
苗の置き場所……38
鉢上げから活着までの管理……38
「苗ずらし」で十分な光を……39
【コラム】人の体温で芽出し――40
定植適期と定植前の管理……40

31種類―タネとり徹底ガイド　41

〈果菜類〉
トマト――42
ナス――47
ピーマン――51
キュウリ――54
カボチャ――62
メロン・マクワウリ――67
スイカ――73
スイートコーン――76
オクラ――80

〈根菜類〉
ニンジン――83
カブ――86
ダイコン――89
タマネギ――91

〈葉菜類〉
レタス――97
キャベツ・ケール――100
ハクサイ――103
ツケナ類（コマツナ）――106
ルッコラ――109
カキナ――111
オカノリ――112
ツルナ――114
マーシュ――115

〈マメ類〉
アズキ――117
ササゲ――117
サヤインゲン――118
エダマメ――120

〈雑穀〉
アワ――122
ヒエ――123
キビ――124
アマランサス――125
エゴマ――126

本著で紹介した品種の入手先一覧（表）…40

イラスト●トミタ・イチロー

あなたにもできる

タネとり

自家採種入門

1 やらなきゃ損する！ 自家採種

生命力を活かして、少肥でよし、病気に強し

●「ど根性ダイコン」にみる1粒のタネの適応力

何年か前、「ど根性野菜」というのが報道され、話題になりました。その口火を切ったのは2005年末に報道された「ど根性ダイコン」で、アスファルトから芽を出し生育したダイコンのことです（図1-1）。

ダイコンにとっては与えられた環境で生育し、次の世代にタネをつないでいるだけなのですが、こんな環境で生育している野菜をみると、植物の生命力の強さに驚かされます。

もともと植物には、気候を含め異なった環境に移されると、環境に適応するよう体質を変化させて生長し、タネを残す能力があります。その能力を「順化」（馴化）といいます。

自家採種はタネをとる行為ですが、こうした植物の能力を活かし、ヒトがかかわって次の世代につなげていく営みの一つです。また、それぞれの環境に適した株を選びタネをとることで、作物の無限の可能性をかいまみる行為でもあります。

●化学肥料ゼロでも元気に育ち、収量もかわらない

ダイコンをはじめとする根菜類は、根が土の影響を直接受けるため、同じ品種でも土の状態に強く影響され収量や品質が変化し、播種時期によっても病気や害虫のつき方がちがうなど、生育の変化がわかりやすい野菜の一つです。

採種条件がちがうダイコンを少ない養分で耕さない（不耕起）で栽培すると、同じ品種でも生育がちがいます。

図1-2は長野県の在来種〝牧地大根〟を、化学肥料ゼロで耕さず栽培して比較したものです。上段の市販種子は慣行栽培（養分が多く、耕した栽培）で採種されたもので、根の太りが不十分で品種本来の特性があらわれていません。

これに対して中、下段のダイコンは、根の太りのよいものを選抜し自家採種を3年、4年とつづけたもので、根の肥大性が改善され地上部の生育もよいダイコンになっています。表1-1のように、市販のタネにくらべ、

生命力を活かして少肥でよし、病気に強し、タネ代も節約

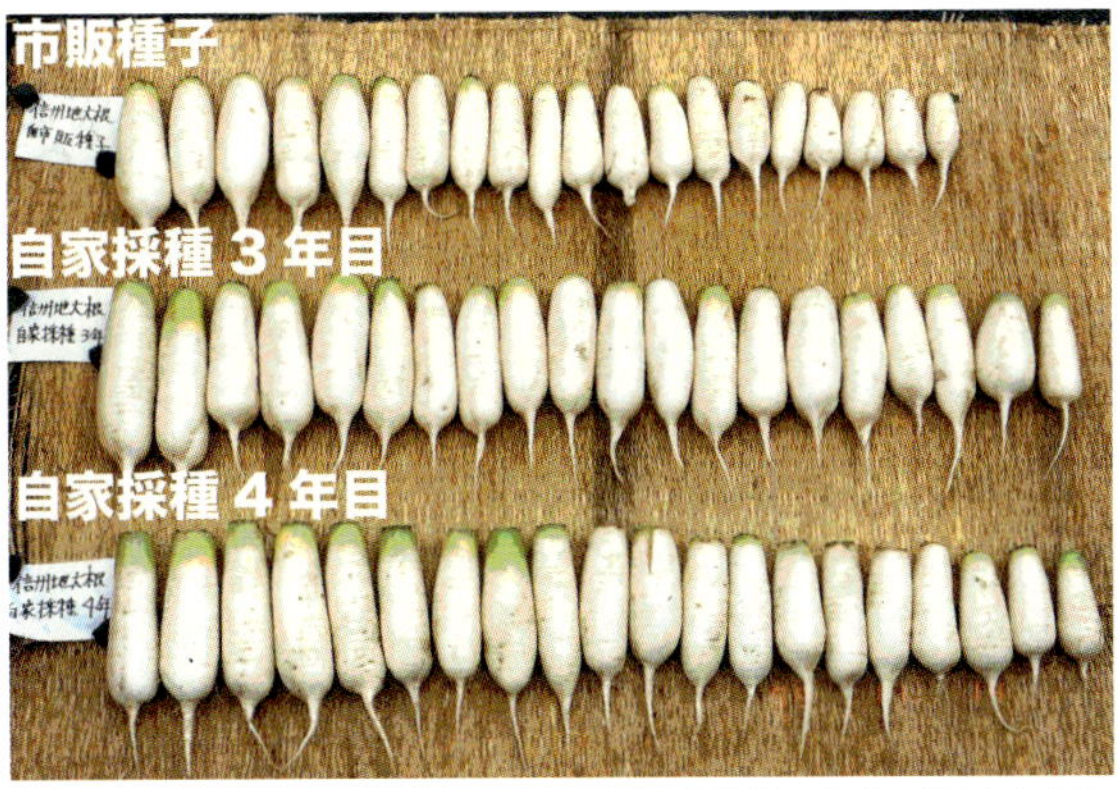

図１-２　自家採種による選抜で肥大が改善された‘牧地大根’

図１-１　ど根性ダイコン

表１-１　選抜で根の肥大や地上部の生育がよくなった‘牧地大根’

	葉長 cm	根長 cm	根径 cm	葉色割合%			平均 地上部重g	平均 根重g	T/R率
				濃	中	淡			
市販種子	37.1	15.7	5.7	70	20	10	168	321	0.52
自家採種3年	41.1	18.2	6	10	60	30	215	427	0.5
自家採種4年	40.3	19.1	6.1	10	60	30	223	442	0.5

注）1. 調査株数 70 株、葉色のみ 20 株
2. T/R 率：地上部（T、top）と地下部（R、root）の比率

根長、全重が改善され、葉色が淡くなり草姿が変化しています。この変化は、どのダイコンを母本として選ぶかによって1年目からあらわれます。

このように無施肥・不耕起という一般的に作物の生育に不利な条件下でも、根の太りを重点に選抜をつづければ草勢が強化され、少ない養分でも適応するタネに変化することができます。

●こんなにちがう病害虫抵抗性 ——ダイコンを例に

選び方によってダイコンの根の肥大や生育が改善されたように、乾燥や湿害などの環境ストレスにあっても健全に生育したものを選ぶと病害虫に強くなることがあります。

植物は自身の免疫力を高めることで防御する機能をもっています。植物は、つねに生育環境の変動や病原菌の感染、虫などによる食害など、さまざまなストレスにさらされています。これらのストレスに対して、植物ホルモンを分泌して独自の自己防御機構で対抗しています。

また、植物は、栽培された土地の気候や土壌条件に適応できた個体が生き残って世代を更新します。

適応できた個体を選び、それぞれの生殖方法に合わせてタネをとり、地域にあった品種を維持していくことで、結果として病害虫にも強くなります。

良質な無農薬種子を確保、タネ代も節約

●有機対応のタネは自分で育てるのがいちばん

日本では有機ＪＡＳ認証が制定され、有機農産物への関心が高まっていますが、有機種子（有機農業に準拠した圃場で播種・採種された種子をいう）への関心はまだ低いように思います。

ドイツをはじめとした欧州では有機種子への関心が高く、有機種子の定義が決められています。しかし日本では、有機種子の定義もなく、有機栽培を前提とした品種もほとんどなく、手にいれるのが困難です。

自家採種技術を身につけることで、自分でタネを育てることができ、タネの段階から安全・安心な農産物を育てることができます。

1粒何十円！ バカにならないタネ代も節約

有機農業をはじめ、環境保全型農業など環境に負荷をかけない持続可能な農法が模索されていますが、それはコストをかけない農業のあり方ともいえます。

しかし、近年では肥料代も高騰し、農家の負担も増す一方で、タネ代もバカにはなりません。新品種のタネだと1粒30円以上はあたりまえで、なかには50円以上するものもあります。手間はかかる自家採種ですが、自分でタネをとることでタネ代の節約にもなります。

出自が明白なタネだから安心、収穫物も高評価

自家採種は自分でタネをとるので、出自（出所）がはっきりしています。市販種子は、どこで、だれによって、どのようにして採種されたのかがわかりません。近年では、海外で採種されたタネも多く、シードマイレージ（注）からも環境負荷が大きいといえます。

たとえば農薬について、どんなものを、いつ、どれくらい使用したのかなどを知るすべがありません。しかし、自分で採種したタネならすべてが把握でき、安心して使うことができます。

（注）フードマイレージ（食糧の輸送距離にともなう二酸化炭素排出が、環境に与える影響を考慮する考え方）を模した造語。

自分だけのオリジナル品種を育てる・味わう
―在来種も固定種も交配種も育種素材

自家採種は地域や畑にあったタネを育てることが目的です。在来種、固定種、交配種（F1）の区別にこだわらず、どんなタネでも自家採種の素材として活用できます。ただし、その素材の特性は知っておく必要があります。

在来種―地域の風土に適した品種

在来種とは、「動植物の品種のうち、ある地方の風土に適し、その地方で長年栽培または飼育されているもの」（『大辞泉』より）、とされていますが、実際には、その定義は使うところによって変化します。

ここでいう在来種は、その地域の風土や栽培方法に適応した品種で、一般的には固定種の一種で固定種よりも遺伝的に雑ぱくな集団とされています。地域の風土に適応した品種なので、ほかの地域で栽培してもすぐに能力を発揮できないものもあります。

品種の維持の方法もさまざまです。個人や種苗店、地域の農家や家庭菜園で自家採種されている場合もあれば、地方品種を特産化する試みとして、県の試験場や大学、民間団体などによって改良され交配種になっている在来種もあります。

そのため、いちがいに在来種は固定種だとはいえないのです。その品種の来歴や風土、栽培との結びつき、維持のされ方を確認する必要があります。

固定種―特性の一部がそろっている品種

固定種とは、遺伝的にそろっている品種で、純系と思われているかもしれませんが、実際は、選抜を受けている性質が一定にそろっていて、他の品種と区別できる品種のことをいいます。

たとえばカブの固定種なら、根や葉の形、大きさ、タネまきから収穫までの日数など、特性の一部がそろっている品種をいいます。秋まき栽培するとそろいがよい品種を春まき栽培すると、根の太りが悪いカブが出て、バラツキが生じることがあります。これは秋まきの作型（栽培環境）に対応する性質は固定しているが、春まきに対応する性質は固定していないという固定種なのです。

●交配種（F_1品種）―多様な性質を得やすい

交配種とは、性質がちがう品種間のかけ合わせで生まれた品種のことをいいます。雑種の第一世代（F_1世代）では、両親の平均かそれよりも生育や耐病性、収量が優れているので（この性質を「雑種強勢」といいます）、多くの野菜でF_1世代を利用した交配種が育成されています。これがF_1品種です。

F_1品種を自家採種すると、その性質から、次の世代（雑種第二世代、F_2世代）では親の性質がバラバラになって子孫に伝わるため、F_1世代とはちがう性質があらわれます。

しかし、F_1品種は遺伝子が多様化しているので、新しい性質があらわれ、その畑のオリジナルな品種が育ちやすいという利点があります。たとえば、早生で固定している品種から中生はなかなか出てきませんが、早生の交配種からは早生から晩生まで出てくることがあります。ただし、F_1品種には花粉が出ない形質をもつ雄性不稔株を使って育種した品種など、タネがとりにくい品種もあるため、採種には注意が必要です。

●タネの種類より自分の畑で採種をつづけることが重要

もともとタネは、その環境のなかで生活し、次の世代を残すために必要な遺伝情報をもっています。それが有機栽培の環境であれば、その環境で生き抜くための遺伝子が発現し、そこで育つタネを残すために必要な性質を充実させるのだと思います。

在来種や固定種であっても、農薬や化学肥料を多投入する栽培で採種をくり返せば、そのタネは、もともともっていた耐病性や地力をうまく利用するといった能力を発揮しなくなり、退化していくのです。

有機栽培には交配種よりも在来種や固定種が合うという話を聞くことがありますが、それは短絡的な解釈です。有機栽培で自家採種を行なうのにいちばんよい素材は、自然農法や有機栽培の環境で選抜・採種をくり返した品種です。交配種か在来種、固定種であるかということは、有機栽培とは関係のないことです。

自然農法・有機栽培で育成された品種を素材にして、つくりなれた畑で自分で育てて、そのなかからおいしい株や病気に強い株など気にいった株を選び、何代かにわたって選抜をくり返すと、自分だけのオリジナル品種を育てることができます。

●風土がはぐくんだ唯一無二の味を楽しみ、おすそわけ

さらに、それぞれの気候風土に適応した株を選抜することで、その場所でしか出せない独特の風味を味わうことができます。自家採種ならではの、自分で育てた唯一無二の味を楽しむことができるのです（図1-3）。

また、できた収穫物や自家ダネを通して、多くの人と交流することができるのも自家採種の醍醐味だといえます。

図1-3
山形青菜と紫高菜を交雑させて育成した寒さに強い高菜（品種名：信州高菜）の例

作物の性質と生育を見抜く目が養われる

●作物の性質が「見た目」だけでわかるようになる

自家採種するには日々、作物を観察することが大切になります。毎年選抜をくり返すう

ちに、その品種の長所や短所が自然にわかるようになります。つまり、「見た目」だけで、野菜の生育の良し悪しがわかるようになるのです。

●育てやすい時期は病害虫の被害も少ない

また、使いなれた畑で栽培と採種を行なうことで、育てやすい時期が自ずとわかるようになります。育てやすい時期は、病害虫の出にくい時期でもあるので、被害も少なくなります。また、採種しやすい（繁殖力が旺盛な）株が選抜されるため、病害虫にも強い優れた品種が育つことにもなります。

コラム

品種登録と自家採種の許容範囲

品種のなかには、種苗法によって育成者の権利が保護されている品種もあります。品種登録とは、植物の新品種を育成した者（育成者）に一定期間、知的財産権の一つである権利（育成者権）を与え保護する制度をいいます。種苗法による登録品種（登録出願中）を表示するPVPマークがあります。このマークは義務ではないので、マークがなくても登録品種の場合があるので注意が必要です。

育成者権保護については、事業として行なう場合はとくに注意が必要ですが、ある一定の条件で農業者の自家増殖（自家採種）は認められています（ただし、他人への譲渡は不可）。しかし、基本的には種苗法で育成者権が保護されているので、たとえば、自家増殖を開始するときは、使用する種苗は権利者から譲渡されたものであることとか、省令で定める栄養繁殖性の植物でないことなど、さまざまな条件があるので、増やそうとする植物の種類や自家増殖ができる条件をよく確かめるなど留意が必要です。詳しくは農水省のホームページで確認できます。

コラム

環境がかわるとタネの生育もかわる

耐病性がある市販品種でも、栽培環境によっては本来もっているはずの耐病性が発揮されないことがあります（図1-4）。この原因の一つは市販品種が農薬や化学肥料の使用を前提にした環境で育ってきたため、いままで経験のない無農薬・無化学肥料で栽培するとストレスに負け、品種の特性が発揮できなくなるからです。

品種には、実際は、個体ごとに少しずつバラツキはあるものの、適地や適作型など好適な環境条件で生育するのに必要な遺伝子が構成されていると思われます。その品種が好む条件で栽培すると、その遺伝子が環境とセットで働き、品種の特性が発揮されるのです。

つまり、その品種を利用したい作型や栽培方法に合わせて選抜しタネをとることによって、それぞれの環境に適応した品種になるのです。

たとえばダイズは開花期が日長と温度に左右され、北海道から東北地方などの寒冷地原産の品種は温度が高くなると花芽ができる性質が強く、九州などの温暖地原産の品種は短日で花芽ができる性質が強い傾向があるなど、地域ごとに固有の品種が成立してきました。

そのため、地域の適応幅が狭いので、在来種を選ぶ場合は、遠い地域の品種を入手すると茎葉が茂っても結実が著しく劣ったり、登熟前に霜などにあい登熟不良になることがあります。ダイズのタネの入手先は、まず地元からさがし、次いで県内へと広げるのが最良です。

図1-4
環境によってかわる品種特性
（上：市販品種、下：自農センター育成品種）
市販品種は、無農薬・無化学肥料の栽培では、もっているはずの耐病性が発揮できていない

2 これだけは知っておきたい基礎知識

食用栽培と採種栽培の大きなちがい

●タネとりは成熟期まで栽培、食用の収穫時期はいろいろ

作物によって収穫する生育時期がちがいます。収穫時期を幼苗期、伸長期、茎葉繁茂期（開花結実期）、成熟期という生育ステージでみると、イネやダイズは成熟期に収穫しますが、レタスなど葉菜類やニンジンなどの根菜類は生育初期の伸長期に収穫します。また、同じ果実を収穫する果菜類でも、果実の肥大途中（開花結実期）に収穫するキュウリやナスなどと、成熟期に収穫するトマトやカボチャなどがあります（図2-1）。

一方、タネの収穫時期はいつでしょうか。採種栽培はタネが目的なので成熟期まで育てる栽培になります。したがって、成熟期で収穫する作物は、同時にタネを育てることになりますが、それ以外の作物は成熟期まで栽培しないので、タネはとれません。そのため、作物によっては食用として収穫したあと、タネをとるために栽培するものもあります。

いずれの場合も収穫を楽しみながらタネとりも楽しむことができ、採種栽培は両方楽しむことができます。

●葉菜類と根菜類のタネとりは栽培期間が長くなる

食用のニンジンは、タネまきから110日ほどで収穫になります。作物の一生におきかえると、果菜類の育苗期に相当し、収穫時期が定植時期ということになります。ニンジンは、その後、越冬して抽苔《ちゅうだい》、開花、結実、登熟という生育ステージを経て、たわしのような形をした花の集まりからタネをとります（図2-2）。

このように、ニンジンのタネをとるには、トマトなど果菜類のタネとりより栽培期間が長くなります。これは、レタスやキャベツなど葉菜類も同じで、越冬させて、翌春に開花・結実してタネをとるので、栽培期間が長くなります。

そのため、食用収穫（苗）までの育て方が、その後の生育に重要な意味をもち、収穫物（タネ）の収量や品質に影響を与えます。肥料を控えてじっくり育て、適期に間引きするなど

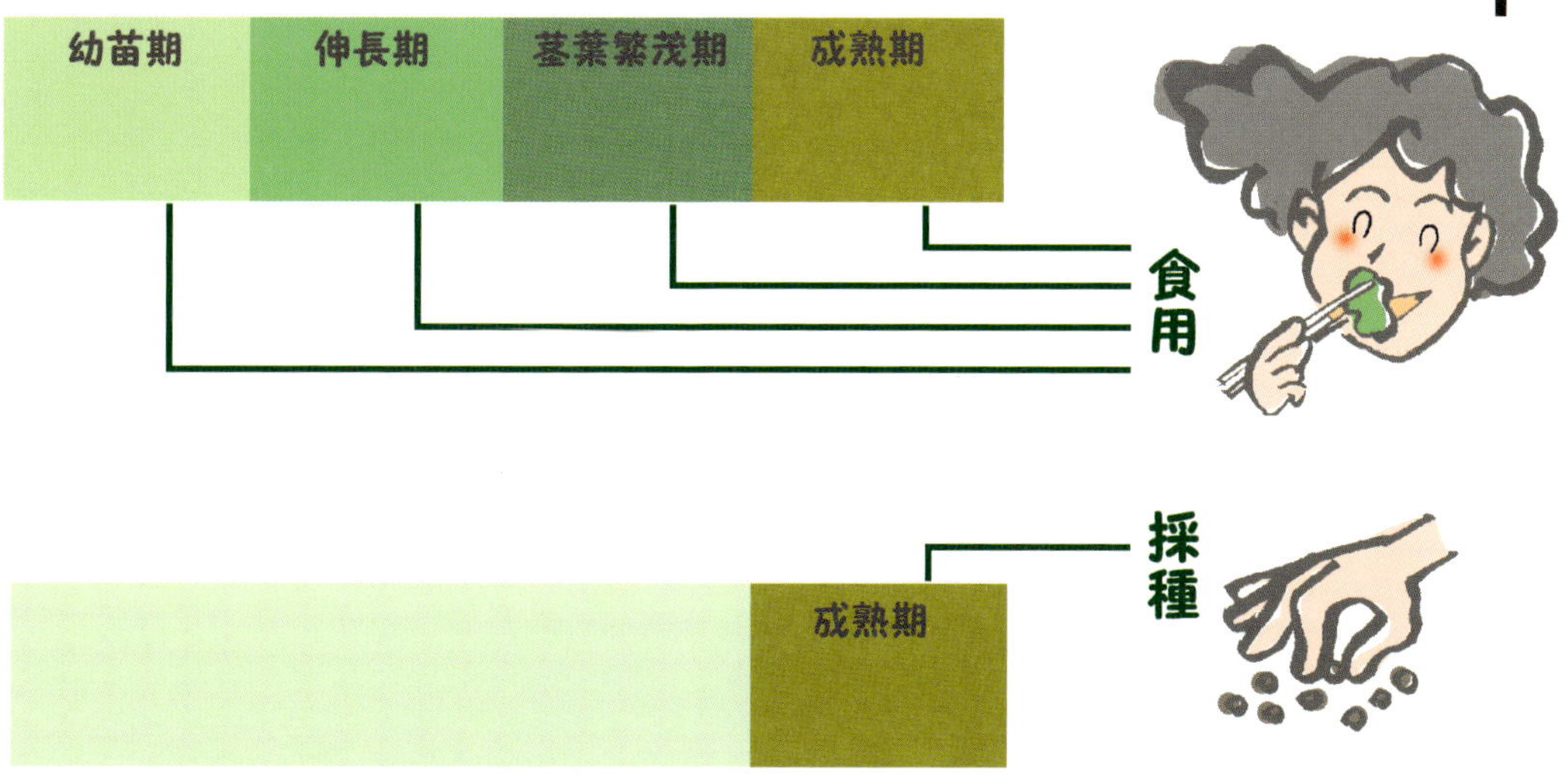

タネとりは成熟期まで栽培、食用の収穫期はいろいろ

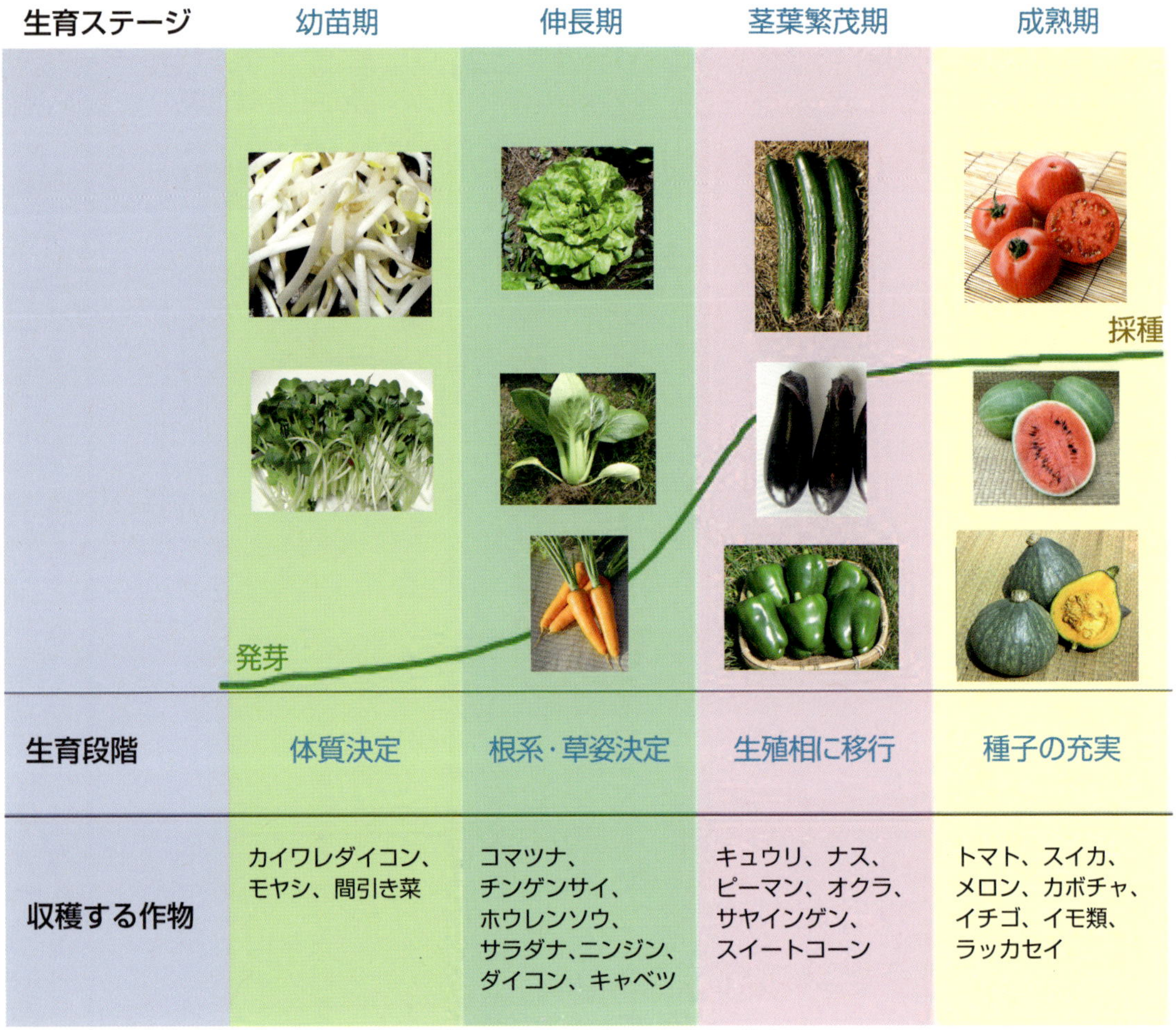

生育ステージ	幼苗期	伸長期	茎葉繁茂期	成熟期
生育段階	体質決定	根系・草姿決定	生殖相に移行	種子の充実
収穫する作物	カイワレダイコン、モヤシ、間引き菜	コマツナ、チンゲンサイ、ホウレンソウ、サラダナ、ニンジン、ダイコン、キャベツ	キュウリ、ナス、ピーマン、オクラ、サヤインゲン、スイートコーン	トマト、スイカ、メロン、カボチャ、イチゴ、イモ類、ラッカセイ

図 2-1　生育ステージ、生育段階と作物の収穫時期

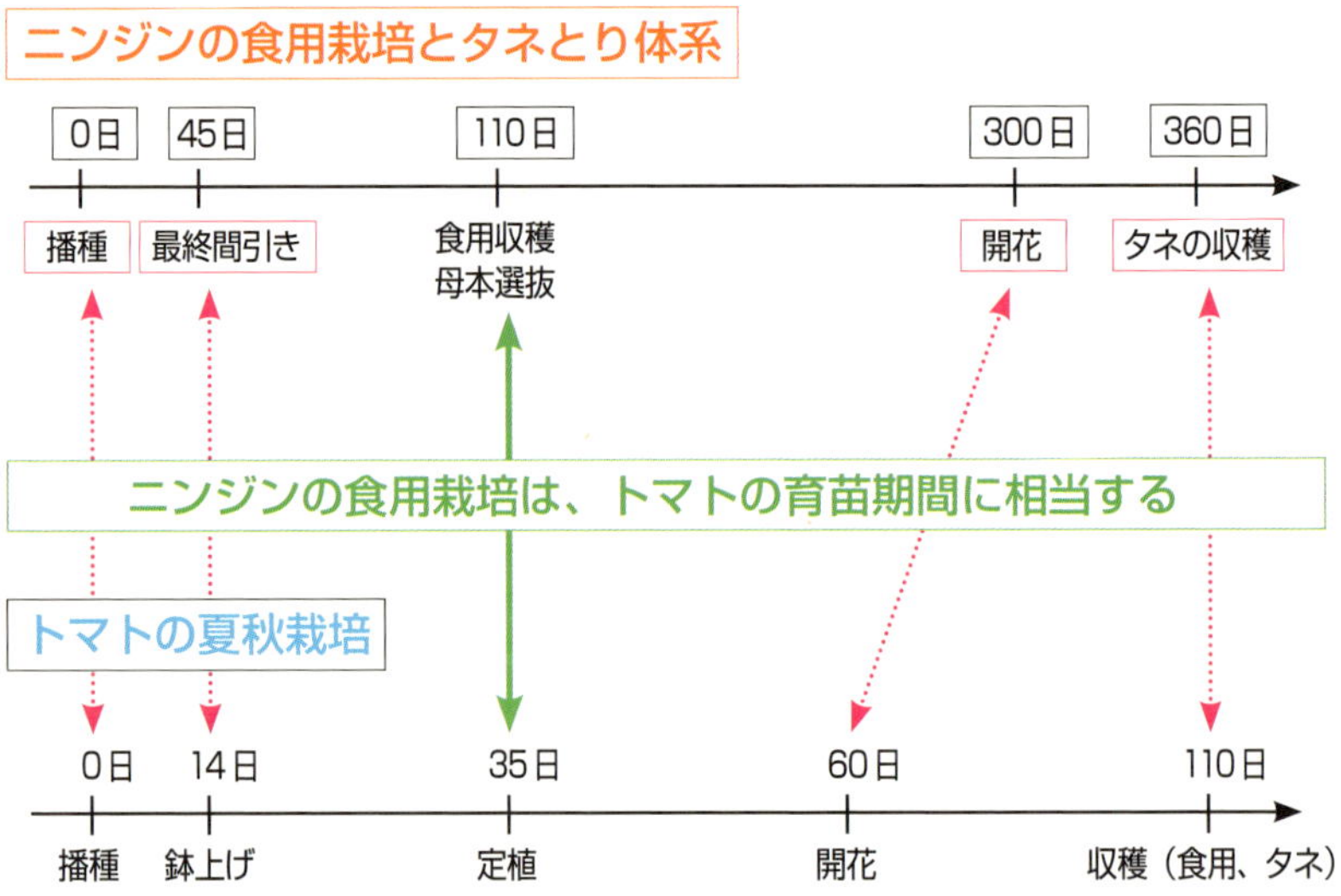

図 2-2　ニンジンとトマトの生育ステージの比較

1本1本を充実させたニンジンと、一般の食用栽培と同じように栽培した栄養過多のニンジンでは、花茎の太さや花傘の大きさがちがいます。

充実したニンジンは花の大きさにメリハリがあり、開花順にも自然と序列ができ、整枝

図2-3　ニンジンの充実した母本（左）と栄養過多の母本（右）の開花

作業も効率よく行なうことができます（図2-3）。

なお、タネをとるために栽培する株のことを「母本《ぼほん》」とよんでいます。

基本は少肥・無農薬、タネをきたえる栽培管理

採種栽培では、作物の一生を通して健全に生育させ、優良なタネをつけ完熟させるという視点から栽培を見直す必要があります。作物は生育の初期段階で、根や葉などを駆使して周囲の環境を認識し、その後の生育の方針や体質を決めます。

たとえば、同じ母本でも、充実したニンジンと栄養過多のニンジンでは、花茎の太さや花傘の大きさにちがいがあるように、生育の早い段階で体質が決まってしまいます。少肥や無農薬など、タネをきたえる栽培管理が、そのタネの体質を決める要因となります。子育てと同じように、甘やかさず、いじけさせず、やや厳しく育てることがポイントです。

強さだけでなく、おいしさや美しさも大切

強い株を選ぶということは大事なことですが、たとえばニンジンの場合、枝分かれやヒゲ根が多いと、乾燥などの障害に強くなる性質があります。しかし、こうした強い根がおいしいニンジンとはいえないし、商品価値も下がってしまいます。

そのため、間引き技術なども併用し、強くてかつおいしく、美しいニンジンを選ぶことで、栽培環境に適したニンジンのタネとりが可能になります。

トマトなど完熟果を利用する野菜では、おいしい完熟果が収穫できるよう最後まで根張りよく育てますが、そのことがよいタネをとるコツでもあります。ニンジンなど若い生育ステージを食用利用する野菜では、根の強さの影響はトマトほどではないかもしれませんが、自家採種ではタネが成熟するまでの栽培になるため影響が大きくなります。

タネとりには、作物の一生のどこを食用利用しているのかという視点が必要ですが、そのことが、採種したタネの強さだけでなく、健全な食用栽培を考えるうえでも重要です。

自分が求める性質をもった品種の育て方

まず品種の目標や基準を決めよう

タネとり用に適したよい株を選ぶには、どう育てるかが重要です。畑の養分がよすぎたり悪すぎたりしては、1株1株の特徴がはっ

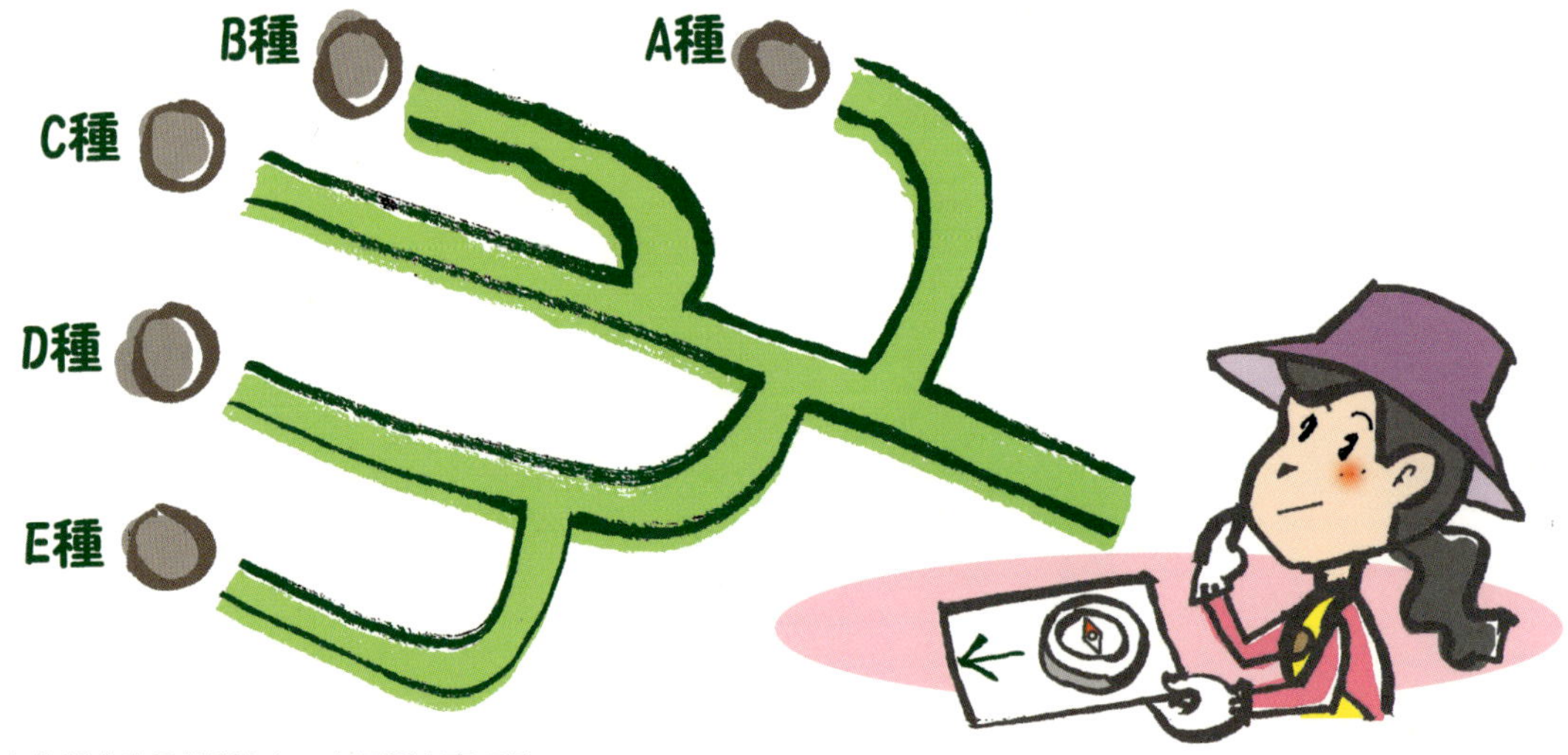

自分が求める性質をもった品種を育てる

きりしないので選びにくい場合があります。

また、生育が悪いときに、あまりによくできた株からタネをとると、じつは、それが交雑した株で、品種がダメになってしまったということもおこります。

食味を重視する果菜類などは、一度食味の悪い株からタネとりをしてしまうと、元の味にもどすのは非常にむずかしくなります。

栽培方法や選び方によって次の世代の性質が決まってしまうので、まず品種をどう維持していくのか、方向性や目標、基準をもつことが大切です。

●対照品種と比較するとちがいがみえやすい

品種の能力を見きわめるためには、毎年同じ対照品種を栽培し、その品種との比較を行ないます。とくに早晩性や収穫適期、果実の大きさや根の長さなどは栽培条件や気象条件によってかわってしまうので、対照品種と比較することで品種の良し悪しが判断できます。

対照品種には、種苗会社が販売しているロングセラーの品種が適しています。

また、選抜の効果をみたい場合は、前の世代のタネをとっておいて比較するのもいいでしょう。

●基本的に分離育種法でいける

自家採種でも、その品種を維持するために目的にあった育種方法をとることは重要です。専門的な分野になりますが、育種の方法を知っておくと、その品種を自家採種するのに必要な栽培方法や維持について適切に行なうことができます。

育種法は、育種目標や育種する作物の生殖様式によって決まります。実際の育種では、いくつかの方法を組み合わせて行ないますが、自家採種は固定種を維持・育成することになるので、それぞれの作物の生殖様式に合わせた選抜を行ないます。育種学では専門的な方法が細かく区別されていますが、ここでは自家採種で知っておくと便利な野菜育種のおもな方法を紹介します。

自家採種の素材になる在来種や固定種は、自然交雑や他品種の混入によって、数多くの雑多な形質が混在している集団がほとんどです。こうした集団のなかから、望ましい個体を選んでタネをとり、優良な系統を選ぶには分離育種法が適しています。

●分離育種法と選抜方法

分離育種法　雑多な素材の集団から優良な個体を選抜し、選抜した株を一つの集団として比較栽培し、有用性を確認して品種とする方法です。自家受粉する作物と他家受粉する作物で次のような選抜方法に分かれます。

純系選抜法　トマトなど自家受粉する作物（自殖性作物という）は、自殖（自家受粉）をある程度重ねると、それ以上自殖をくり返しても形質が変化しない系統になります。この性質を利用して、混合集団である在来種のなかから、優良なものを選抜していきます。

系統選抜法　アブラナ科野菜など他家受粉する作物（他殖性作物という）は、人工的に自殖させると生育が悪くなるため、集団のなかから選抜された優良な個体のあいだで交配を行なって目的とする性質だけをそろえ、他の性質についてはばらつかせて選抜していきます。

コラム

ほかにもいろいろ、各種育種法とその特徴

導入育種法　新しい品種を海外や他の地域から導入して利用することも、育種の一つの手法です。数年間の試作や選抜を行なったうえで特性を把握して、品種とします。目標にかなう優良な固定種を単純に増やす場合、この方法が用いられます。

交雑育種法　交雑によって新しい個体をつくり、そのなかから育種目標にかなったものを選抜・固定して品種をつくる方法です。交雑種を自家採種して固定種を育成する場合、遺伝的な性質が分離するので、おもな特性に注目して選抜し、数世代かけてそろえていきます。

自家採種に失敗しないためのポイント

人工交配や隔離が不十分でタネが別の品種に

自家採種で失敗する第一の原因は、交雑によってもとの品種とは別の品種になってしまうことです。虫や風によって、目的とはちがう品種や種類の花粉と交配してしまうためにおこります。

防ぐには、作物の生殖方法を知ることが大切です。作物の受粉・受精には、虫や風の力をかりて他の花や株からの花粉で受粉・受精する他家受精（他家受粉）と、同じ花の花粉で受粉・受精する自家受精（自家受粉）の二つがあります。前者を他殖性作物、後者を自殖性作物といいます。

それぞれの作物の生殖方法に合わせてタネをとらないと、目的とはちがう花粉と自然交雑して、別の品種になるおそれがあります。それを防ぐため、人工交配や隔離栽培を行なわなければなりません（表2-1）。

表2-1　受精方法と自然交雑を防ぐための隔離距離

受精方法	隔離距離	おもな作物
ほぼ完全な自殖性	数メートル	トマト、インゲン、ダイズ、ササゲ、エンドウ、ラッカセイ、イネ、コムギなど
自殖性だが、少し他殖もする	10～50m	ナス、ピーマン、レタス、ゴボウ、オクラなど
自殖もできるが、かなり他殖もする	100～500m	キュウリ、メロン、マクワウリ、カボチャ、スイカ、ソラマメ、ネギ、タカナ、カラシナ、ナタネ、シソ、エゴマなど
ほぼ完全に他殖性	1km以上	ダイコン、カブ、キャベツ、ブロッコリー、ハクサイ、ツケナ類、ニンジン、トウモロコシ、タマネギ、ソバなど

『自家採種入門』（農文協）、『野菜の採種技術』（誠文堂）、『野菜採種栽培の手引き』（長野県）を参考に作成

表2-2　品種の強さや特徴を維持するために必要な株（個体）数

少数個体で自家採種してもあまり力が落ちない作物	ナス科作物（トマト、ナス、ピーマンなど）、ウリ科作物（キュウリ、スイカ、カボチャなど）、インゲン、ダイズ、ササゲ、エンドウ、ラッカセイ、イネ、コムギなど
20個体程度以上で自家採種したほうがよい作物	アブラナ科作物（ダイコン、カブ、ツケナ類、キャベツ、ハクサイなど）、ネギ、ソラマメなど
50個体以上で自家採種したほうがよい作物	ニンジン、タマネギ、トウモロコシなど

表2-1と同じ資料を参考に作成

各作物の人工交配の方法は各論で説明しますが、家庭菜園など狭い面積で交雑を防ぐには、ムギ類やツル性のエンドウなどを障壁として栽培するのも一つの方法です。

また、品種の特性や強さを維持するためには、作物の種類によってタネとりに必要な個体数（株数）があるので、それを守ることも必要です（表2-2）。

●着果期間と栄養不足に注意

失敗の二つ目は、タネの充実が悪くなる管理をしてしまうことです。その原因は二つあり、着果期間の不足による未熟果（タネ）と採種果（タネ）の栄養不足です。

キュウリやナスなどは、食用にする場合は未熟果で収穫しますが、タネとりするには完熟させる必要があります。タネの発芽力は、受精してから一定の期間かかってつくられるためです。完熟するまでの期間は野菜によってちがいますが、完熟したタネほど活力が高いので、発芽速度が速く発芽率もよく、湿度や温度など環境条件に対する抵抗力が強いので寿命も長くなります（表2-3）。

また、採種果以外の花や果実が多くついていると、採種果が栄養不足になり充実したタネがとれなくなります。そのため、採種果が肥大してきたら、定期的に摘花や摘果を行なわなければなりません。

表2-3　タネが成熟するのに必要な開花・受粉からの日数
（表2-1と同じ資料を参考に作成）

種類	発芽力がつくられる期間	実用的な発芽力がつくられる期間
ナス	45	55～60
トマト	35	45～50
ピーマン	45	55～60
キュウリ	30～35	45
カボチャ	35～40	50
スイカ	25	45
シロウリ	20	35
マクワウリ	20～25	35
インゲン	20	35～40
ササゲ	15	30～35
タマネギ	15～20	40～45
ネギ	20	45
ニンジン	30～35	45～50
ゴボウ	15～20	35～40
ハクサイ	–	55
ダイコン	–	55～60
キャベツ	–	55～60

●タネを病気から守る

三つ目はタネを病気から守ることです。それには二つのポイントがあり、採種までの期間と採種後のタネ洗いのときです。

・タネとりまで健全に育てる

第一のポイントは、採種まで健全に育てて、病害のない株や採種果からタネをとることです。これは食用の栽培と同じで基本になります。

日本では、野菜の開花・結実は梅雨時期と重なります。とくにアブラナ科では、登熟期に発生する病気（白さび病、菌核病など）に注意が必要です。登熟期に長く雨にあてない工夫が必要で、雨よけハウスなどを活用するといいでしょう。

・タネの水洗いや乾燥に注意

果菜類のトマトやキュウリは、完熟した果実からタネをとるとき水洗いを行ないます。タネのまわりについているゼリー質をとるため、果肉や果汁と一緒に一昼夜発酵させてからタネを水洗いして天日で素早く乾燥させますが、このときすすぎ洗いや乾燥が不十分だとタネがカビてしまうのです。

カビが生えたタネは発芽率が低下したり、病原菌がつく原因になります。

採種に必要な道具はたったこれだけ

●自家受粉する作物には交配のための道具は不要

採種栽培特有の作業があり、それに応じた道具が必要となります。しかし、道具といっても一部を除き、家庭にあるものやホームセンターで容易に入手できるものばかりです。

また、前にも述べたように、作物にはおもに自家受粉（自殖）するものと他家受粉（他殖）するものに大別できます。

　自家受粉の場合、基本的には交配に道具は必要ありません。

　他家受粉の場合、近接する他の品種と容易に交雑し、品種の特性がくずれる場合があります。したがって、同一品種内で受粉が行なわれるよう人が交配する（人工交配）必要があります。

　人工交配の前に他の品種の花粉が受粉しないよう、開花前に袋がけを行なったり防虫ネットを張った網室に母本を入れて交雑を防ぎます。実際の交配方法は各論を参照してください。

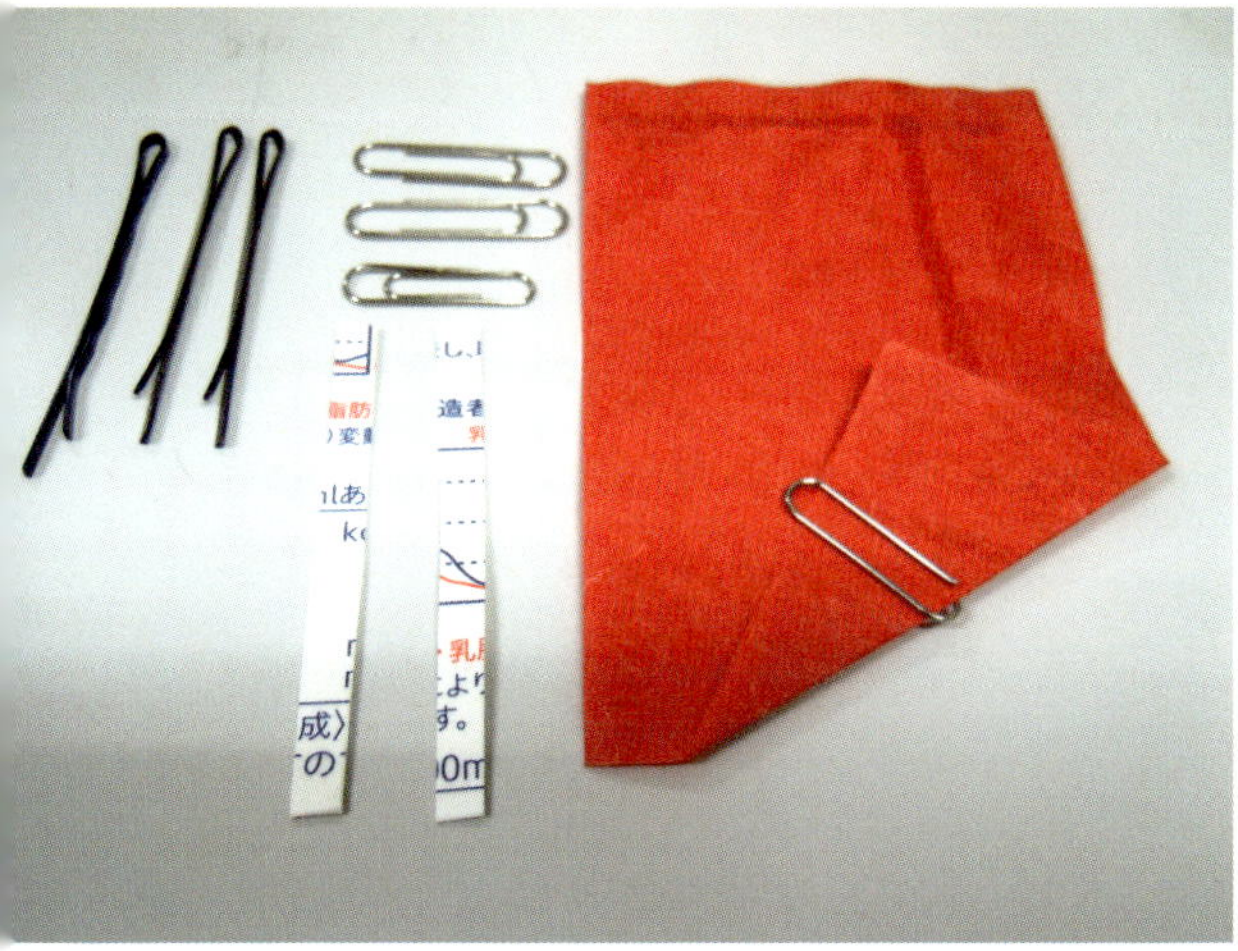

図2-4　交雑を防ぐ道具
ヘアーピン、クリップ、牛乳パックの短冊、耐水性交配袋

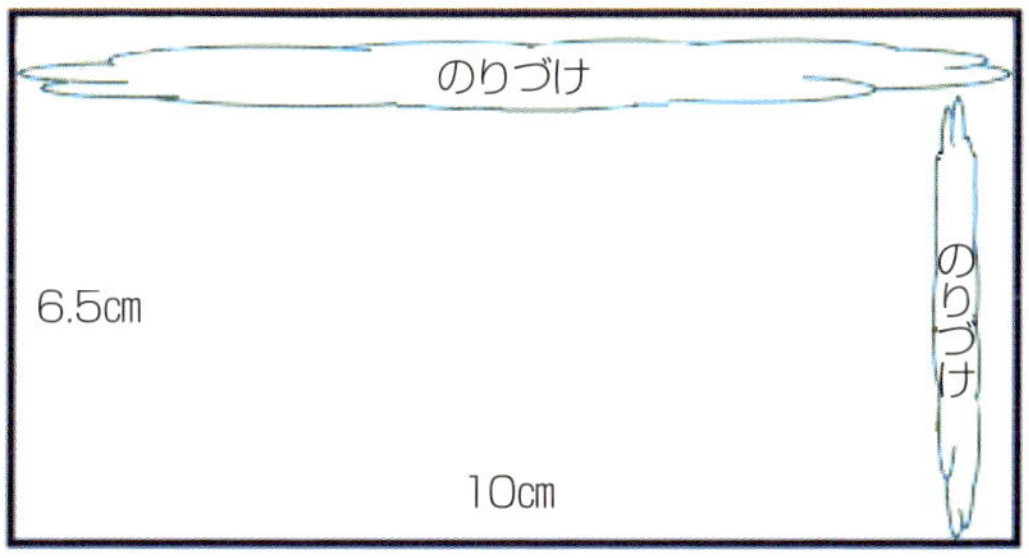

図2-5　耐水性交配袋のつくり方
この交配袋はしわを伸ばし、乾かせば再利用できます

　タネとりに必要な道具は以下の通りです。

交雑を防ぐための道具と施設

・果実からタネをとる野菜（キュウリ、メロン、スイカ、カボチャなど）

　交配に必要な道具は図2-4の通りです。
耐水性交配袋かナシ用果実袋　開花前の雌花にかけて、虫による交雑を防ぐために使います。キュウリ、メロン、スイカ、ナスなどに利用できる交配袋は簡単に手づくりできます。カボチャの雌花はこれらの野菜より大きいので、果樹のナシ用の果実袋をかけます。ナシ用果実袋はＪＡやホームセンターで入手できます。
耐水性交配袋のつくり方　料理用のクッキングペーパーを13×10㎝の長方形に切り、13㎝の辺を半分に折ると6.5×10㎝の長方形になります。この長方形のうち6.5㎝の辺を一つ残して、残りの2辺をのりづけすると、口が6.5㎝で長さが10㎝の袋ができます（図2-5）。のりはシリコン樹脂が接着可能な接着剤を使います。のりづけのかわりにミシンで縫ってもいいでしょう。
ヘアーピンまたはクリップ　耐水性交配袋の口の折り返し部分があかないよう、止め具として利用します。
牛乳パックでつくった短冊　開花前の雄花の花びらがひらかないように、牛乳パックを5×60㎜の短冊に切り、花びらをはさんでホッチキスでとめます（キュウリの項、写真6、60ページ参照）。

・さやからタネをとる野菜（ダイコン、カブ、ニンジンなど）

　アブラナ科作物、セリ科、ユリ科（タマネギ、ネギ）などはタネとり用の株のまわりを防虫ネットでかこって虫による交雑を防ぎます。

　他家受粉する作物でも他品種（交雑可能な植物）が半径500ｍくらいの範囲になければ、交雑の心配はほぼありませんので網かけは必要ありません。

つくり方

〔準備するもの〕

防虫ネット：白色の寒冷紗でも代用できます。幅は 1.5 ～ 1.8m のものを使います。

ダンポール：グラスファイバーの芯に樹脂を塗布したもので、簡単に曲げることができ、ホームセンターなどで入手できます。防虫ネットを張る骨組みに利用します。ダンポールの規格（長さ）は防虫ネットの幅と同じ長さのものを使用します。

土のう：防虫ネットの裾が風などで浮き上がらないよう重石にします。石など重石になるものであればなんでもかまいません。裾に土を盛ってもいいでしょう。

1 袋をつくる 防虫ネットを長辺の中央で折り重ね、写真のように縫い合わせて袋をつくります。縫い合わせる部分は強度を増すため二重にします。（図①）

〈防虫ネットの必要な長さの計算方法〉

ネットの必要な長さ（m）＝タネとり株を定植するうねの長さ（m）※1 × 2※2 × 1.1※3 ＋ 2m※4

※1：タネとり株を定植するうねの長さ＝（株数＋1）×株間÷条数（1または2）。（株数＋1）から順に計算します。条数は1条植えの場合は1、2条植えの場合は2（以下の写真は2条植え）。

※2：網は中央で折り重ねるので定植を予定するうねの長さの2倍。

※3：1.1 は予備率（1割増し）

※4：2m はツマ面の長さ

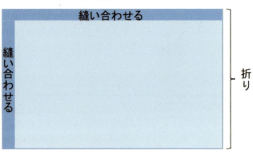

図① 防虫ネットの縫い合わせ

2 骨組みにするダンポールをつなぐ 2本のダンポールを30㎝程度重ねてひもでしばり、上からガムテープを巻いて補強します（写真①）。骨組みは、あらかじめ必要本数をつくっておくようにします。

写真① 2本のダンポールを重ねてひもでしばり、上からガムテープを巻く

3 あばら骨（トンネル）をつくる 2のダンポールを 80㎝間隔に土にさして、幅1m、高さ1m 程度のトンネル（本項ではあばら骨とよぶ）をつくります（写真②、図②）。

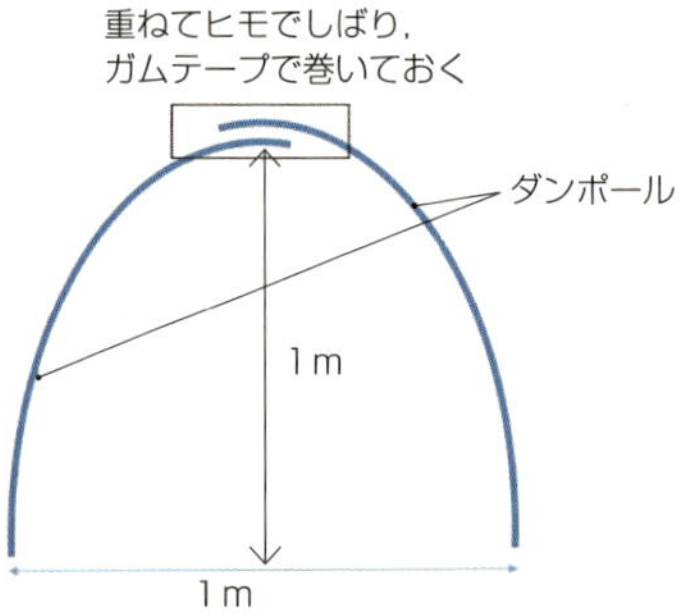

図② あばら骨用のダンポールの構造（土にさした状態）

写真② ダンポールを土にさしてあばら骨をつくる

4 背骨を通す あばら骨の中央に、あばら骨と直角で交わるようにダンポールを通し（本項では背骨とよぶ）、ひもで固定します。

写真③ あばら骨に背骨のダンポールを通し固定する

5 背骨の両端（ツマ面）の端をガムテープで巻く ネットを突き破らないために行ないます。

写真④ ツマ面のダンポールの端をガムテープで巻く

6 ネットがけ 1の袋状に縫った防虫ネットを上からかけ、ネットの裾に土のうを適当な間隔に置いて風で巻き上がらないようにして完成。

写真⑤ 完成した超簡単網室

図 2-6 超簡単網室のつくり方（アブラナ科専用）

ここでは交雑のリスクが高いアブラナ科野菜専用の、超簡単網室のつくり方を紹介します（図2-6）。この網室は家庭菜園でもできるよう簡易かつコンパクトなものにしました。しかし、伸びた花芽がネットに接して、そこに昆虫がきて交雑する可能性があります。花芽がネットに接しないよう、花芽の先端を適宜摘むなどして交雑を予防してください。

網室の設置はとうが立ち始める早春に行ないます。なお、開花が終われば網室を撤去できますが、アブラナ科のタネは野鳥が好んで食べるので、刈取りまで設置しておくとよいでしょう。

図2-7　静電気ダスター

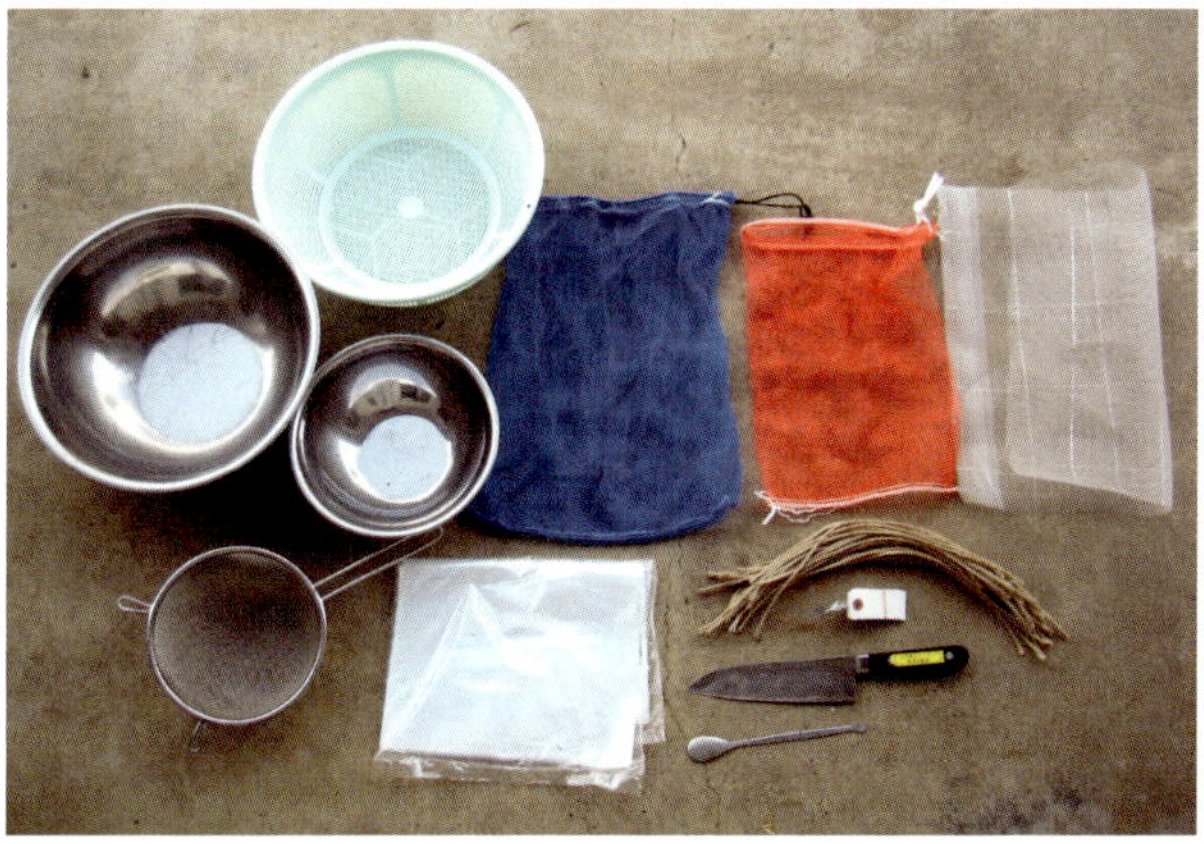

図2-8　果実からタネをとる道具
上段：ボール（大、小）、プラスチック製のザル、タマネギネットなどネット類、目の細かいネット
下段：金ザル、ビニール袋、ヒモ、荷札、包丁、スプーン

●交配の道具

アブラナ科作物は風によっても交配しますが、より確実に交配するため、静電気ダスター（図2-7）で花をなでるようにして交配するとよいでしょう。交配の時間は午前から正午までのあいだとし、2〜3日に1回のペースで行ないます。

花粉はぬれるとただちに死滅するので、ダスターがぬれたらよく乾かしてから使います。

●採種用の道具

・果実からタネをとる作物

必要な道具は図2-8の通りです。

包丁　果実を割るときに使います。

スプーン　タネをかき出すときに使います。

ビニール袋　かき出したトマトやキュウリなどのタネのまわりにあるゼリー室を発酵させ溶かすために使います。

プラスチック製のザルまたはタマネギネット　タネをザルの上にあけ、米をとぐ要領でタネの表面についている汚れをとります。タマネギネットは、なかにタネをいれて外側から手でもむようにしてタネを洗うときに使います。どちらかを使って、タネの汚れを十分落とします。ナス科のタネは小さいので、細かい目の防虫ネットを使います。

金ザル　タネが小さなものはプラスチックザルの目からタネがこぼれるため、目の細かい金ザルを使ってタネを洗うこともあります。

ボール（さびない素材のもの）　水を張ってそのなかでタネを洗ったり、比重の軽いゴミ（シイナなど）を浮かせて流す（水選《すいせん》）ときに使います。

ヒモ　ネット類のなかにタネをいれて乾かすとき、口をしばるために使います。

荷札　品種名などを記入して、とったタネを識別するために使います。

・さやからタネをとる作物（脱穀・調製）

アブラナ科のほかに雑穀類、豆類があり、このグループのタネは水洗いしません。脱穀・調製しますが、必要な道具は図2-9の通りです。なお、調製は、タネからゴミや未成熟なタネを選り分けることです。

図2-9　脱穀と調製の道具
左から、ふるい（大、小）、手箕、棒

棒　よく乾燥したさやをたたいて、タネを出すときに使います。なければ足で踏んでもいいでしょう。

タライかビニールシート　タネをさやから出すとき、タネが飛び散らないようにタライのなかやビニールシートの上で作業します。

ふるい　ゴミの大小によってふるい分けます。

手箕《てみ》　手箕にタネをいれ、手のスナップをきかせながら放り上げ、箕にタネを打ちつける動作をくり返します（図2-10）。それによって箕の上で風が発生し、その風で軽いゴミを飛ばすことができます。

扇風機または唐箕《とうみ》　タネを高いところから落とし扇風機の風を横から当てます。これによって軽いゴミは遠くへ飛び、充実したタネはほぼ垂直に落ちます。これをバケツやタライで受けます。昔ながらの唐箕があれば理想的です。

図2-10　手箕による調製

3 採種栽培の流れと勘どころ

土づくりと施肥

施肥に依存せず「土」で育てる

タネの性質は環境によってあらわれ方が少しずつちがいます（14ページ、「コラム　環境がかわるとタネの生育もかわる」参照）。化学肥料はもちろんですが、有機質肥料でも多く施用すると窒素過多になって軟弱な性質になり、病虫害の被害を受けやすい素地をもったタネになります。また、かたくしまった土壌だと、根菜類は根部の肥大不良や岐根、肌荒れ、病害発生などの原因になり、品種の特徴が比較できなくなります。

採種栽培も食用栽培と同様、適度な通気性・排水性のある畑が理想です。そして、施肥に依存せず「土」で育てることを基本にし、堆肥をはじめとした有機物を活用して土づくりをします。しかし、有機物の過剰施用にならないよう注意します。

土づくり、施肥	○施肥に依存せず「土」で育てる ○ムラがあれば堆肥で地力を均一に ○有機物は土の上からやる ○緑肥や残渣利用で元肥ゼロに
⇓	
タネまき、育苗、定植	○旬が基本だが、早まき遅まきも ○「日だまり育苗」で苗半作 ○できるだけ必要株数を植える
⇓	
栽培管理	○初期の水やりは控えめに ○整枝はできるだけしない ○追肥は交配前まで ○食用の収穫も楽しむ ○摘花・摘果でタネを充実させる ○病害虫は無農薬で上手に防ぐ
⇓	
選　抜	○根が広く深く張っている株を選ぶ ○茎が太く、節間がつまり、葉が厚いコンパクトな株を選ぶ ○着果がよい株を選ぶ ○果実は食べてみて、複数回調査する ○根菜類は食用の収穫期に掘り出し選抜・移植
⇓	
交雑防止	○交配は時刻と雨に注意 ○袋がけもきちんと行なう ○他家受粉作物は隔離栽培や障壁作物を利用する
⇓	
採種と採種後の処理	○完熟してから採種する ○追熟で発芽力を高める ○ていねいな水洗い、乾燥で発芽力を低下させない
⇓	
タネの保存	○タネはビニール袋でなく紙袋にいれる ○タネの情報をきちんと書いておく ○貯蔵は乾燥した冷暗所で

図3-1　採種栽培の流れと勘どころ

失敗しないポイント＝人工交配、隔離栽培を十分行なう。栄養不足にしない

●作柄にムラがある畑は堆肥で地力を均一に

作柄にムラがある畑では、地力を均一にするため、堆肥の全層すき込みを行ない、十分に分解してから作付けします。

地力がついて均一になってきたら、全層すき込みを控え、完熟堆肥や未熟な有機物を表面に被覆します。これを有機物マルチといい、小動物や微生物の巣になり、作物の根も集まります。

●有機物は土の上からやる＝有機物マルチ

堆肥のほかに、ムギわらや刈取った緑肥、あぜ草なども活用して土を被覆して、有機物マルチにします。

有機物マルチは、土壌水分や温度を一定に保ち、養分を供給して作物の根群の発達を促します。地表に被覆された有機物は、少しずつ分解して作物生育の全期間を通してゆるやかに吸収されます。また、雑草の抑制にもなります。さらに、作物の株元で土壌動物や微生物の活動が高まるので、根の働きも活性化し、ミネラルなどの吸収も増え植物ホルモン活性が高まり、充実した花芽や果実（タネ）をつくることができます。

●前作残渣の活用

前作の残渣も土つくりに活用できます。土壌中に張りめぐらされた根は、根穴（根成孔隙）として残ります。次の作物は前作の作物の残した根穴に根を伸ばしていくといわれ、耕うん深度よりも深い土壌は作物自身が耕しています。

地力の源は、有機質肥料を含め、前作や前前作の作物残渣や残根です。これらが土壌動物・微生物の働きによって分解され、徐々に養分が放出されてくるのです。したがって、作物が残した残渣や、それをとりまく土の働きを活かせる土つくりが大切です。

●肥料は畑の地力だけでOK、元肥を使うとよい野菜も

タネの充実を高めるには、根張りが先行した生育になることがポイントです。そのためには、肥料をおさえて、地力で育てることが大切です。ただし、果菜類では、ナスのように養分吸収が旺盛なものもあるので、元肥をいれて栽培したほうが根張りがよくなる場合もあります。

根菜類は直接、根部を見て選抜できるので、肥沃な畑なら元肥をいれずに栽培します。

個々の生育のちがいを観察し、そのなかでその品種の特性をもった株を選び、果実・タネの登熟時まで生育のおとろえないものを選びます。

●緑肥を上手に使って元肥ゼロ、雑草抑制

緑肥や間作、混作をとりいれることで畑の生態系が多様化し、土の養分や微生物相のバランスが安定します。緑肥は土壌の肥沃化を目的に栽培され、腐熟させずにすき込んだり、刈り敷きに使用します。緑肥を栽培すれば有機物が畑のなかで生産されるので、外からの

表3-1　おもな緑肥の種類と効果

○：効果あり、◎：効果大

緑肥作物の種類			乾燥地	やせ地	団粒形成	透水性改善	保肥力増大	クリーニングクロップ	空中窒素の固定	土壌微生物層の改善	土壌病害の軽減	雑草抑制	景観美化	暴風・敷きわら
マメ科	夏型	カウピー	強	弱					○					
		クロタラリア							○					
		セスバニア			○	◎			○					
	冬型	クリムソンクローバー	弱	強		◎			○					
		ベッチ類	強	強					○					
	周年	アカクローバー	弱		○	○			○		○		○	
イネ科	夏型	ソルゴー	強	強	○	○	◎	◎				○		
	冬型	イタリアンライグラス	弱	強	◎	○	○	○		◎				
		エンバク	強	弱	○	○	◎	◎		○				○
		ライムギ	強	弱	○	○	○	○		○	○	○		○

図3-2　緑肥を利用した草生栽培
緑肥作物の、イネ科オーチャードグラス、マメ科アカクローバー、シロクローバーを混播した草生。ムギは外部からの有機物の投入量を減らすため、圃場内有機物還元を目的に間作。株元にはそれらを刈り敷きしている

持ち込みが少なくなります（図3-2）。

緑肥には多くの種類があるので、畑の環境や時期、目的に応じて使い分けます（表3-1）。

タネまき、育苗、定植

旬の栽培が基本だが、早まきや遅まきすることも

昔から適期適作とあるように、品種の生態に合わない時期の作付けを避けるのが基本です。

しかし、たとえば根菜類や葉菜類では選抜する時期によって早晩性がかわるので、旬の栽培だけでは作期の幅をもたせるタネとりができないので、早まきや遅まきしてタネをとります。また、ダイコンやニンジンの耐病性や難裂根性をみるには、少しだけ早まきして、少しとり遅れた時期に選抜することで、そうした性質を判断することもできます。

採種栽培も苗半作、「日だまり育苗」が便利

果菜類のように生育後半で収穫する野菜は、若い時期の育て方がその後の生育に大きく影響します。トマトでは、定植時期の第1花房が開花するときには、第3花房までの花芽の数が決まっているというように、苗の時期に一生の体質が決まってしまいます。

養分の多い土で苗を育てたり、かん水量が多いと、畑に定植してからもその体質がかわらず、軟弱な生育になります（図3-3）。

次の4項で説明する「日だまり育苗」でじっくり育て、畑の露地環境への適応力の高い苗に育てることが大切です。

可能なかぎりタネとりに必要な株数を定植する

定植する株数（個体数）は畑の規模によって限定されますが、品種の特性や強さを維持していくために必要な株数があります。これは受精方法によって左右され、2項の表2-2（19ページ）に示したように種類によって必要な株数がちがいます。

図3-3　水管理のちがいとレタスの根
適量にかん水した根（左）は過かん水した根（右）より細根が発達しているので、土が多くついている

たとえば、キュウリは少ない個体数でいいことになっていますが、他の株からの花粉で受粉しやすい他殖性作物です。他殖性作物は、少ない株数で交配してタネとりをつづけると生育が弱くなりやすいので、ある程度の株数が必要です。理想的には10株以上が望ましいのですが、家庭菜園なら生育がよいとか病気に強いなど、気に入った株を5株程度選んでタネとりするといいでしょう。

しかし、根菜類やアブラナ科の葉菜類では、最低20本程度のタネとり用の株が必要になります。

栽培管理

初期の水やりは控えめに

作物が自分自身で根を張らせるため、生育初期は有機物マルチ（敷き草）をうすくしたり、かん水を控えめにします。

有機物マルチは養水分の保持、地温の調整、泥のはね返りの防止、雑草の抑制などの効果がありますが、定植直後から厚くすると地温が下がり、根の伸びが悪くなります。とくに青草を利用する場合は、うすく敷くだけでなく地温を確保するため株元をあけるようにします。しかし、梅雨明け以降は地温が上昇し土が乾きやすくなるため、株元近くまで厚めに敷きます。

果菜類の定植直後のかん水もしおれないかぎりは控え、梅雨明け以降は果実の着果や肥大が早くなるため、土が乾燥しないよう定期的にかん水します。

整枝はできるだけしない

整枝技術はもともと密植や多肥栽培で発達した技術で、地上部の過繁茂を防ぎ、採光性や生長のバランスを整える目的で行なわれています。そのため、過度な整枝作業は草勢を落とす原因にもなります。

たとえば、各節ごとに雌花がつく節成りキュウリの場合は、食用栽培に準ずる整枝（側枝2節摘芯）でもいいのですが、在来品種のなかには飛び節成り型のキュウリもあります。こうした品種は無整枝にして、強い草勢を維持しながら実をとるようにします。

無施肥や少肥で栽培する場合も無整枝が適しており、根を深く広く張らせることで生長のバランスをうまく整えることができます。

追肥は交配の前まで

土つくりをした畑で、強い株を選んで栽培するため、タネをとる株への追肥は控えます。追肥の量や回数が多いと、生育後半になって採種果が腐りやすくなるからです。

ただし、やせた畑や全体の生育が悪いと品種の特性がわからなくなるので、それを防ぐために追肥をします。その場合も、追肥は交配前までにとどめ、有機物マルチや摘果で草勢の維持に努めます。

収穫を楽しみながら、タネとり用の果実も確保

キュウリ、ナスなど食用に未熟果を連続収穫する野菜は、1～2果なら採種果をつけた状態でも収穫の継続が可能です。この場合は、果実が小さなうちに収穫します。

この場合の注意点は、タネをとる果実は1株当たり1～2果にして、つけすぎないことです。たとえば、キュウリのタネとり用の果実は1本で1kg以上の重さになり、食用キュウリを約10本つけているのと同じなので、株にかなりの負担がかかるからです。

タネとり用の果実を多く着果させると尻太り果などの奇形果が増え、食用としてのキュウリの収穫もできなくなります。

摘花・摘果でタネを充実させる

採種する株には追肥を控えることが基本ですが、そのかわり、樹勢を維持する管理として定期的に摘花・摘果を行ないます。それによって、栄養状態がよくなるので、採種果の肥大がよくなり、タネの成熟も早くなります。

病害虫は雨よけ、ストチュウなどで防ぐ・基本は健康に育つ環境を整えてやること

病害虫の発生を防ぐには、作物が健康に育つ環境を整えてやることです。水はけがよく、必要なときに養分を過不足なく供給する肥沃な土で、旬の栽培を行なうことが病害発生を予防する基本です。また、病害や害虫は突然あらわれるのではなく、徐々に被害が広がってきます。ふだんから作物をこまめに観察し、発生の初期段階で手を打つことも大切です。

表3-2　病害虫対策資材の例と効果

資材	方法	効果
木酢《もくさく》	400～1000倍にうすめて散布する	有機酸の効果で代謝が改善される 葉面微生物を活性化して、病原菌がはいりにくくなる 土の中の微生物が活性化し、根の機能を高める
重曹	1000倍（水1ℓに1g）程度にうすめて散布する	重曹のアルカリ効果でうどんこ病に効果がある
牛乳	原液で散布する	アブラムシのような小さな害虫に効果がある
石けん水	300～400倍（水1ℓに約2～3g）にうすめた石けん水を散布する	小さな昆虫を窒息させる 合成界面活性剤は環境への悪影響が懸念されるため、100%天然材料の石けんをおすすめする
ニンニクエキス	水1ℓに対しニンニク1玉をすりおろしてよく混ぜて布でこす。これを5倍程度にうすめて散布する	臭いを嫌ってノミハムシなどの害虫が逃げだす
ストチュウ	同量の酢、焼酎、糖を約300倍程度にうすめて発酵させたもの 定期的（7～10日間隔）に葉面散布する	微生物資材やトウガラシ、ニンニクなどさまざまな工夫で忌避効果がある

・ストチュウなど各種資材で防ぐ

環境を整えるとともに、補助的方法として表3-2にあるような各種資材を定期的に葉面散布して予防したり、発生初期に利用してもいいでしょう。

図3-4
発泡スチロールの皿を敷いて果実の腐敗を防ぐ（スイカの例）

図3-5
キュウリ支柱を利用したタネとり用レタスの雨よけ

また、果菜類のウリ類など採種果が地面につくものは、畑で果実を腐らせないよう、直接土にふれないように発泡スチロールの皿を敷くようにします（土壌病害や炭疽病など種子伝染性の菌がつくのを防ぐ）（図3-4）。

害虫の場合は、捕殺や、不織布をベタがけして物理的に避ける方法もあります。

・雨よけは効果的なので利用したい

とくに葉根菜類は、受精からタネが完熟するまでのあいだに発生する障害によって、タネの発芽力や寿命が影響を受けます。また、ニンジン、キャベツ、レタス、タマネギなどは6～7月の梅雨時期にタネが成熟します。この時期の高温と多湿で母本が衰弱したり病害にかかると、タネの成熟がさまたげられ発芽力が低下してしまいます。

これらを防いで充実したタネをとるには、図3-5のように簡易な雨よけをします。雨よけは、果菜類の病害を防ぐのにも効果的なので、利用するといいでしょう。

選抜のポイント

●根が広く深く張っている株を選ぶ

植物の根は、養水分を吸収したり、花芽や果実の発達を促すホルモンをつくるなど、さまざまな機能をもっています。根張りのよい株ほど、こうした機能を十分に働かせて環境に合わせて生育し、いい子孫を残す能力が高いと考えられます。

しかし、根を直接観察することはできないので、根張りのよい株を選ぶには、有機質肥料の使用、肥料やかん水を控える、無農薬など、これまで述べた採種栽培の条件で草姿や草勢の状態を観察し、タネの登熟時まで生育の衰えないものを選抜します。

●草姿、草勢の良し悪しはこうみる

たとえばキュウリでは、根が深く張る株は株元の茎が太く、主枝の節間が短く雷光形に伸びています。また、側枝は各節からよく発生し大きく広がって伸び、葉が厚くコンパクトな株は、根が広く張りしおれに強い傾向にあります。反対に、主枝の節間が長く細い株は、根が浅くしおれやすく、株の寿命が短い傾向にあります。さらに、生育後半まで新芽がよく発生する株は、根に活力があります（詳細は各論キュウリの項参照）。

なお、キュウリの場合は、子ヅルなどの側枝を多く出して繁茂する飛び節成り型の品種なのか、子ヅルをあまり出さない節成り型なのかを把握して、それぞれの特性を観察します。

●着果性や果実の良し悪しはこうみる

キュウリの雌花の形態と着果・肥大でみると、充実した雌花がついて果実の肥大が早い株は、根の活力が高いといえます。反対に、生理落花が多い株は、生育のバランスが悪く、根張りが弱いといえます。

また、キュウリの食味で重要視されるのは歯切れのよさです。パリッとしてやしまった食感や、みずみずしくやわらかな食感など品種によってちがうので、食べて気にいったものを選ぶことも大切です。

キュウリの食味は前日の天候に影響されるので、1回の調査だけでなく、複数回調査をして株の特性を確認します。果皮色が濃緑のものや曲がりにくい果実は、肉質がしまっています。反対に、果皮色が薄い緑色のものや曲がりやすい果実は、肉質がやわらかく果皮のうすいものが多いです。

●根菜類は収穫期に掘り出し選抜・移植

根菜類は収穫期にはいったら根の太りぐあいを調べます。素材になる品種がよくそろっている場合、アブラナ科の固定種なら必要母本数の4～5倍程度の株数を目安にして栽培します。

その畑のなかで最も平均的な生育をしている場所から抜きとり、根が長く太りのよいものから順に並べます。そのなかで極端に長い根と短い根を除いて、残りを長根、中間根、短根の三つのグループに分けます。

中間根が最も品種の特性をあらわし数も多くなるので、このなかから平均的なものをタネとり用に選びます。

選んだ株（根）は、日当たりや風通し、排水のよい場所に移植します。種類や品種によっては、開花期になると背丈ほども伸び、枝も多く発生するものもあるので、畑のすみなどじゃまにならない場所がいいでしょう。そこが地力の低い場所なら、堆肥を施用して土づくりをしておきます。

根菜類の多くは他殖性作物なので、少ない個体でタネをとりつづけると草勢が弱るので、少なくとも15～20本以上を植えます。

交雑防止対策

●人工交配は時刻と雨に注意、袋がけもきちんと

ウリ科やナス科の野菜は人工交配を行ないます。人工交配は、それぞれの野菜の開花に合わせて行ないます。時間はおもに早朝で、ウリ科は5時ごろ、ナス科は9時ごろから開始します。開花や花粉の出方は温度や天候に

図3-6
キュウリ支柱を利用したアブラナ科のネットがこいによる採種栽培の例

表3-3　ウリ科、ナス科野菜の花粉の発芽最適温度

品　目	最適温度（℃）
カボチャ	20
キュウリ	17〜25
スイカ	20
メロン・マクワウリ	20
トマト	25
ナス	28〜30
ピーマン・トウガラシ	20〜25

（『野菜の採種技術』（誠文堂）、『野菜採種栽培の手引き』（長野県）を参考に作成）

左右され、花粉が出る量は雨の日より晴天の日のほうが多いので、受粉はできるだけ晴天の日に行ないます。

人工交配はおもに除雄、袋がけ、受粉といった一連の作業で行ないます。しかし、ウリ科では、メロンは両性花が多いので除雄しますが、カボチャ、キュウリ、スイカなど多くは雌雄異花のため、手間のかかる除雄は必要ありません。ナス科は両性花なので除雄が必要です。

袋がけはきちんと行ない、別の種類や品種と交雑するのを防ぎます。しかし、ナス科のトマトやナスは自然交雑率が2〜4％と低いので、隔離して栽培すれば袋がけを省略することができます。ただし、同じナス科でも、ピーマンは自然交雑率が9〜32％と高いので袋がけが必要な場合もあります。

●アブラナ科など他家受粉作物は隔離栽培や障壁作物を利用

アブラナ科の他家受粉作物のタネとりは、交雑から守るため、隔離栽培が行なわれています。交雑は、おもに虫によって運ばれる虫媒と、風によって運ばれる風媒がありますが、隔離栽培は、その両方がおこらないよう距離をとったり、ネットでかこってタネとりします。

限られた面積の家庭菜園では、距離をとって採種することはむずかしいので、前述したネットがこい（図3-6）や袋がけのほか、播種時期や定植時期をずらして開花時期をずらすのも一つの方法です。

また、外部から飛んでくる花粉を防ぐため、背の高い障壁作物を植える方法も効果的です。障壁栽培には、ムギやソルゴーなどイネ科の背の高い作物を利用します。

さらに、可能なら異品種の開花した株はできるだけ抜きとるようにします。

採種と採種後の処理

●採種果の収穫までの期間を確保する

トマトやカボチャのように、食用栽培で完熟果実を収穫する野菜は、収穫果を追熟、タネ洗いすれば採種できます。

しかし、キュウリやナスといった未熟果を収穫する野菜は食用の収穫果ではタネがとれないため、完熟させてから収穫します（図3-7）。

種類によって成熟に必要な日数がちがうので、それに合わせて充実したタネになるまで着果させておきます（20ページ、表2-3参照）。

図3-8　カボチャのタネの乾燥

図3-7　完熟したキュウリ

採種果は追熟で発芽力アップ

収穫した採種果は、追熟、タネ洗い、乾燥という工程を経てタネをとります。

追熟は、採種果内の養分をタネに転流させるために、風通しのよい日陰で行ないます。追熟期間は種類によって多少ちがいますが、適熟期で収穫した果実なら7日程度です。

万一、適熟期に満たなかった採種果でも、追熟によって発芽率がある程度向上します。

ていねいなタネ洗い、乾燥で発芽力を低下させない

葉根菜類の採種で問題になるのは、刈取り、脱粒、精選、乾燥などの作業です。脱粒時に強くこすりすぎて種皮を傷つけてしまったり、刈取り後の不十分な乾燥による蒸れ、天日乾燥や加熱乾燥時の熱などによって発芽力が低下したり、寿命を縮めることがあります。

タネ洗いは晴天の日に行ない、その日のうちに乾燥させます。早く乾かすため、脱水機で水分を飛ばし、ゴザなどのうえでうすく広げるか、洗濯物を物干しに干す要領で短時間に乾かします（図3-8）。

タネの発芽率は、乾燥時間が長いほど低下するおそれがあるため、直射日光での乾燥はせいぜい5〜6時間程度とし、あとは陰干しにします。

タネの保存

貯蔵容器と記載すべき事項

タネの寿命は、貯蔵期間中の温度や湿度、タネの含水量に影響されます。タネは完熟期に最高の発芽力をもち、その後しだいに低下します。発芽力の低下は止めることはできませんが、適切な貯蔵によって低下の速度を遅らせることができます。

乾燥したタネにもある程度の水分を含んでいるため、ビニール袋より紙袋にいれ、作物名、品種名、採種年月、入手先などの情報がわかるように書いて、密閉できるビンや缶にいれて貯蔵します。

貯蔵は乾燥した冷暗所で

1年以内の貯蔵の場合、乾燥した場所であれば常温で保存可能です。1年以上の長期保存する場合は、暗所で低温、低湿度を一定に保つことができる場所で保存します。

家庭で長期保存するには冷蔵庫が適した環境なので、密閉容器にタネと乾燥剤を一緒に（もしあれば脱酸素剤も加えて）いれて保管します。

タネの寿命の目安を表3-4に示したように、タネの寿命は作物ごとにちがいます。1

表3-4　おもな作物のタネの寿命（表3-3と同じ資料を参考に作成）

長命種子	5年程度	トマト、ナス、スイカ
常命種子		
やや長命なもの	4年程度	キュウリ、カボチャ、ダイコン、カブ、ハクサイ、ツケナ
やや短命なもの	3年程度	トウガラシ、キャベツ、レタス、エンドウ、インゲン、ソラマメ、ダイズ、ゴボウ、ホウレンソウ
短命種子	1～2年	ニンジン、ネギ、タマネギ、ミツバ、シソ、ラッカセイ

図3-9　タッパーでコマツナの発芽を調査
（左：フタをした場合、右：フタをしない場合）
フタをしてもしなくても発芽します。フタをすると乾きにくく温度も上がりやすいので発芽しやすいのですが、カビや生えやすくなります。フタをしないと、乾きやすく水をやる回数が多くなります

表3-5　おもな野菜の発芽までの日数

種類	温度（℃）	発芽までの日数（日）
レタス	20	7
タマネギ	20、15	12
ニンジン	20～30、20	14
ダイコン	20～30、20	10
カブ	20～30、20	7
ハクサイ	20～30、20	7
ツケナ類	20～30、20	7
キャベツ	20～30、20	10
ピーマン	20～30	14
トマト	20～30	14
ナス	20～30	14
スイカ	20～30、25	14
キュウリ	20～30、25	8
カボチャ	20～30、25	8
トウモロコシ	20～30	7

（国際種子検査規定を準用）
設定温度が複数記載されている場合、いずれでもよいことを示す
20～30は夜20℃～昼30℃を示す

年以上長期保存する方法で保管した場合、発芽率は落ちるものの、長いものは5年程度発芽力が維持されます。

●発芽試験で発芽力チェック

採種したタネの発芽力があるかどうかを確かめるために、発芽試験を行なう必要があります。販売しているタネは、農業生物資源ジーンバンクのホームページに掲載されている「国際種子検査規定（注1）」にもとづき、規定の温度と水分量でどの程度の発芽率があるかを検査しています（表3-5）。

自家採種の場合は、実際にタネが発芽するかどうかの確認だけでよいので、果菜類なら20粒程度、葉根菜類なら40粒程度を土にまくか、プラスチック容器にぬれたティッシュペーパーかガーゼを敷いた上にまいて確認します。

発芽に必要な温度条件はおよそ20～30℃のため、保温のため日中、日当たりのよい窓ぎわに置き、夜間は10℃前後とします。

なお、タッパーで発芽を確認するとき、光によって発芽が抑制されるウリ科やナス科（嫌光性種子という）のタネは、黒布をかけるなど光を遮断しておきます。毎日水をやるとカビが発生するので、乾きそうなら水をやるという程度でかまいません。

種類にもよりますが、タネをまいて7～10日後の時点で7～8割程度発芽していれば問題ありません（図3-9）。

（注1）英文：International Rules for Seed Testing
ジーンバンク発芽試験マニュアル参照（https:// www.gene.affrc.go.jp/manuals-plant_germination.php）
英文解説ホームページ：http://www.seedtest.org/en/international-rules-_content---1--1083.html

4 初心者でも丈夫な苗がつくれる
―果菜類の「日だまり育苗」

日中は日だまり、夜は家の中へ

図4-1 「日だまり育苗」のようす

●日だまりを利用して「日だまり育苗」

「日だまり育苗」とは日当たりのいい建物の南側に苗を置き、直射日光によって得られる地熱を利用して育苗することです。

人の生活適温は季節や湿度によってちがいますが、おおよそ20～25℃といわれています。偶然にも、これは夏野菜の生育適温と一致します。人も春先の陽気のいい日にひなたぼっこをしますが、これと同じように植物にもひなたぼっこをさせて苗を育てようというのが日だまり育苗なのです（図4-1）。

日中ひなたぼっこをしていた人も、日が落ちてくると肌寒さを感じ、家のなかへ退散します。日だまり育苗も同様に日暮れ前に、室内に苗をとりこんで夜間の冷え込みから苗を守ってやります。

日だまり育苗の苗は、直射日光、外気や風にさらされることで、定植後の露地環境への適応能力の高い苗になります。

●温度管理の手間も資材代もわずか

従来のビニールトンネルやハウスを利用した育苗方法では、気温の上昇や下降に合わせてビニールの開閉作業が必要なので、1日に何度も見回らなければいけません。

しかし、日だまり育苗はお天気まかせなので、こうした細かい温度管理は必要ありませ

初心者でも丈夫な苗がつくれる－「日だまり育苗」

			タネまき	発芽	鉢上げ	苗ずらし	順化	定植
所要日数	トマト	72穴セルトレー	0	7～10	20～25（本葉2枚）	28～30	30～35	35～45
		箱まき			13～17（本葉1.5枚）	20～24	24～30	30～35
	キュウリ	72穴セルトレー	0	5～7	15（本葉10円玉大）	20	20～25	25～30
		箱まき			7～10（子葉展開）			

1. 表中の数字はタネまき日からの日数
2. 鉢上げ後は10.5㎝ポットで育苗

図4-2　日だまり育苗の流れ

ん。また、比較的高価なトンネルやハウス用ビニールなどの資材も必要ないので、家計にやさしい育苗法です。

日だまり育苗の実際

タネから野菜を育てようと情熱をもって育苗に挑戦したのに、発芽しなかったら心が折れてしまいます。「やっぱり育苗はむずかしい。苗を買ったほうがよかった」なんていわれると、タネにかかわる私たちにとっても心が痛みます。

果菜類の育苗、とくに低温期の育苗の失敗で多いのは、水のかけすぎと温度不足です。これらをふまえて、日だまり育苗の実際を紹介しましょう（図4-2）。

●タネまきは小さな容器で

日だまり育苗は、日光の熱エネルギーで土を暖め、発芽や生育に必要な温度を確保します。

タネを直接ポットにまくと、土の量が多いので、低温期はなかなか地温が上がってくれません。できるだけ地温が上がりやすいよう、土の量が少ないセルトレー（プラグトレー）にまいて育苗を開始します（図4-3）。

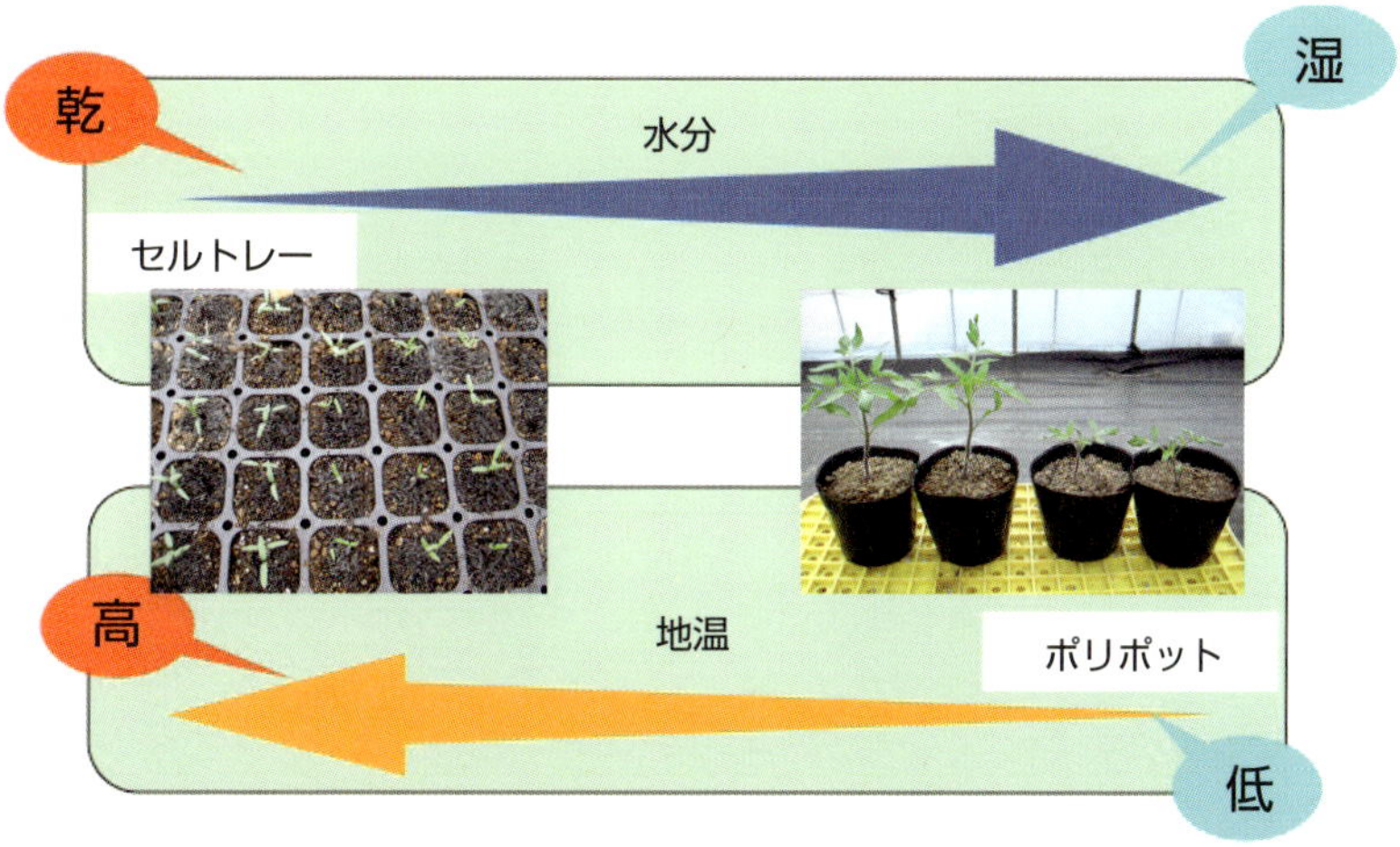

図4-3　育苗容器による乾湿と寒暖のちがい
セルトレーは乾きやすいが地温が上がりやすい。ポリポットはその反対

セルトレーの規格は、72穴のものが水管理や温度管理が容易です。ただし、カボチャやゴーヤなどタネが大きいものは、50穴のセルトレーがいいでしょう。

ごく少量の育苗では、エリンギなどのキノコ類をいれた黒色の食品トレーや、色つきの

図4-4　キノコトレーを使った育苗

図4-5　育苗培土の湿りの目安
軽く手で握って指でつつくとくずれる程度が目安

豆腐パックの底に水抜きの穴をあけて、そこに土をいれてまいてもいいでしょう（図4-4、本書では、以下「箱まき」といいます）。

●育苗用土について

・初心者は市販の有機培土が安全

育苗で畑の土を利用することもありますが、畑の土には立枯病菌（ピシューム）などの土壌伝染性の病原菌がいます。これらは、低温と過湿条件の育苗で発芽不良の原因になるので、初心者は市販の有機培土を利用するのがいいでしょう。

育苗用土の必要量は、1ポット当たり9cmポットで約300mℓ。10.5cmポットで約500mℓです。

・畑の土を利用した育苗用土のつくり方

畑の土を育苗用土として利用する場合は、前年の7月に畑の土5～7、草質堆肥や落ち葉堆肥3～5の割合で（容積比）、水を加えながらよく混ぜます。水分の目安は、土を手で握って指でつついて容易にくずれる程度です。

これを透明なビニール袋にいれ、直射日光にさらします。より温度を上げるために、上にビニールトンネルをかけるとさらに効果的です。こうして真夏の日光に40日以上さらし、土壌病原菌や雑草のタネを死滅させます。

その後、秋から冬にかけてビニール袋にいれたまま雨の当たらないところに置いておき、これを育苗用土として翌春に使います。

できあがった土の腐熟度や養分濃度を確認するため、コマツナのタネをまき、発芽の状況をチェックします。コマツナの双葉が欠損していたり、発芽が著しく悪い場合はあきらめて、育苗用土を購入してください。双葉の色が濃い場合は、赤玉土の小粒を1～2割程度加えて養分濃度をうすめてください。

●土づめ

育苗培土は、セルトレーや苗箱につめる前にあらかじめ湿らせておきます。湿りの目安は、育苗培土を軽く手で握って指でつつくとくずれる程度です（図4-5）。

セルトレーへの土づめは、まず、ややこんもりと土をいれ、上から軽く指で押さえます。指で押すと土が沈むので、さらに土をたしてすり切れまでいれます。

箱まきの場合は容器のすり切れまで育苗培土をいれ、容器を軽くトントンと地面に落とします。すると培土が沈下して容器の上側にすき間ができるのでさらに土をいれて、容器の8分目まで土がはいるよう量を増減します。

●タネまき時期

・最高気温16℃でタネまきが可能

日だまり育苗では、果菜類のタネまきは、最高気温が16℃以上になる時期から可能です（注1）。そして、平均気温が16℃以上になると遅霜の心配がなくなり、苗の定植が可能になります。しかし、高温を好むナス、

（注1）各地域の気温情報は気象庁ホームページで閲覧できます
(http://www.data.jma.go.jp/obd/stats/etrn/index.php?sess=6ef525a9cdef28cea634ce58ca736e68)

ピーマン、ゴーヤなどは、平均気温が17℃以上になってから苗を定植します。

・タネまき時期の決め方

日だまり育苗での、タネまき時期の決め方は大きく二つあります。

一つは、定植時期から育苗期間を逆算して決める方法です。この方法は比較的育苗期間の短いウリ科作物（カボチャ、キュウリ、メロンなど）に適用できます。

たとえば表4-1を参照すると、キュウリ苗の定植を5月5日に予定した場合、10・5cmポットを利用すると育苗期間は25～30日になるので、逆算してタネまき時期は4月5～10日ごろになります。

二つめは、前述の最高気温が16℃以上になった時期にタネまきする方法です。この方法は、育苗期間が長いナス科（ナス、ピーマン、トマト）などで行ないます。

・ムリな早まきはしない

タネまきを急いで、苗を早く大きく育てて、早くから収穫を楽しみたいというのは人間の常です。しかし、早春の果菜類の育苗では、1週間程度タネまきが遅れても、適温の時期に苗を定植すると、早くタネをまいた苗に生育が追いつくことがしばしばあります。

ムリな早まきで発芽不良になったり、低温のため定植後の苗が活着不良で生育が遅れるより、地温が十分確保できるようになってから定植できるよう、タネまき時期を決めます。

また、タネをまく時間は、地温が高まっていく晴天の午前中がよいでしょう。

●タネまき穴の深さと覆土—タネまきのやり方

覆土の厚さの目安は、タネの直径や厚みの2～3倍程度といわれます。この程度の深さに、指で土を上から押してタネまきの穴をあけます。

具体的には、ナス科の場合は5～7㎜程度、キュウリやメロンは7～10㎜程度です。穴にタネを置いたら、土とタネを密着させるため、軽くタネを人差し指で上から押さえてやってから覆土をします（図4-6）。

覆土は育苗に使った育苗培土でもいいのですが、小粒の赤玉土がおすすめです。赤玉土は自重があるので、水やりのときに水の勢いで土が流されにくいうえ、通気がよいため水をやりすぎたときも酸欠になりにくいためです。また、タネをまいた場所がわかりやすいので、発芽の状況が確認しやすい利点もあります。

表4-1　10.5㎝（3.5寸）ポットを利用したときの育苗期間の目安

野菜	タネまきからの日数	地上部の生育
キュウリ メロン・マクワ スイカ	25～30日	本葉2～3枚
カボチャ	20～25日	本葉2枚
トマト	45日	本葉5～6枚
ナス ピーマン	50～55日	本葉4～5枚

指で押してまき穴をあける

タネを置く

赤玉土で覆土する

図4-6　タネまきの手順（セルトレイの例。箱まきもこれに準じる）

毎日の水やり

・育苗では水やりの失敗が多い

育苗の失敗で多いのが水やりです。自然界では、毎日植物に雨が降り水分が供給されるようなことはありません。そのかわり土壌の地下深くから水分がたえまなく供給されており、植物はそれを利用します。

しかし育苗では、セルやポットという小さな入れ物に限られた土しかはいっていません。もちろん地下からの水分供給はないので、毎日水やりする必要があります。

心優しい菜園者ほど「鉢の土を乾かすとかわいそうだ」といってこまめに土が乾かないように水やりをします。しかし、土が一日中乾かないと地温が上がりにくく、発芽に必要な温度が確保できなかったり、育苗培土内の酸素が不足してタネが酸欠になり、発芽不良をおこすことがよくあります。

・失敗しない水やり二つのポイント

これらをふまえて、育苗に失敗しない水やりのポイントは二つあります。

一つは水温です。水道の蛇口から出た水をそのままかけると、せっかく日光で暖められた地温を下げてしまいます。低温期の育苗の水やりには、30～40℃のぬるま湯を使います。こうすれば、水やりのたびに地温を下げることがありません。

ただし、レタスなどの発芽に低温が必要なものは、ぬるま湯を与えると逆に発芽を悪くすることがあります。

二つめは水の量です。水やりは地温が上がり始める9時くらいにたっぷり行ない、夕方に土の表面がうっすら乾く程度になるのが適量です。ジョウロで水やりをすると、水をやりすぎることがあります。水差しや肥料差しだと、1鉢1鉢の水量を加減しながら水やりができます。

このように一日のうちに乾湿をくり返し、地温をできるだけ早く上げたい早朝（水やり前）には土を乾きぎみに管理し、暖かくなりはじめたら日中乾かないようかん水を行ない、夕方には土の表面がうっすら乾く程度になるよう水管理を行ないます。

もし朝の水やりが少なく、日中乾きすぎるようなら、乾いたところだけ水差しなどで水やりをします。また、曇天や雨天の場合は土の乾きの状態を確認して、湿っているようなら水やりを控えます。

苗の置き場所

・できるだけ日当たりのいい場所に置く

苗はできるだけ日の当たる場所に置きます。北側が白壁で、南側に障害物がない場所が理想的です。白壁を背にすると日光が白壁に反射して、苗に反射光が降り注ぎ、地温の上昇が早くなり、光合成もより活発に行なわれます。

・夜や雨天、曇天の寒い日は室内で

日が暮れると急激に地温が低下するので、日暮れ前に苗を室内にいれ、夜間は室内で管理します。夜間の温度は10℃以上（15℃以上が理想です）を確保してください。これを毎日くり返します。

雨天の場合は、できるだけ明るい室内で管理します。曇天で寒い日も、ムリに外に出さず雨天と同じように管理します。

鉢上げから活着までの管理

・鉢上げの準備

鉢上げとは、セルトレーや箱まきして育てた幼い苗を、より大きなポットに移し替える作業のことです。

鉢上げ前に、あらかじめポットに土をつめよく湿らせ、透明のビニールを上からかけて、日光に当て地温を上げておきます。

鉢上げ前日の苗は、いつもより乾きぎみに管理します（葉がしおれない程度）。こうすると、鉢上げ後の苗の活着がスムーズになります。

なお、鉢上げは箱まき苗とセルトレー苗では適期と方法がちがいます。鉢上げの適期は

表4-2を参照してください。

・箱まき苗の鉢上げ

箱まきした苗はティースプーンなどで掘りとり、ポットの土に穴をあけて植え替えます（図4-7）。植えるときは根が下にいくように、ていねいに植えていきましょう。このとき深植えにならないよう注意してください。

・セルトレーの場合

セルトレーからの鉢上げは、地上部の葉数だけでなく、根がうっすらと培土の表面を覆うころが適期です（図4-8）。

セルトレーから苗を根鉢ごと抜きとり、ポットの土に穴をあけて植えます。セルトレーからの鉢上げは根を傷めることが少なく、適期に行なえば鉢上げ後のしおれがおこりにくく活着がスムーズです。

・活着までの管理

鉢上げ直後は、苗が活着するまで2℃ほど地温を高く保ち、活着をうながします。活着までの水やりは、株元から離れたところに円を描くように水差しで行ない、株まわりの土から根鉢に水が浸透するようなイメージで行ないます。こうすることで、根鉢の外側にあるポットの土へと根の伸長を誘導してやります。早朝に苗の葉の縁に水滴がついていれば苗が活着したとみていいでしょう。

●「苗ずらし」で十分な光を

苗の葉と葉がふれあう前に、ポットとポットの間隔を、上下、左右にポット1個分あけ

表4-2　鉢上げ適期の目安

野菜	箱まき苗	72穴セルトレー*
キュウリ スイカ	本葉1枚目が米粒大	本葉1枚目が10円玉大
メロン・マクワ	双葉が展開〜本葉1枚目が米粒大	
カボチャ*	双葉が展開	
ナス トマト ピーマン	本葉2枚目が展開始め	本葉3枚目が展開始め

*：カボチャは50穴のセルトレー

箱まき苗の掘りとり

掘りとった苗

植え穴をあける

鉢上げしたところ

図4-7　箱まき苗の鉢上げ方法

図4-8
鉢上げ適期のセルトレー苗の根鉢

図4-9　苗ずらし
上下、左右にポット1個分のスペースをあけた状態

て、苗に十分光を当ててやります。これを「苗ずらし」といいます（図4-9）。苗ずらしが遅れると苗が徒長（茎や葉柄が通常よりも軟弱に伸びてしまうこと）してしまいます。

●定植適期と定植前の管理

苗の定植適期は、前出の表4-1を参照してください。そのころに、ポットから根鉢をくずさないように苗を抜きとって、根の状態を確認します。根が鉢土をうっすら覆う程度が定植の適期になります。

定植3～5日前から苗を露地環境になれさせるため、最低気温が10℃以上で遅霜の心配がなければ夜間も野外で管理するようにします（これを「ならし」といいます）。

コラム

人の体温で芽出し

低温期の育苗でより確実に発芽させるには、芽出しを行ないます。

芽出しとは吸水した種子に発芽に必要な温度を与え、タネまき前に発芽の準備を行なうことです。今回は、人間の体温でタネを温める芽出しの方法を紹介します。

なお、この芽出し法は、タネが大きく発芽時に酸素要求量の多いカボチャやゴーヤには向きません。

使用するもの　ストロー、ジッパーつきビニール袋、ガーゼ

①ビニール袋のジッパーより上に口が出る長さにストローを切る（発芽には多くの酸素を必要とし、ストローは通気口の役割をする）。

②タネをガーゼでくるみ（二重にする）、人肌くらいのぬるま湯に浸し（タネとガーゼをぬらす程度、長時間の浸漬は不要）、ガーゼの水をしぼってビニール袋にいれる（図4-10）。

③これを肌着一枚の上に置き、腹巻きで押さえる（肌に直接当てると熱すぎて発芽不良になる）。

④ガーゼが乾くようなら湿らせる。

⑤5～7日で発芽する。タネの1割くらいがわずかに芽を出したらすぐにタネをまききる。すべてのタネが発芽するまで芽出しをつづけると、はじめに発芽したタネの芽が伸びすぎてガーゼに絡まり根を傷めてしまう。

図4-10　人の体温による芽出し
ビニール袋に、タネをくるんでぬるま湯に浸して水をしぼったガーゼをいれたところ。これを人の体温で発芽させる

本書で紹介した品種の入手先一覧

略称	名称	郵便番号	住所	電話番号
自農	（公財）自然農法国際研究開発センター	390-1401	長野県松本市波田 5632-1	0263-92-6800
太田	株式会社 太田種苗	523-0063	滋賀県近江八幡市十王町 336	0748-34-8075
山峡	株式会社 信州山峡採種場	381-2411	長野県長野市信州新町竹房 97-1	026-262-2313
高木	有限会社 高木農園	390-0841	長野県松本市渚 2 丁目 3-22	0263-25-9833
たねの森	たねの森	350-1252	埼玉県日高市清流 117	042-982-5023
つる新	有限会社 つる新種苗	390-0811	長野県松本市中央 2-5-33	0263-32-0247
都留	NPO 法人 都留環境フォーラム (Web ショップ：めぐるや)	402-0031	山梨県都留市十日市場 1531-2	0554-46-0039
ナチュラル	ナチュラル・ハーベスト有限会社	160-0023	東京都新宿区西新宿 4-14-7 新宿パークサイド永谷 1305	03-6912-6330
野口	野口のタネ・野口種苗研究所	357-0067	埼玉県飯能市小瀬戸 192-1	042-972-2478
藤田	藤田種子 株式会社	669-1357	兵庫県三田市東本庄 1921-5	079-568-1320

31種類
タネとり
徹底ガイド

果菜類

トマト

- ナス科トマト属
- 原産地：南アメリカ・アンデス山脈
- 自殖性作物
- 生育適温：21～24℃

特性とタネとりに適した品種

◆原産地と来歴

昼夜の温度差が大きく、雨が少なく乾燥した南アメリカ・アンデス山脈が起源。メキシコで改良され紀元前1000年ころに栽培植物になったといわれています。

16世紀に栽培種がヨーロッパにわたり品種改良され、17世紀にアジアや日本に伝播。日本では、当初は観賞用や薬用植物で、食用利用は明治時代からです。

◆生育特性と栽培

生育適温は21～24℃の中庸な気候で、湿度70％程度の降雨の少ない条件を好みます。13℃以下や30℃以上では著しく生育が悪くなるので、温暖地では6～8月上旬収穫や9～11月収穫、冷涼地では7～10月上旬収穫の栽培がおもな作型です。草勢と着果のバランスをとることと、果実の品質がとくに重要な野菜です。

◆受精方法・交雑の注意点

他の品種との交雑がきわめて少ない自殖性作物です。自家採種では、異品種と数メートル離す程度で交雑を防ぐことができます。

花芽分化は日長や温度は影響せず、体内の炭水化物の充実によって促進されます。正常な花粉の発育には20℃前後の温度が適しています。

◆タネとりに適した品種

大玉品種：自生え大玉（自農）、世界一（野口）、アロイトマト（野口）、愛知ファースト（野口）、ポンテローザ（つる新）、ブランデーワイン（つる新）など

中玉品種：なつのこま（つる新）、サンマルツァーノ（ナチュラル）など

小玉品種：ブラジルミニ（自農）、ステラミニトマト（野口）など

タネとりの実際

◆土づくりと施肥

腐熟化をすすめるため、堆肥や緑肥などの有機物はなるべく前年の秋にすき込み、十分に土となじませておきます。春にすき込むときは、完熟した堆肥を遅くとも作付け1カ月前までに行ない、未熟堆肥を使うときはすき込まず、表層に敷きます。

うね間にアカクローバやムギなどの緑肥をまいたり、コムギやダイズを輪作して、土壌有機物を増やすこともいいでしょう。

元肥は、堆肥とカキガラなどによる土壌改良のみで十分です。生ゴミ堆肥のような養分の高い堆肥は、定植位置から30cm以上離したところに溝施用して、定植した苗がいきなり養分を吸わないようにします。

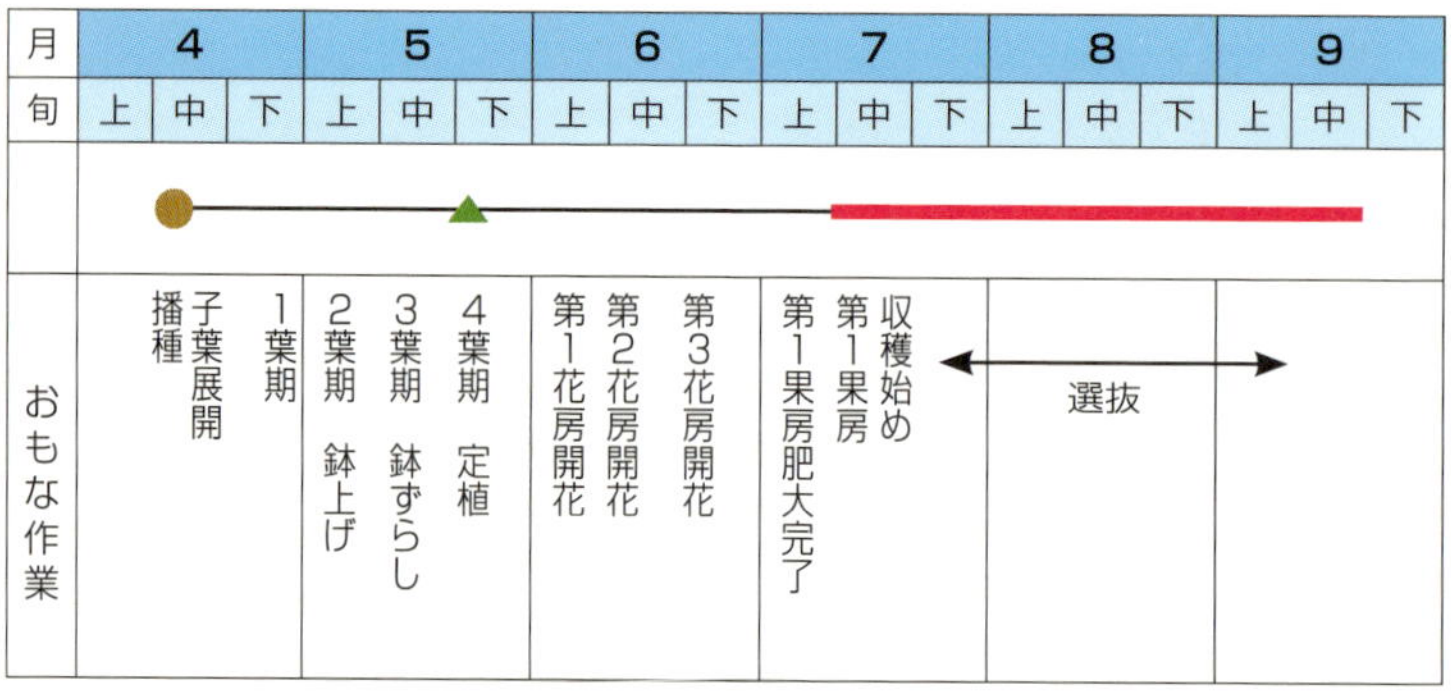

図1 タネとりの栽培暦（長野県松本市）

※播種時期は地域の普通栽培の適期に合わせてください。以下の栽培暦も同様です。

◆タネまき・育苗・定植

タネとりに必要な株数と栽植密度

栽植密度はうね間90～100cm、株間40～45cmが標準です。自殖性作物は、固定種のタネの維持・

増殖がやりやすく、家庭菜園なら母本として2～3株ほど選抜してタネとりします。

育苗日数と播種日の決め方

育苗日数は、一般的には60日が目安ですが、ここでは40日程度の若い苗を定植する方法を紹介します。若苗は草勢が強く吸肥力も旺盛なので、元肥が少なくてすみます。

若苗定植では、開花までは育苗の延長と考え、定植後は水を控え養水分の吸収をおさえて、第1花房を確実につけることがコツです。

定植日を降霜の心配がなくなる平均気温16℃以上になる時期に設定し、播種日は定植日から逆算して、10.5cmポット育苗で40日程度前に決めます。

播種から子葉展開まで10日、子葉展開から鉢上げ（本葉2枚弱）まで5日、鉢上げから定植まで25～30日（本葉5～6枚）が目安です。

育苗中の温度管理

「日だまり育苗」ではこまかい温度管理はできませんが、目安として育苗中の温度管理を示します。

トマトの発芽適温は28℃ですが、他のナス科野菜と同じように、温度が一定しているより、昼間25～27℃、夜間20℃程度の変温管理するほうが充実した生育になります。

子葉が完全に展開したら夜温を18℃に下げ、その後1日ごとに0.5℃ずつ夜温を下げて、鉢上げ前には16℃にします。鉢上げ後も少しずつ温度を下げて外気温に近づけます。

地温は発芽までは20℃、発芽以降は16～18℃を維持し、常に夜温より高めに維持します。鉢上げ後の地温は最低16℃を保っておき、定植1週間前から少しずつ下げて13℃程度にし、定植後の環境にならすようにします。

なお、具体的な管理は、34ページ「4 初心者でも丈夫な苗がつくれる」を参照してください。

◆栽培管理のポイント

水やり

定植後、一度に多量の水をやらないようにします。生育のバランスを調整しながら控えめにやり、根ができるだけ深く張るようにします。

梅雨明け以降は、生長点の展開葉をみて、しおれていれば定期的に水をやり、草勢を維持します。

仕立て方

トマトは1本仕立てが推奨されています。しかし、若苗定植では、地力が高く草勢が強くなりやすいときは、仕立て本数を増やします。

主枝のほかに第1段花房直下や、下位節から発生する旺盛な側枝（腋芽）を伸ばし、2～3本仕立てにします。こうすることで、栄養生長と生殖生長のバランスがとれます。

芽かき

生育初期の腋芽は、根の発達や葉を充実させる働きもあるので、芽かきを急がないようにします。腋芽の伸びが遅いようなら、第3花房開花まで残しておくなど、生育に応じて芽かきを行ないます。

ただし、芽かきをしないで太くなった側枝を一斉に摘除すると、根傷みの原因になるので注意します。

目安は、第1花房直下の腋芽は8cm程度、それ以外は10～12cm程度で芽かきします（図2）。

露地栽培では、第5花房直下以上から発生した腋芽はそのまま伸ばし、無整枝にして、根群の発達と草勢の維持をはかります。

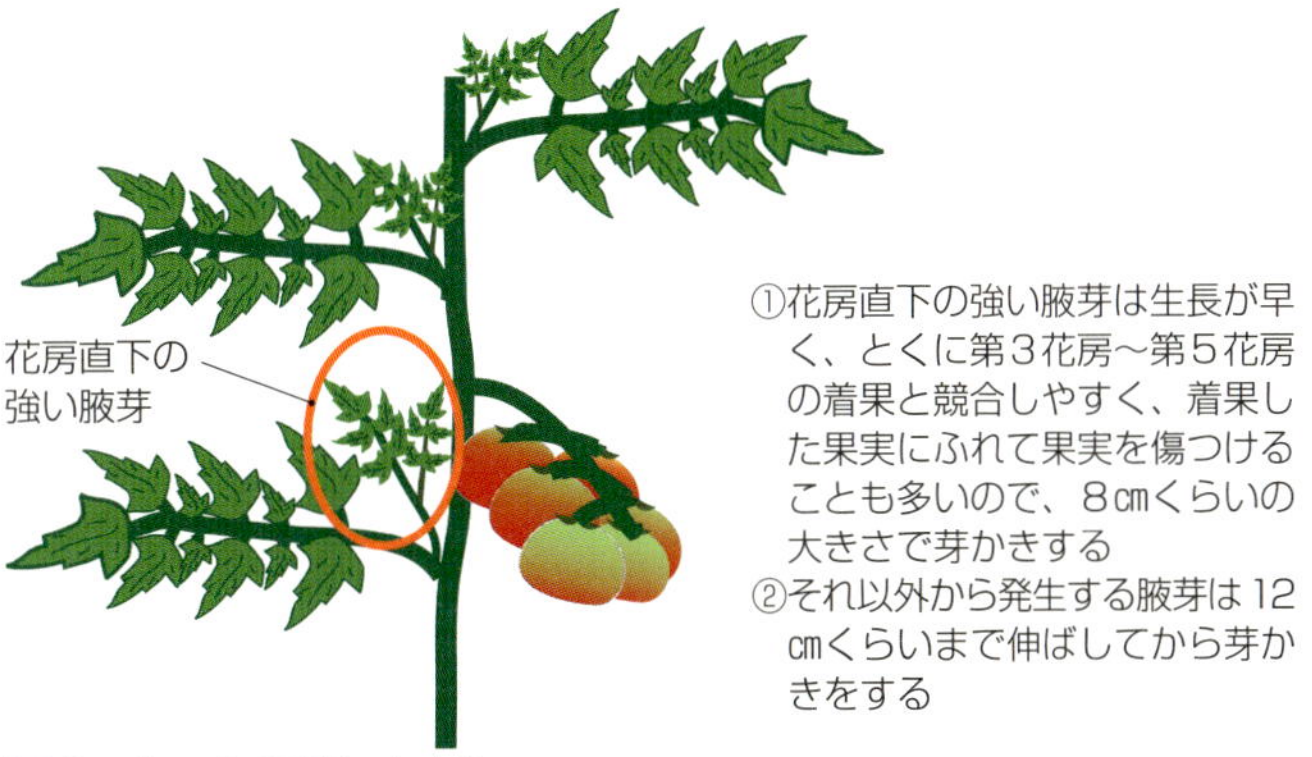
花房直下の
強い腋芽
①花房直下の強い腋芽は生長が早く、とくに第3花房～第5花房の着果と競合しやすく、着果した果実にふれて果実を傷つけることも多いので、8cmくらいの大きさで芽かきする
②それ以外から発生する腋芽は12cmくらいまで伸ばしてから芽かきをする
図2　トマトの芽かき方法

敷き草・敷きわら

敷き草や敷きわらは、雨による土のはね上がりを防ぎ、下葉の汚染による疫病対策に効果的です。ただし、早く行なうと地温が低下して生育が遅れるため、最初は薄くし、夏の高温期は厚くして乾燥や地温の上昇を防ぎます。

追肥

第1果房がピンポン玉大になったときが追肥の適期とされていますが、生長点のようすをみて、葉色があせて茎が細くなり、葉が上を向く木負けしている状態であれば、ボカシ肥などの有機質肥料を施します。

その後、第3、第5果房がピンポン玉大になる前を目安に、必要であれば適宜、追肥します。

摘花・摘果

生育初期で草勢が弱い場合、第1花房の開花の早い花を摘花するか、花房ごと摘みとって、草勢の回復をはかります。それでも回復しないときは摘果を行ないます。

病害防除

ナス科作物の自家採種では、トマトモザイクウイルス（ToMV）などの種子伝染性のウイルスに注意が必要です。タネにウイルスが付着していると発芽時に感染するおそれがあるので、タネとりする株は、ウイルスに罹病していない株を選びます。

また、裂果や傷、腐りのない果実からタネをとります。

◆母本選抜の着眼点と方法

草姿の着眼点

まず、無支柱型（芯止まり型）か有支柱型（非芯止まり型）か、品種固有の草姿に対して異株がないかを確認します。

有支柱型の大玉品種では、初期生育期は1枚1枚の葉形がはっきりしていて、着果期以降は適度な茂り方で、下葉まで適度に光がはいるような葉形になる株に注目します。極端なしめづくりをしなくても、茎の太さが適度で節間も中庸に伸び、芯止まりや異常茎をおこさないものが育てやすいといえます。

無支柱型の品種は、第2花房が出ると主枝の伸びが極端に鈍ります。そのなかで品種固有の特徴をもち、草勢が強く疫病に強い株を選びます。

草勢の着眼点

施肥を控えて栽培すると、採種果の負担によって草勢は低下し、下葉が黄化して脱落することがあります。採種果の負担に負けず、最後まで健全な生育を示す株を選びます。

着果の着眼点

生育が良好なことに加え、着果がよいものに注目します。そして、品種固有の着果のしかたをしているものを選びます。

有支柱型の品種には、低段花房の着果が強く上段花房は開花しても生理落花してしまうタイプと、各花房に平均して着果するタイプがあるので、着果数にできるだけ波がないものを選ぶといいでしょう。

最後まで収穫に波がない株を選びたいので、露地栽培や雨よけで栽培する場合は、第5果房まで着果するかを確認します。

果実の着眼点

トマトは果実の品質がとくに重要です。果実の特性には、形、色、大きさ、肉質、かたさ、食味、糖度と酸味のバランス、子室数、調理や加工適性、生理障害（尻腐れ、芯腐れ、すじ腐れ、色ムラなど）などがあります。

着果数、果実の大きさ、糖度、果実のかたさ、日持ち性、子室数、生理障害の出やすさは互いに関連があり、すべての特性を完全にもっている品種や株はありません。

たとえば、着果数が多く果実が大きく糖度の高いものは、果実が軟らかいとか子室数が少ない、あるいは日持ち性が劣るなどの傾向があります。その品種または株の特徴はなにかをよく観察することが重要です。

そのため、生育が良好で、着果数にできるだけ波がなく、品種固有の特徴をもった株を選びます。そして、1回の観察だけでなく、栽培期間を通しての安定性やそろいにも注意して選びます。

耐病性

特定の病害抵抗性をもつ品種は、基本的にはその病気は発病しませんが、抵抗性品種でない場合はできるだけ病害のない株からタネをとります。

とくにモザイク病と萎凋《いちょう》病（葉が黄化脱落し、全体が枯れ上がる）は種子伝染の危険性があるので、それらの株からタネをとらないようにします。

◆採種果の着果管理

採種果が完熟するまでは約40日、温度が低くなる秋口には55日程度が目安です。果実を食害するタバコガなどの害虫がいたら、捕殺します。花房先端部の花は着果しにくいことがあり、種子量も少ないのでつぼみのうちに摘みとります。

また、人工交配した場合、交配していない果実のタネが混ざらないために、交配した付近の花を摘花します。

◆人工交配（上級者向け）

自分で新しい品種を育成するときは人工交配します。以下、①〜

写真1　除雄適期の花
ガクが少し開き、つぼみの先がやや開き始め、やや黄色みを帯びてきたころが適期

写真2　除雄の方法

写真3　花粉の採集

写真4　交配適期の花

写真5　交配

写真6　交配後にガクを2枚落とした花

⑦の手順で行ないます。

除雄

①写真1のような、開花する2〜3日前の交配したい花（つぼみ）をさがします。

②①の花びらを開いて、雌しべを傷つけないようピンセットで葯をすべて取り除きます（写真2）。除雄は1花房のなかで素質のよいつぼみのみに行ない、小さいつぼみや形の悪いつぼみは早めに除去します。

花粉の採集

③除雄から2〜3日後、開花したら、交配したい品種の開花した花から花粉を採集します。花粉は晴天の日の午前9時ころから昼までが多いので、このタイミングで行ないます。

④花粉の採集は、表面がなめらかな黒色の容器を採集する花に添え、電動歯ブラシなどでガクのあたりを振動させて行ないます（写真3）。

交配

⑤交配適期の花は、濃黄色で花びらが十分にカールし、柱頭の先端がべとべとしている時期です（写真4）。受粉期間は2〜3日で、柱頭が黒変しないかぎり着果します。ただし、受粉時期はタネの量に影響します。

⑥除雄した雌しべの柱頭の全面に、交配する品種の花粉を軽くなでるようにつけます（写真5）。

⑦交配した印として、ガクを2〜3枚切りとります（写真6）。なお、1株すべて交配する場合、1花房の交配が終了したら、花房の元に交配が終了した印として毛糸を巻いておくといいでしょう。

◆収穫・調製・乾燥・保存

収穫

着果45〜55日後の完熟果を収穫します。ガクの下まで果実全体が着色し、軟らかくなりはじめた果実を収穫します。上段の花房だと十分完熟していない場合もあるので、第1〜3果房の完熟した果実を収穫します。

トマトは、品種や果実の大きさによって1果実当たりのタネの量はさまざまです。ミニトマトだと20〜30粒、大玉品種では100〜200粒のタネがとれますが、あまりタネのはいらない品種もあります。

完熟するまで株につけておいたほうが、タネの充実はよくなりますが、裂果して腐りそうなときは、完熟前に収穫して追熟します。ま

写真７　追熟した果実

写真８　タネのかき出し

写真９　発酵させたタネ

た、秋の気温低下によって、登熟がすすまない場合は、降霜前に収穫して追熟期間を長くします。

追熟・タネ出し

収穫した果実は、軟らかくなるまで風通しのよい日陰で7日ほど追熟します（写真7）。

追熟した果実を半分に切り、スプーンでゼリー状の部分ごとかき出します（写真8）。そのとき、水がはいらないように注意します。

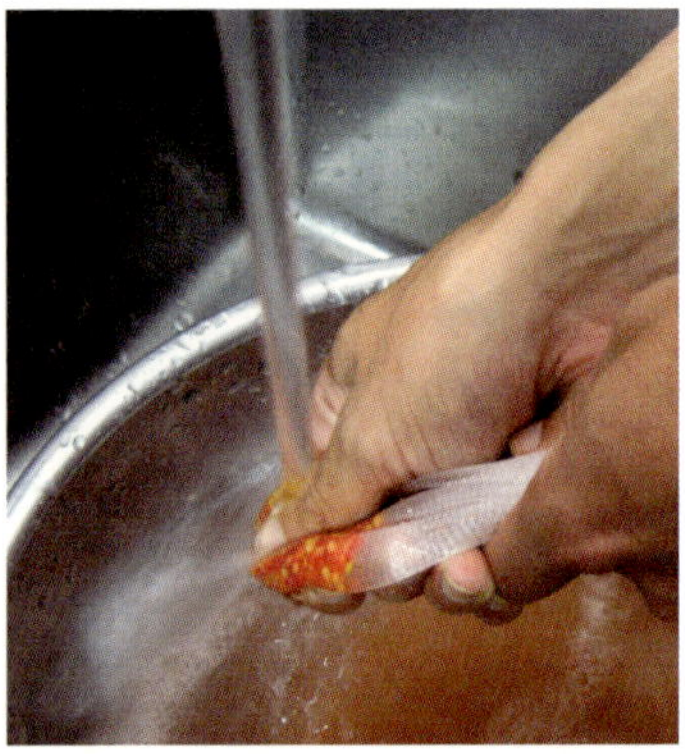

写真１０　果肉をもみ出すように洗う

写真１１　すすぎ洗いを徹底する

発酵

かき出したタネはゼリー状の部分ごとポリ袋にいれ、暖かい場所で1～2日発酵させます。発酵はトマト自身がもっている、酵素や果皮表面にいる酵母菌などによってすすみ、タネのまわりのゼリー状物質が溶けて、洗いやすい状態になります（写真9）。ゼリーが溶けたら発酵終了です。

水洗い・すすぎ

網目の袋で、果汁や果肉をもみ出すよう水洗いします（写真10）。

2～3回水洗いしたら十分すすぎ（写真11）、ゴミを流して、沈んだタネを採種します。

果肉やゼリー状物質の残骸は水に浮き、タネは沈むので容易に分離できます。

乾燥

タネより目の細かい、防虫ネットなどを切ったものを用意してタネを包み、水を切り乾燥します。天日でその日のうちに乾燥させます（写真12）。

タネがぬれていて生乾きの状態でコンクリートの上などの高温状態で乾かすと、著しく発芽を悪くします。ゴザを敷いて干すか、物干しの風通しのよい場所で乾燥し、なるべく早く水分を飛ばします。

また、タネどうしがくっついているので、生乾きのとき、もみほぐします。こうすると、タネどうしがくっつかなくなります。

その後、2～3日ほど日陰で十分乾燥します。

写真１２　トマトのタネの乾燥

保存

トマトのタネは長命なので、低温・乾燥状態を維持すれば、5年程度は高い発芽率を保つことができます。

果菜類

ナス

- ナス科ナス属
- 原産地：インド東部の熱帯雨林地帯
- 自殖性作物だが他殖もする
- 生育適温：22～30℃

特性とタネとりに適した品種

◆原産地と来歴

原産地と考えられているインド東部の熱帯雨林地帯は、日本と同じモンスーン地帯の気候ですが、冬でも18℃以上あり、ナスは多年性として生育しています。

日本への渡来はたいへん古く、奈良時代の文献に記載があり、遅くとも7～8世紀には中国から渡来し、栽培が始まったと考えられています。

ナスは日本の風土と食習慣に根ざした野菜で、多様な地方品種があります。日本海側の東北日本では小丸タイプ・早生種として分化していった一群と、西南暖地に土着して分化していった長ナス・晩生系の一群があります。さらに、これらが混じり合って、関東から中国地方にかけて卵形から中長形の品種が分化したと考えられています。北陸から関西には丸ナス品種が多く分化しています。

◆生育特性と栽培

深根性で土壌や肥料への反応が鈍感なため、過湿や過乾燥など極端な悪条件でなければ栽培の失敗が少ない野菜です。しかし、高温性の作物なので、生育は温度（とくに地温）によって大きな影響を受けます。

適温は22～30℃で、17℃以下では生育が鈍るので、十分に地温が確保できる時期がナスの旬と考えて栽培することがポイントです。

ナスのタネとり栽培は、過湿、過乾燥など極端な管理をしないこと、完熟果をつけても最後まで馬力のある株を選ぶことがポイントです。

◆受精方法・交雑の注意点

ナスは自殖性作物ですが、10～20％の自然交雑がみられ、他殖もします。したがって、ちがう品種を同じ畑でタネとりする場合は、袋がけを行ないます。

◆タネとりに適した品種

長ナス：久留米長ナス（つる新）、仙台長ナス（野口）など

長卵形～中長ナス：早生真黒（野口）、橘田中長ナス（つる新）など

丸～巾着形ナス：信越水ナス（自農）、民田ナス（野口）、十全ナス（野口）、小布施丸ナス（山峡）、山科ナス（つる新）、泉州水ナス（つる新）など

青ナス：在来青ナス（自農）、埼玉青大丸ナス（野口）など

タネとりの実際

◆土づくりと施肥

堆肥や生ゴミ堆肥は、なるべく前年の秋から冬に、うね下に溝施用（深さ30㎝）しておきます。溝1m当たり、完熟堆肥2～3kg＋米ぬかボカシ200～300gが目安です。

ボカシ肥や前作残渣、緑肥などを全層にすき込む場合も秋に行ないます。春にすき込む場合は完熟堆肥のみとし、未熟な堆肥やボカシ肥は土壌表面に敷くようにします。

地温の上がりにくい地域や地下水位の高い畑では高うねにします。

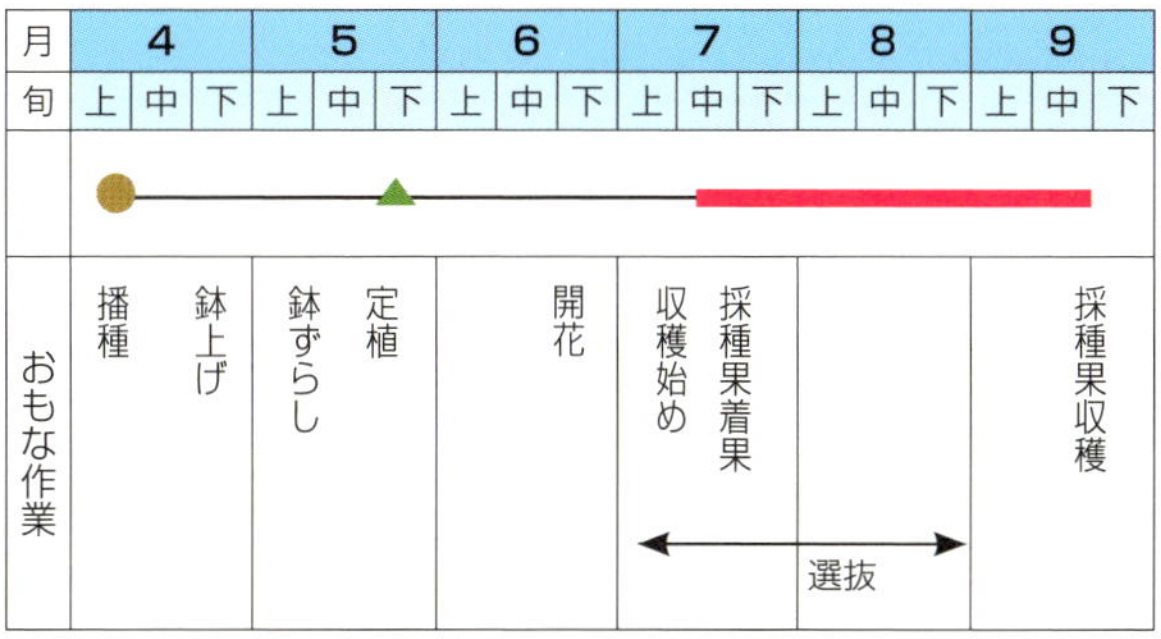

図1　タネとりの栽培暦（長野県松本市）

◆タネまき・育苗・定植

タネとりに必要な株数と栽植密度

定植は、うね間120cm程度、株間65〜70cmの1条植えを目安とし、栽培期間の短い寒冷地ではやや密植にし、温暖地では疎植にします。

タネとりに必要な株数は、ナスでは1果当たりのタネの量が多いので、家庭菜園などでは1〜2株です。

タネまきと育苗管理

平均気温17℃以上が確保できる時期に定植日を設定し、そこから育苗日数（自根栽培、10・5cmポット育苗で50日程度）を逆算してタネまきの日を決めます。

育苗日数が長いので、肥切れや老化苗にしないよう注意します。「日だまり育苗」ではこまかい温度管理はできませんが、目安として、発芽までは昼間26〜28℃、夜間18〜20℃、発芽後は昼間25〜28℃、夜間16〜18℃で育苗します。

鉢上げは本葉2〜3枚のころにして、葉がふれあうようになったら、苗のずらしを行ないます。

本葉7枚程度で定植適期になり、定植10日前から外気温になれさせます。

◆栽培管理のポイント

定植後は地温を確保

定植後、株のまわりは裸地か堆肥で薄くマルチする程度にして地温を確保し、株まわりはこまめに除草します。定植後1カ月ほどで梅雨入りするので、そのあとで敷き草を行ないます。

仕立て方と草勢確保

仕立ては、寒冷地の短期間栽培では放任にします。温暖地では、主枝と1番花の下から伸びる側枝2〜3本を使った3本仕立てが手軽です。

1番果は摘果して草勢を強め、2番果以降に徐々に品種本来の大きさで収穫するようにします。

採種果をつけた株は、枝の伸びがにぶり落花も多くなるので、通常の収穫はできなくなります。しかし、採種果の数が少なく、採種果の負担より草勢が勝る場合は、少ないながらも小さな未熟果で食用収穫をつづけることができます。

水やりと追肥

ナスはある程度乾燥に耐えられますが、収穫をつづけるにはかなりの水分を必要とします。とくに盛夏期は、適宜かん水を行なって土壌水分を保ち、草勢の維持に努めます。過乾燥はハダニやアザミウマの被害の原因になるので注意します。

食用栽培では定期的に追肥をしますが、タネとり栽培では、根張りや草勢の能力をみるため、選抜した株への追肥はしません。

しかし、水やりは必要です。また、乾燥を防ぐため、敷き草をするといいでしょう。

◆母本選抜の着眼点と方法

成り疲れになる前の最も草勢が充実した時期に、草勢や枝ぶり、果形や大きさ、果色など品種の特徴をよくあらわしている株を選び、収穫をやめて採種果をつけます。

初期生育の着眼点

果菜類全般にいえることですが、定植後の活着がよく、アブラムシがつかないか、ついても生育が停滞しない株に注目します。

虫害が少なく生育が停滞しない株は根系の発達もよく、茎葉や花芽も充実します。

草姿の着眼点

草姿は、おもに立性と開帳性がありますが、気候風土と根強い関係があります。日本のナスは、九州地方に長形種、中部地方に中長形種、関東地方に短形卵球種というように品種が分布しています。

この各地域の在来種の草姿が、地域のナス本来の草姿と考えられます。暖地では、地上の熱気のため長葉で立性のほうが育ちやすく、北へいくにつれて丸葉で開帳性になる傾向があります。

したがって、地域ごとに、その地域に合った草姿を選ぶようにします。

草勢の着眼点

株元の茎が太く、側枝が多い株は根張りがよいと判断できます。

また、採種栽培は食用栽培とちがい、施肥を控え果実を完熟させるため、その負担によって草勢は低下し、下葉が黄化して脱落します。したがって、初期生育だけでなく、採種果の負担に負けずに最後まで健全な生育をする株を選ぶようにします。

果実、着果の着眼点

採種果を着果させる直前の、最も草姿や果実の特徴のわかりやすい時期に果実の形質を選抜します。着果性、色つやや大きさ、果皮や果肉のかたさ、肉質、食味など、品種固有の特徴をもっている果実を選びます。

◆採種果の着果管理

採種果の着果時期

採種果の収穫時期は、着果後55～60日が目安です。平均気温17℃を割り込む日から夏に向かって60日さかのぼった時期に着果させます。

寒冷地で8月初旬、温暖地では8月中旬が目安です。

前述したように1果当たりの採種量が多いため、採種果は1～3個つければいいでしょう。

採種果以外の摘花・摘果

採種果をつけたら、充実したタネをとるためになるべく長くつけておきたいので、それ以外の花や果実は、定期的に摘みます。

ナスの花は、水平か下向きに咲き、雌しべが雄しべより長いか同じくらいの長さで、受精しやすい構造になっています。

しかし、日照不足や高温、栄養状態が悪いと雌しべが短くなり受精できない花になってしまいます（短花柱花）（図2）。

そうした花は早めに摘花して樹勢を強くします。

図２　ナスの花
左：雌しべが長い長花柱花　右：雌しべが短い短花柱花

◆人工交配

自分で新しい品種をつくるときは人工交配を行ないます。

人工交配のポイント

花粉の最適発芽温度（交配適期）は28～30℃のため、10時ごろまでに花粉を採集して交配します。短花柱花は、交配せず摘花します。

3番花を交配を始める目標とし、3～12番花くらいに交配・着果させます。とくに、4～6番花のタネの量が多くなります。

除雄

① 開花する2～3日前の花をさがします。花びらが白色かうっすら色づいたころです（写真1）。

② 花びらを開いて、ピンセットで雌しべを傷つけないよう、葯をすべて取り除きます（写真2）。

③ 除雄した後、虫がはいらないように袋をかぶせます。袋に除雄した日付けを書いておきます（写真3）。

花粉採集と交配

④ 除雄から2～3日後、除雄した花が開花したら交配作業のため袋をいったんはずします（写真4）。

写真１　除雄適期の花

写真２　除雄方法
（下；除雄前、上；除雄後）

写真３　袋がけした除雄花

写真４　交配適期の花

写真５　花粉の採集

写真６　交配

写真７
交配終了後、袋をかぶせた採種果

なお、花は開花2日後でも十分受精能力があります。

⑤トマトのときと同じ要領で、交配する品種の開花した花から花粉を採集します（写真5）。

⑥開花当日から2日後までの除雄した花の柱頭に、黒い容器に集めた花粉をできるだけ多くつけて交配します（写真6）。

⑦交配した印として枝に毛糸をくくりつけ、再度、袋をかぶせ（写真7）、1日たったら袋をはずします。

交配20～30日後、採種果が大きくなったら白色のマジックで印をつけて、枝が折れないよう支柱に誘引して補強します。

◆収穫・調製・乾燥・保存

収穫・追熟

採種果内部のタネが発芽力をもつようになるには、最低40日は木から栄養補給を受ける必要があるので、できるだけ長く木につけておきます。

着果後50～60日たって紫色が抜けて黄褐色になり、一時かたくなったのが、少し軟らかく弾力をもつようになった完熟果を収穫します（写真8）。

収穫した果実内の養分をタネに転流させるため、雨の当たらない日陰で2～3週間ほど常温で追熟します（写真9）。腐敗果からはタネをとらないよう注意します。

タネ洗い

果実のもみ込み　皮を破らないように果実をもみ込みます（写真10）。

水洗い　果実を切り開き、容器のなかで、もみ込んで軟らかくなった果実からタネを水中にもみ出します（写真11）。

すすぎ　浮いたしいなや果肉などは洗い流し、水が透明になるまですすぎ洗いをして沈んだタネを採種します（写真12）。

乾燥・保存

水気をよく切り、風通しのよい場所で天日干しして十分乾燥します（写真13）。天日乾燥後、3日ほど風通しのよい日陰で乾燥させます。

長命種子で、低温乾燥状態で保存すれば4～5年は発芽率が落ちません。

写真８　収穫直前の採種果

写真９　追熟した果実（左）と食用の果実（右）

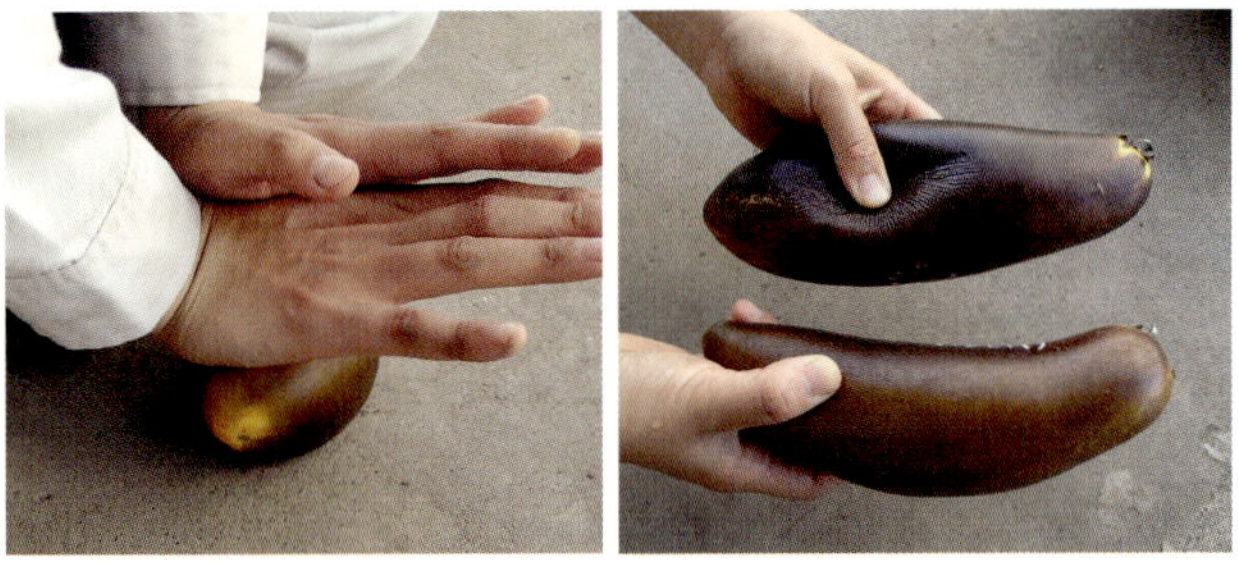

写真 10　左：果実のもみ込み、右：もみ込み前（下）、もみ込み後（上）の果実

写真 11　果肉をもみ出すように洗う

写真 12　すすぎ洗いを徹底する

写真 13
ナスのタネの乾燥

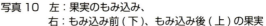

果菜類

ピーマン

●ナス科トウガラシ属
●原産地：中南米の熱帯地方
●自殖性作物だが異品種とも交配しやすい
●生育適温：22～30℃

特性とタネとりに適した品種

◆原産地と来歴

トマトやジャガイモと同じ、中南米原産の熱帯地方の野菜です。辛味のない甘いトウガラシの中果系をピーマン、辛味がない小果系をシシトウ、辛味がない大果系をパプリカ、辛味がある小果系をトウガラシと区別しています。

しかし、トウガラシのなかには辛くない甘トウガラシもあります。

日本では小果系のシシトウやトウガラシが古くから栽培されていました。明治から戦後にかけて大果系が導入されましたが定着せず、昭和30（1955）年ころから食生活の洋風化とともに、中果系のピーマンが主流になりました。

◆生育特性と栽培

ピーマン類は浅根性で、とくに土壌の過湿や過乾燥の影響を受けやすいので、水はけのよい圃場を選びます。

極端な悪条件でなければ栽培の失敗は少ないですが、高温性作物なので、温度（とくに地温）によって大きな影響を受けます。適温は22～30℃、17℃以下では生育がにぶるので、十分に地温が確保できる時期を旬と考えて栽培します。

果菜類では最も高温を好むため早植えは禁物なことと、ウイルスに罹病していない株を選ぶことがポイントです。

◆受精方法・交雑の注意点

自殖性作物ですが、ナスの花のように雄しべが筒状に雌しべをかこんでいません。そのため、ナスより交雑しやすいので、自殖で採種するには、異品種との交雑を避けるため隔離して栽培するか、袋がけを行ないます（つぼみのうちにグラシン紙（耐水性交配袋）などの紙袋をかけ、開花期間の3～4日間、袋を指ではじいて袋内で花粉が放出されて柱頭につくのを助けます）。

◆タネとりに適した品種

大果種：カリフォルニアワンダー（つる新）など

中果種：自生えピーマン（自農）、伊勢ピーマン（野口）など

小果種：紫トウガラシ（つる新）など

タネとりの実際

◆土づくりと施肥

堆肥や生ゴミ堆肥は、なるべく前年秋から冬のあいだに、うね下に溝施用（深さ30cm）しておきます。溝1m当たり、完熟堆肥2～3kg＋米ぬかボカシ200～300gが目安です。

ボカシ肥や前作残渣、緑肥などの全層すき込みも秋に行ないます。春にすき込みを行なう場合は完熟堆肥のみとし、未熟な堆肥やボカシは土壌表面に敷くようにします。地温の上がりにくい地域や地下水位の高い畑では高うねにします。

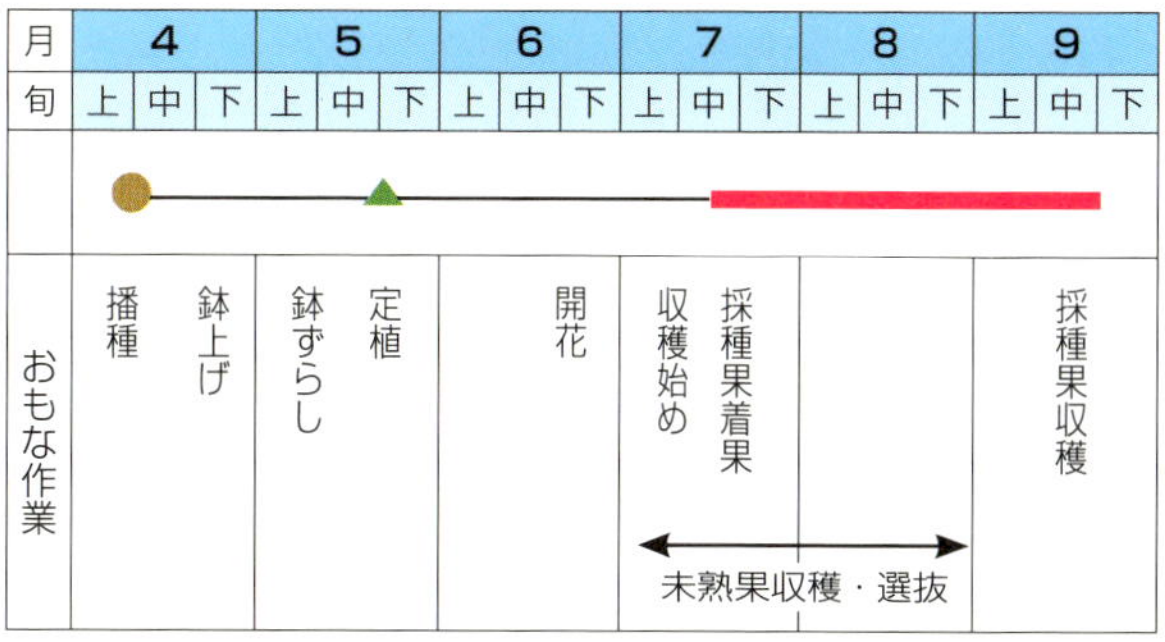

図1　タネとりの栽培暦（長野県松本市）

◆タネまき・育苗・定植

タネとりに必要な株数と栽植密度

定植はうね間120cm程度、株

間40～50㎝の1条植えを目安とし、栽培期間の短い寒冷地では、やや密植にし、温暖地では疎植にします。

ピーマンは1果当たりの採種量が少ないのと、着果期間が長いため採種果が腐敗しやすいので、採種には少なくとも2～3株は必要です。

育苗日数と播種日の決め方

節間のつまった葉の厚い苗を育てることを目標に、播種は平均気温17℃以上が確保できる時期を定植日に設定し、そこから育苗日数（自根栽培、10・5㎝ポット育苗で50日程度）を逆算して播種日を決めます。

育苗管理

育苗日数が長いので、肥切れや老化苗にしないよう注意します。「日だまり育苗」ではこまかい温度管理はできませんが、目安として、発芽までは昼間26～28℃、夜間18～20℃、発芽後は昼間22～27℃、夜間16～18℃で管理します。

鉢上げは本葉2～3枚ころ行ない、鉢上げ後、葉がふれあうようになったら、苗ずらしをします。

本葉7枚程度が定植適期なので、定植10日前から外気温になれさせます。

◆栽培管理のポイント

元肥と追肥

各株の根張りや草勢維持の能力を見分けられるよう、元肥は控えて選抜株には基本的に追肥はしません。ただし、雌しべの短い短花柱花（ナスの項参照）が多いときは養分不足なので、2週間に1回程度、ボカシ肥を敷き草の上からやってかん水し、草勢の回復に努めます。このとき、敷き草を追加してもよいでしょう。

仮支柱立てとマルチ

ナス同様、定植後は仮支柱をすることで活着が早まります。

定植後は株まわりを裸地か堆肥で薄くマルチする程度として、地温を確保し、株まわりはこまめに除草します。梅雨入りしたら、敷草でたっぷりマルチします。

水やり

水やりは適宜必要ですが、多くなりすぎないように注意します。定植後、日中しおれても朝方にしっかりと立ちなおっていれば、葉水をかけてしおれをやわらげるだけで心配ありません。

梅雨明け後、乾燥したときは適宜水やりして土壌水分を保ち、草勢の維持に努めます。過乾燥は、品種によっては辛味が出たり、ハダニやアザミウマの被害の原因になるので注意します。

仕立て方

ピーマンは無整枝でもいいのですが、枝が少し混み合ってきたら細い枝を適宜切除してもいいでしょう。また、1番花の節から伸びる2本ないし3本の側枝を伸ばして、2本仕立てか3本仕立てにする方法もあります。

◆母本選抜の着眼点と方法

初期生育の着眼点

定植後の活着がよく、アブラムシがつかないか、ついても生育が停滞しない株に注目します。

ピーマンはモザイク病に弱く、一部のモザイクウイルスは種子伝染のおそれがあるので、葉にモザイク状のウイルス症状が出たり、頂芽部が芯止まりした株は、抜きとります。

草姿の着眼点

品種によって立性と開張性があります。立性のものは茎が太くなり葉もよく茂る傾向があり、開張性のものは枝が細く着果肥大の早いものが多い傾向があるため、品種固有の草姿であるかを確認します。

草勢の着眼点

ナス同様、株元の茎が太く、側枝が多い株は根張りがよいと判断できます。

施肥を控え、果実を完熟させる採種栽培では、採種果の担果負担によって、草勢が低下し短花柱花や、生理落花が増えることがあります。初期生育だけでなく、採種果の負担に負けずに最後まで健全な生育を示す株を選びます。

果実、着果の着眼点

採種果を着果させる直前の、最も草姿や果実の特徴のわかりやすい時期に果実を選抜し、採種果を着果させます。

着果性、色つや大きさ、果皮や果肉のかたさ、肉質、食味など、品種固有の特徴をもっている果実を選びます。

赤く完熟した採種果は、秋の長雨などで腐りやすいので、腐りが少ない果実から採種するようにします。

◆採種果の着果管理

摘花・摘果

ピーマンは草勢が弱ると落花が多くなるので、摘花の必要はありません。しかし、草勢が弱っているときは早めに幼果を摘果して、株の負担を軽くしてやります。

とくに1～2番花はそのまま結実させると生育をさまたげ、その後の結実にも影響するので、摘花して草勢を強めておきます。

着果目標

ナス同様、着果期間が長いため、着果時期と着果位置が重要です。

着果時期の早晩が採種量、発芽率などに影響し、遅く着果させて登熟期が遅れると発芽率が低下するおそれがあります。目安として第5～6分枝に一斉に着果させると、収穫も短期間ですみます。そのとき、着果位置より下の花は取り除きます。

品種特性や草勢にもよりますが、1株当たり10果ほどの着果を目安にします。

受精・着果の確認

ピーマンは受精しなければ着果・肥大しないので、開花終了後に果実がついていることで、受精・着果を確認できます。

採果の目安にするため、着果を確認した日を記録しておくといいでしょう。

◆人工交配

自分で新しい品種をつくるときは人工交配を行ないます。

人工交配のポイント

ピーマンは果梗が折れやすく、雌ずいが離脱しやすいなど、除雄作業に時間がかかります。花粉の最適発芽温度（交配適期）は20～25℃なので、10時ごろまでに採集して交配します。短花柱花は、交配せず摘花します。

第3～4分枝についた花から交配を始めます。第1～2分枝についた花（1～2番花）は、着果させると生育に影響し、その後の結実が悪くなるのでつぼみのうちに摘除します。

除雄

① 開花する2～3日前の花をさがします。除雄するつぼみは、花弁とガクの長さの比が1：1～2：1の時期を目安に行ないます（写真1）。

② 花びらを開いて、ピンセットで雌しべを傷つけないよう、葯をすべて取り除きます（写真2）。

写真１　除雄適期の花

写真２　除雄のようす

花粉採集と交配

③ 除雄から2～3日後に開花したら交配します。開花2日後くらいまで受精可能です。

④ トマトと同じ要領で、黒い容器に、交配する品種の開花した花から花粉を採集します（写真3）。

⑤ 開花当日から2日後までの除雄した花の柱頭に、花粉をできるだけ多くつけます。雌ずいが折れやすいので綿棒を利用したり、指先に花粉をつけて軽く押さえてもいいです（写真4）。

⑥ 交配した印として果柄に毛糸をくくりつけます。

◆収穫・調製・乾燥・保存

収穫・追熟

採種果は、着果から50～60日で赤色あるいは黄色に熟します（写

写真３　花粉の採集

写真４　交配

写真５　交配終了した状態

写真８　タネ出し

写真７　追熟中の果実

写真６　完熟したピーマンの果実

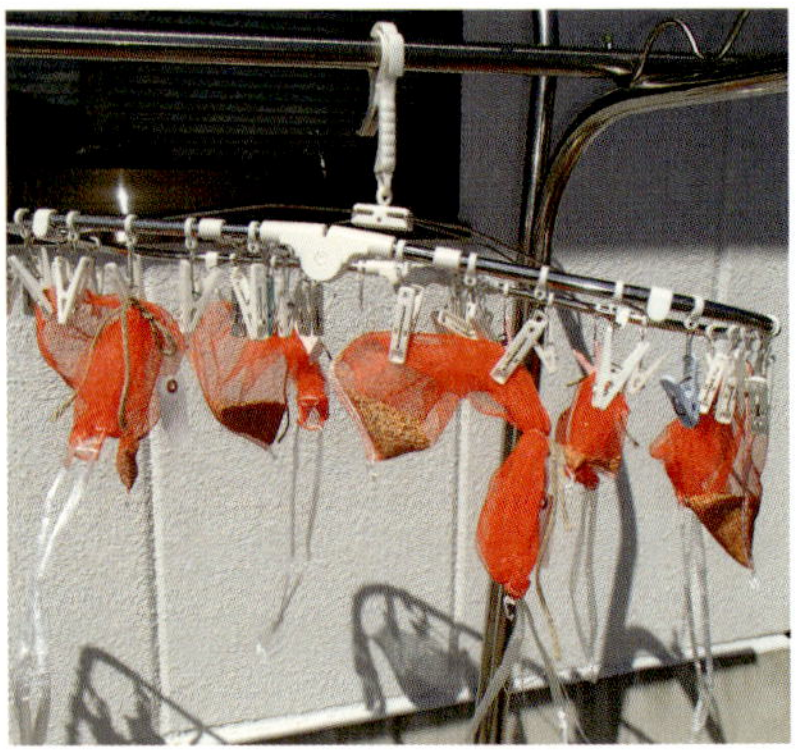

写真９　乾燥中のピーマンのタネ

真6）。完熟させてから採果しますが、秋の気温低下によって登熟がすすまない場合は、降霜前に採果します。

完熟した採種果は5～7日程度、日陰で追熟させます（写真7）。完熟前に採果した果実は、赤くなって果皮がしわしわになるまで、暖かい場所で追熟させます。

追熟のすすみ具合は、果実を少し開き、タネを観察します。熟度がすすむと、タネがぷっくらとふくれてくるのがわかります。

タネ出し

果実を割ってタネをかき出します（写真8）。トマトやナスとちがい水洗いせず、ただちに乾かします。

なお、トウガラシのタネをとるときは、辛味成分が飛散して目やのど、手が痛くなるため、タネをとるときは換気をして、マスクやメガネ、ゴム手袋を着用したほうがいいでしょう。

乾燥・保存

タネは1～2日程度天日で干し、風通しのよい場所で十分に乾燥させます（写真9）。

タネは、乾燥剤と一緒に密閉容器にいれて冷蔵庫で保存します。低温・乾燥状態で、3年程度は高い発芽率を維持できます。ナスとちがい、種子休眠はありません。

果菜類

キュウリ

- ウリ科キュウリ属
- 原産地：ヒマラヤ山脈からネパール付近
- 強い他殖性
- 生育適温：18～25℃

特性とタネとりに適した品種

◆原産地と来歴

キュウリは、ヒマラヤ山脈からネパール付近が原産地で、日本での栽培の歴史は古く、10世紀以前から栽培されていたようです。

江戸時代までは大果を収穫して食べていました。当時は下賤の食べ物といわれ、地方で細々と栽培されるにとどまっていました。しかし、明治時代以降、現在のように未熟果を食べるようになると、夏の食卓を彩るなくてはならない野菜になりました。

◆黒イボキュウリと白イボキュウリ

キュウリは、大きく黒イボ（一部白イボもあり）の華南系と、白イボの華北系に分類されます。

郵便はがき

おそれいりますが切手をはってお出し下さい

1078668

東京都港区
赤坂郵便局
私書箱第十五号
(受取人)

農文協
http://www.ruralnet.or.jp/
読者カード係 行

◎このカードは当会の今後の刊行計画及び、新刊等の案内に役だたせていただきたいと思います。　　はじめての方は○印を（　）

ご住所		（〒　－　） TEL： FAX：
お名前	男・女	歳
E-mail：		
ご職業	公務員・会社員・自営業・自由業・主婦・農漁業・教職員(大学・短大・高校・中学・小学・他) 研究生・学生・団体職員・その他（　）	
お勤め先・学校名	日頃ご覧の新聞・雑誌名	

※この葉書にお書きいただいた個人情報は、新刊案内や見本誌送付、ご注文品の配送、確認等の連絡のために使用し、その目的以外での利用はいたしません。

● ご感想をインターネット等で紹介させていただく場合がございます。ご了承下さい。
● 送料無料・農文協以外の書籍も注文できる会員制通販書店「田舎の本屋さん」入会募集中！
案内進呈します。　希望□

■毎月抽選で10名様に見本誌を1冊進呈■（ご希望の雑誌名ひとつに○を）

①現代農業　②季刊 地 域　③うかたま　④のらのら

お客様コード　□□□□□□□□□□

014

お買上げの本

■ご購入いただいた書店（　　　　　　　　　　　　　　　　　書店）

●本書についてご感想など

●今後の出版物についてのご希望など

この本を お求めの 動機	広告を見て （紙・誌名）	書店で見て	書評を見て （紙・誌名）	出版ダイジェストを見て	知人・先生のすすめで	図書館で見て

◇新規注文書◇　郵送ご希望の場合、送料をご負担いただきます。

購入希望の図書がありましたら、下記へご記入下さい。お支払いは郵便振替でお願いします。

書名	（定価）¥	（部数）部
書名	（定価）¥	（部数）部

華南系は日本に最初にはいってきたキュウリの品種群で、草勢が強く、暑さに強いため日本の夏の気候によく適応し、栽培しやすいのですが果実品質が劣ります。華北系は耐病性に優れ、食味はよいのですが、暑さや乾燥に弱いという特徴があります。

1960年代以降栽培されているキュウリの多くは、華北系と華南系の交雑によってできた固定種や交配種で、華北系の耐病性と良質性、華南系の強草勢や耐暑性といった両者のよい特徴を合わせもった品種です。

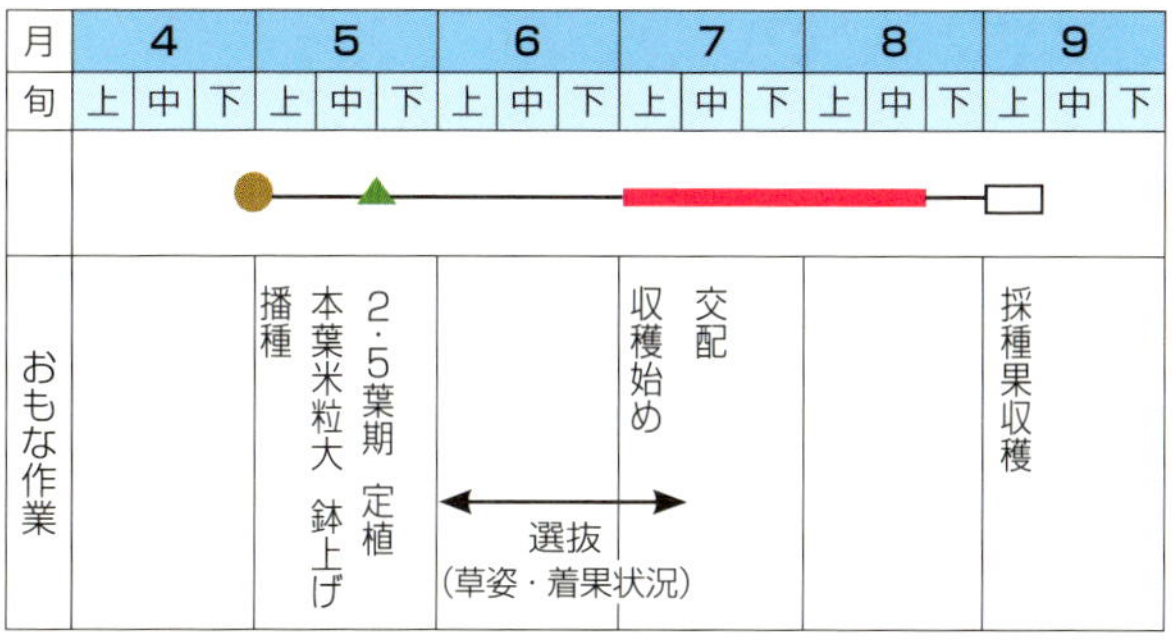

図１　タネとりの栽培暦（長野県松本市）

なお、純粋な華南系キュウリは、地方品種（在来種）としていまも細々と栽培されています（椎葉村在来／宮崎県、相模半白／神奈川県など）。

◆生育特性と栽培

生育温度は18～25℃でやや涼しい気候を好みます。根張りは比較的浅く、土壌の高温・乾燥の影響を受けやすいため、土壌の養水分を過不足なく保つことが栽培のポイントです。

◆受精方法・交雑の注意点

一つの株に雌花と雄花の両方が咲くため、他殖性の強い野菜です。

半径500ｍに他品種のキュウリがなければ、交雑の心配はほとんどありません。しかし、他品種が近くに栽培されていれば容易に交雑するので、開花前日の雌花に袋をかけてミツバチなどの昆虫による交雑を防ぐ必要があります。

他殖性の強い作物のタネとりは、同じ品種のちがう株の雌花と雄花で交配します。同じ株で交配すると、品種の特性のそろいはよくなりますが、自殖弱勢《じしょくじゃくせい》という現象で、親より草勢が弱くなったり収量性が悪くなるなど、生命力が弱くなるためです。

なお、カボチャ、メロン、スイカなど他のウリ科作物とは交雑しません。

◆自家採種に適した品種

若緑地這（自農）、白黄ウリ（自農）、耐病霜知らず（自農）、奥武蔵地這（野口）、神田四葉（野口）、大和三尺（野口）、ときわ地這（つる新）、相模半白（つる新）、尾張青大（つる新）など

採種栽培は、7月まきの作型ではむずかしいので、ここでは春まきの作型について説明します（図1）。なお、7月まきする場合は直まきで栽培します。

タネとりの実際

◆土づくりと施肥
土づくりは前年秋に

前年の秋に完熟堆肥や前作の残渣、エンバクなど緑肥作物のすき込みを行ないます。こうすることで土とよくなじみ、作物の根に障害を与えません。また、緑肥や残渣は10㎝内外の大きさに粉砕しておくと分解が早まります。

施用量の目安は完熟堆肥で1㎡当たり1～2kg程度とし、土の深さ5～10㎝の浅い層にすき込みます。1回だけの耕うん（すき込み）では、土と堆肥や緑肥などの混和にムラができやすいので、2週間から1カ月後に2回目の耕うんを行ないます。これ以上の耕うんは必要以上に土塊を細かくしてしまい、土の排水性や通気性を悪くするので行ないません。

やむをえず春になってから施用する場合は、定植の約35～45日前までに完熟堆肥や培養土を図2のような「鞍つき」にして局所施用します。

培養土は、草質堆肥や落ち葉堆肥などの植物質堆肥を同じ容量の土と混ぜ、よく腐熟したもの（土化したもの）を使います。鶏糞や豚糞など家畜の糞を堆肥化したものは、養分が濃すぎるので避けます。

鞍つき部分に集中的に堆肥などを施用することで、作物の根がまわりの土壌環境から養分を吸収しやすい状態にする方法で、根圏に有用な微生物を増やし、発芽や定植後の根の伸びがよくなり、根群の発達が促進されます。

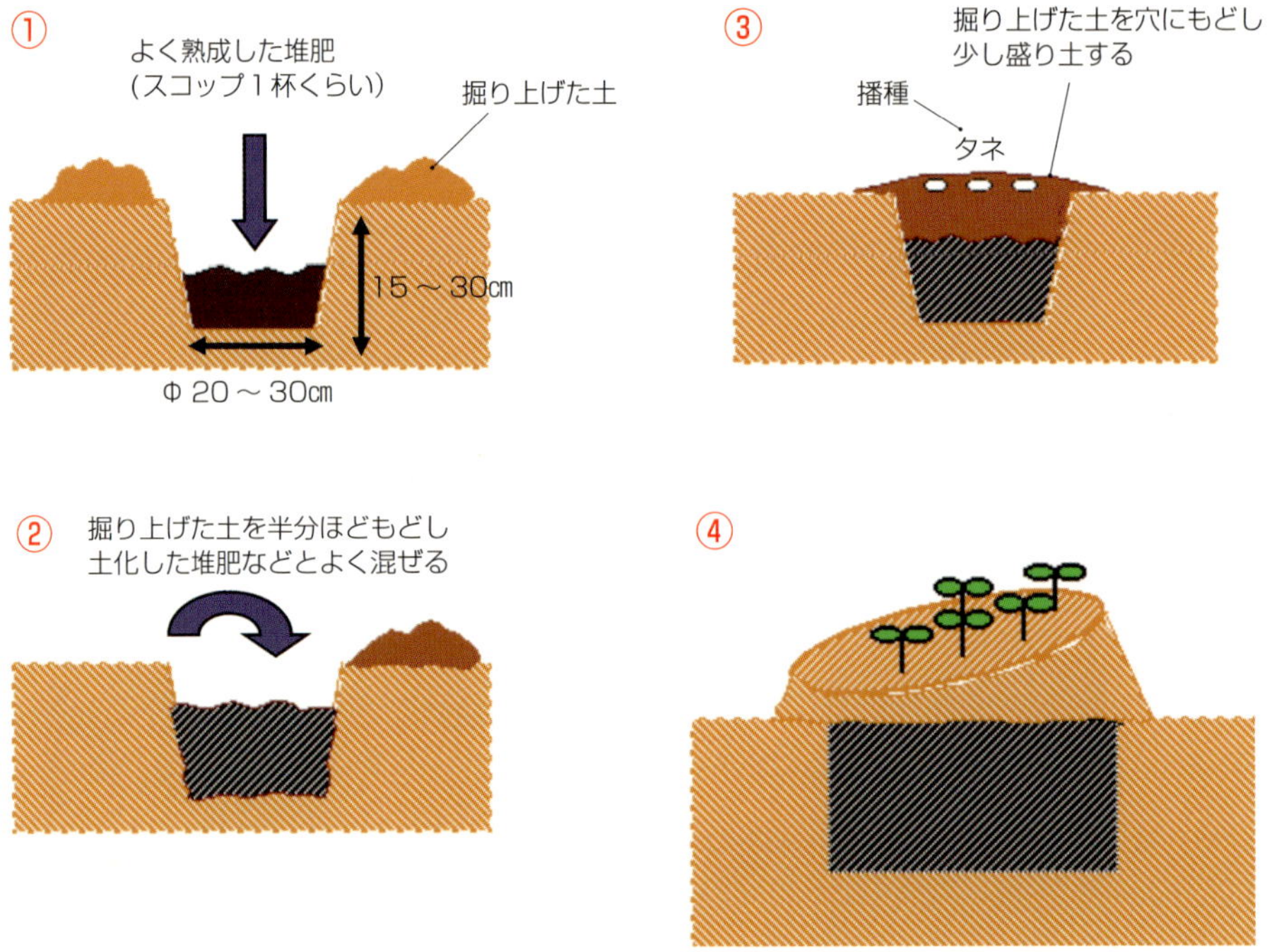

盛り土の頂上をわずかに南向きに傾斜すると温度が上がりやすく、乾燥すれば下側の発育がよく、湿りすぎると上側の発育がよい

【鞍つきに入れる材料】
よく熟成した堆肥や生ゴミ土（土化したもの）、ボカシ肥、培養土

図２　鞍つきのつくり方

うねつくりの判断

うね立ては定植の2週間前には行ない、十分に地温を上げておきます。

うねの高さは20㎝前後を標準とし、乾燥が激しい地域は平うね（うねを立てない）、降水量の多い地域や水田を畑として利用する場合は30㎝程度の高うねにします。周辺の畑の状況を確認して決めるといいでしょう。

元肥の施用

冷涼地ややせ地など初期生育が劣る地域では、定植の3～4週間前に、米ぬか主体のボカシ肥などを1㎡当たり50～200gを表層5㎝程度に混和しておきます。

また、直まきや定植する場所に鞍つきを行ないます。

ポリマルチ張り

ポリマルチを張る場合は、雨の後、土が十分湿った状態で行ないます。うねが乾燥した状態で張ると、その後、雨が降ってもなかなかうねにしみ込まず、定植した苗の根を乾燥で焼いてしまうことがあります。

定植や直まきの1週間ほど前にマルチは張り終えておきます。

◆タネまき・育苗・定植

定植時期とタネまき時期

遅霜の心配がない時期（平均気温16℃以上）になれば、苗が定植できます。温暖地や暖地では5月上旬（ゴールデンウィークごろ）、冷涼地では5月下旬から定植できます。

定植時期から逆算してタネをまく日を決めます。10・5㎝ポットでの育苗期間は25～30日程度なので、タネまきは温暖地や暖地で4月上旬、冷涼地で4月下旬～5月上旬になります。

タネのまき方

育苗箱へのタネまきは深さ7～10㎜程度、条間5㎝のまき溝をつけ、タネの向きをそろえて2㎝間隔にまきます。

セルトレーの場合は一つのセル（小部屋）に1粒ずつタネをまきます。

育苗中の水やり

晴天の日の午前中、暖かくなってから（9～10時ころ）ジョウロか水差しでムラなくかけます。低温期の育苗では、水温はタネをまいたときと同じ30℃前後です。

夕方、土の表面がうっすら乾くくらいの量が適量です。正午に土が乾くようなら、乾いた部分に水差しなどで軽く水やりをします。雨天時は、土の乾きがひどいときを除いて水やりする必要はありません。

鉢上げの時期

鉢上げの適期は、育苗箱の場合は本葉が米粒大の大きさのときです。72穴のセルトレーの場合は、本葉が10円玉程度の大きさで、根が根鉢のまわりをうっすら覆ってセルトレーから抜きとれるようになったときです。

鉢上げは午後2時過ぎから行ない、鉢上げした苗が太陽の直射で消耗しないようにします。

鉢上げの方法

土づめしたポットに、根がすべてはいるくらいの大きさの植え穴をあけます。

育苗箱の場合は、きき手と反対の手でキュウリの子葉をつまみ、ティースプーンや小さなフォークなどを条間に差し込み、育苗箱の底から土ごと根をすくい上げるようにして掘りとります（写真1）。

セルトレーの場合は、トレーの底を指で押しながら、きき手で苗の茎を持ち、上へ持ち上げるようにして抜きとります。

掘りとったり抜きとった苗は穴をあけたポットに植え、株まわりを指で軽く押さえ、根と土を圧着させてから、水やりします。水やりは、水差しで根元に円を描くように行ないます。

鉢上げが全部終わったら、子葉の向きをそろえてポットを並べます。鉢上げをしたその日だけ地温を2℃程度高くして活着を促進するといいでしょう。

写真1　育苗箱からの鉢上げ

鉢上げ後の管理

本葉1.5～2枚以上に生長して隣どうしの葉がくっつくようになったら、ポット一つ分あけてポットのあいだを広くして光が当たりやすいようにします。

定植の3日くらい前から、最低気温が13℃以上あれば夜間も屋外で管理し、露地の環境になれさせます。定植の前日は乾きぎみに水管理します。

定植の時期と方法

定植適期の苗は9㎝ポットで本葉2枚、10.5㎝ポットで本葉2.5枚程度です。

定植は晴天で、風のない日に行ないます。節成り型品種は、株間60～80㎝程度とし、親ヅル1本仕立てにします。飛び節成り型品種では、株間1～1.5ｍと広くとり、キュウリネットを張って子ヅルや孫ヅルを誘引して仕立てます。うね幅は1.5～2.5ｍ程度が目安です。

定植する前にポットの底穴から水が流れ出るくらい、たっぷり水やりします。

植え穴の深さはポット苗の根鉢が1～2㎝土の表面より高くなるくらいにし、土が乾いているようなら、あらかじめ植え穴にも水やりしておきます。

苗を植え穴にいれ、掘り上げた土を株元に寄せ、ポットの土が露出しないようにします。その後、両手で上から軽く株元を押さえて、根鉢と畑の土を圧着させます。

タネとりに必要な株数

他殖性なので、10株以上からのタネとりが理想的です。しかし、小規模栽培ではこの株数を確保するのは困難なので、3～5株程度から5～6年分のタネをとり、冷蔵保管して使います。

◆栽培管理

水やり

乾燥がひどい場合は、根鉢（株元）のまわりに円を描くように水をやります。根鉢に直接水をかけず、まわりの土から根鉢へ水を移行させるというイメージです。

仕立て方と雌花、子ヅルの摘みとり

本葉6枚ころから早めに支柱やキュウリネットに誘引し、その後3～4節おきに定期的に誘引します。

飛び節成り型品種は、無整枝（わき芽を摘みとらない）としますが、わき芽（子ヅルや孫ヅル）が混み合うようなら、わき芽を小さいうちに間引きます。

節成り型品種の場合は、親ヅルの下位8節までの雌花と子ヅルを小さいうちに摘みとり、9節以上から発生した子ヅルは葉を1～2枚を残して生長点を摘みとります。ただし、タネとり用の採種果をつける子ヅルは、2枚残して生長点を摘みとります。

摘みとりが遅れると草勢が弱まるので、わき芽や子ヅルは10㎝以内で摘みとります。なお、株を長持ちさせるため、親ヅルの生長点は摘みとりません。

追肥

定植後、敷き草の確保が困難な場合や草勢が弱い場合は、株まわりに1㎡当たり米ぬか主体のボカシ肥を50～100gくらい追肥します（交配開始までに1回程度）。

敷き草

定植直後（平均気温16℃）はまだ地温が低いため、敷き草は土の表面がみえる程度にうすく敷きます（株元に草を厚く敷くと地温が下がり、活着を遅らせることになります）。

また、梅雨明け前に敷き草を厚く敷くと根が上根（地表付近に根が集中する）になり、梅雨明け後の高温乾燥期にしおれやすくなります。

梅雨が明けて本葉8枚ころから生長のスピードが早まり、節間も長くなるため、この時期から厚く敷き草をして乾燥をおさえ、かん水を控え、根を深く広く張らせ、地上部をじっくり生育させます（写真2）。

写真２　茎葉繁茂期の草姿

定期的に敷き草をすることで、キュウリの根を高温と乾燥から守るだけでなく、作物のまわりにミミズなどの土壌生物が増え、草の養分が徐々に土に供給され、土が団粒化して根の活力を高めます。

交配時期の草勢管理

交配完了後は、交配したタネとり用の果実が急激に肥大します。食用のキュウリの10倍以上の重量になるため、株に大きな負担がかかり、草勢が衰えることがあります。

ここでボカシ肥などの有機質肥料を追肥して草勢の回復をはかりたくなりますが、有機質肥料を追肥すると、タネとり用の果実が成熟中に腐りやすくなるため行ないません。そのかわり定期的に敷き草をし、適宜かん水を行なうことで草勢を維持するよう努めます。

タネとり用の株以外は、収穫を開始してから10日ごとにボカシ肥を1㎡当たり１００g程度、株間やうねの肩に追肥します。

また、収穫開始30日を過ぎて曲がり果や尻太り果などの奇形果が発生したら、着果している10㎝以上の果実はすべて摘果して、５日程度収穫を休むと株が若返り良品が収穫できます。

◆母本選抜の着眼点と方法

初期生育の着眼点

定植直後にアブラムシの発生が多く、葉の萎凋の激しいものは根張りが浅くなる傾向があります。直まきの場合はこれらの株（芽生え）は間引きの対象になります。

草型のタイプと選択

キュウリはどの枝に果実をつけるかで、飛び節成り型と節成り型の二つの草型に分類でき、草型はその品種の適応土壌や作型に大きく影響します（図３）。

節成り型品種は湿潤な肥沃地向きで、早春にタネまきして収穫を早く終わらせる作型に適しています。

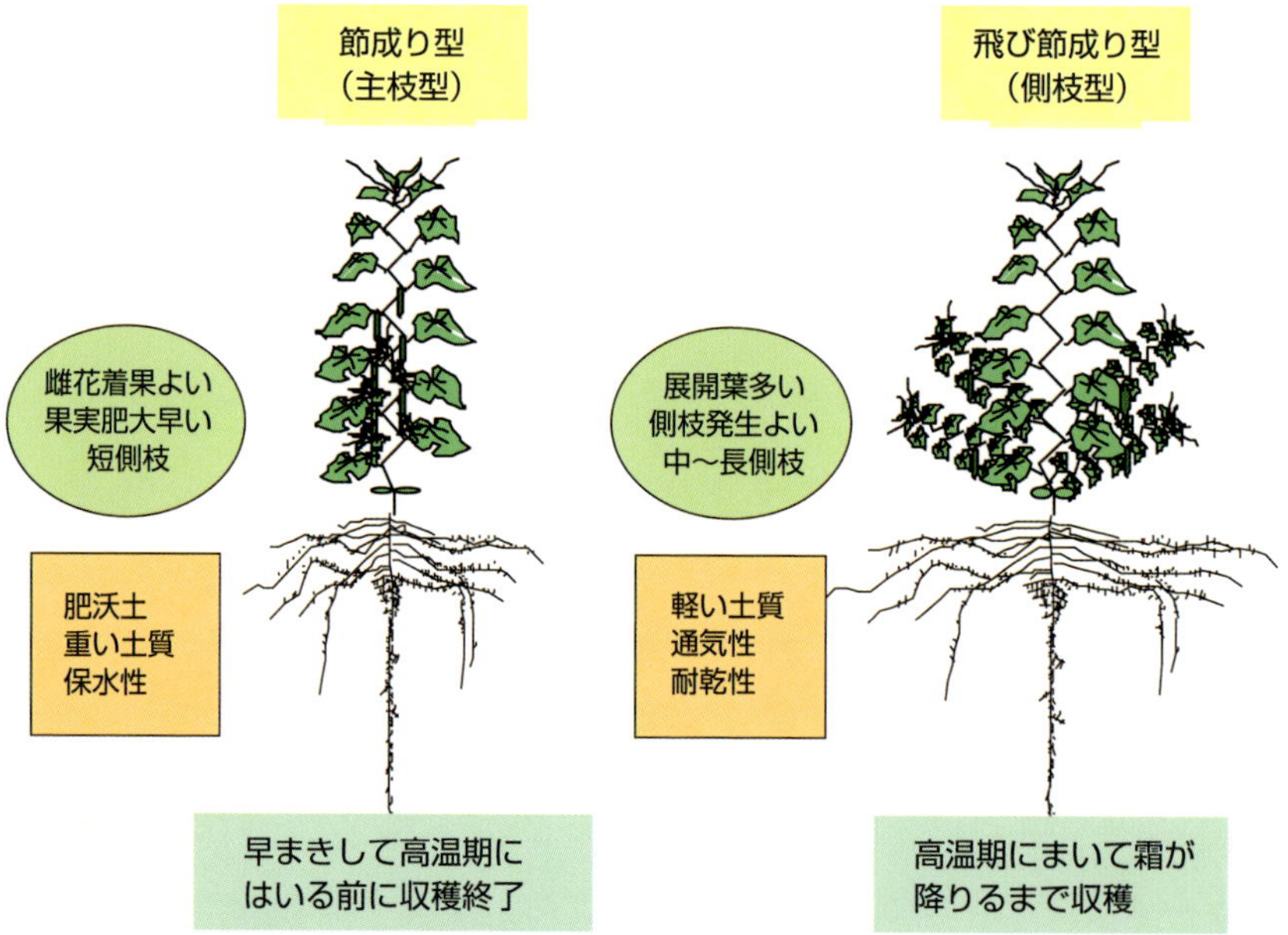

図３　キュウリの草型と栽培適性

飛び節成り型品種は高温・乾燥に強く、黒ボク土など軽い土壌向きで、盛夏にタネまきして霜が降るころまで収穫する作型に適しています。

草型のちがいによる適応環境と作型を考慮しながら、自分の畑の栽培に合う品種とタネとり用の株を選びます。

草勢の着眼点

梅雨の晴れ間や梅雨明け直後に葉のしおれがひどい株は、根張りが浅い傾向にあります。畑の土質にもよりますが、根張りがよい株は乾湿の変化にもよく適応できます。

キュウリの主要病害は、うどんこ病、べと病です。収穫後半（収穫開始から30日以降）まで、これらの病害の発生が少ない株からタネとりします。

果実の着眼点

キュウリの食味で重要視される歯切れのよさを確認して、パリッとしたややしまった食感なのか、みずみずしくやわらかな食感なのか、嗜好に合ったものを選びます。キュウリの食感は前日からの土の水分や日照にも影響されるので、1回の調査でなく、複数回調査することでその株の持ち味を確認してください。

食べなくても、外観から食感を推定することもできます。果皮色が濃緑のものや果実が曲がりにくいものは、肉質がしまる傾向があります。果皮色が薄い緑色のものや果実が曲がりやすいものは、肉質がやわらかく果皮が薄い傾向があります。

◆採種果の着果位置と数

キュウリは飛び節成り型と節成り型で仕立て方がちがうため、タネとり用に交配する雌花の位置がちがいます。タネの生産のみだと食用キュウリの収穫はほとんどできないので、ある程度食用キュウリの収穫も両立できるタネとり方法を紹介します。

節成り型品種は、親ヅルの13～15節に発生した子ヅルの第1節につく雌花に交配します。これらの子ヅルの生長点は葉を2枚残して摘みとります（図4、5）。

飛び節成り型品種は、子ヅルについた地表から80cm前後の高さの雌花に交配します（図6）。

タネとり用の果実は各子ヅルに

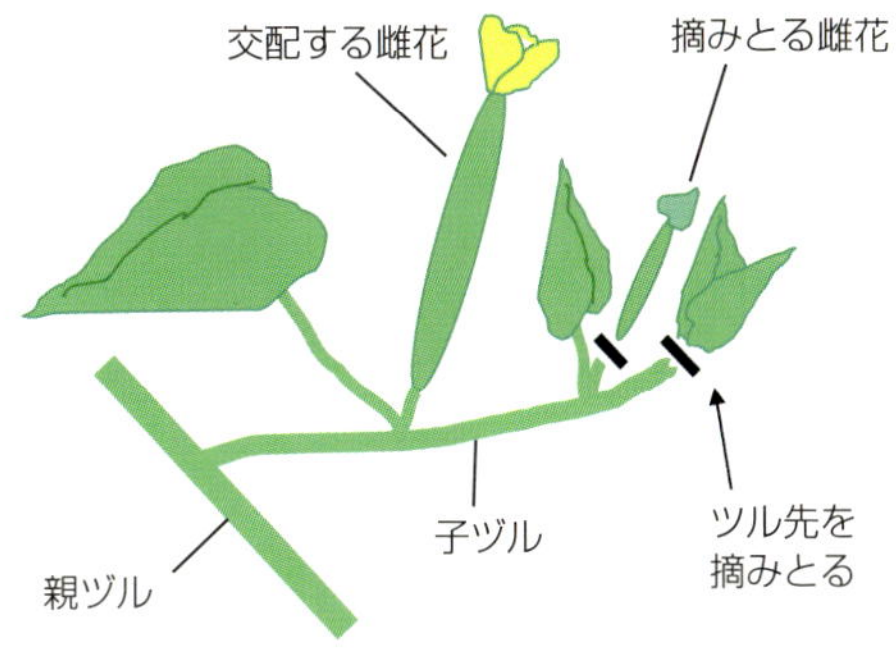

図4　節成り型品種（主枝型）結果枝の摘芯

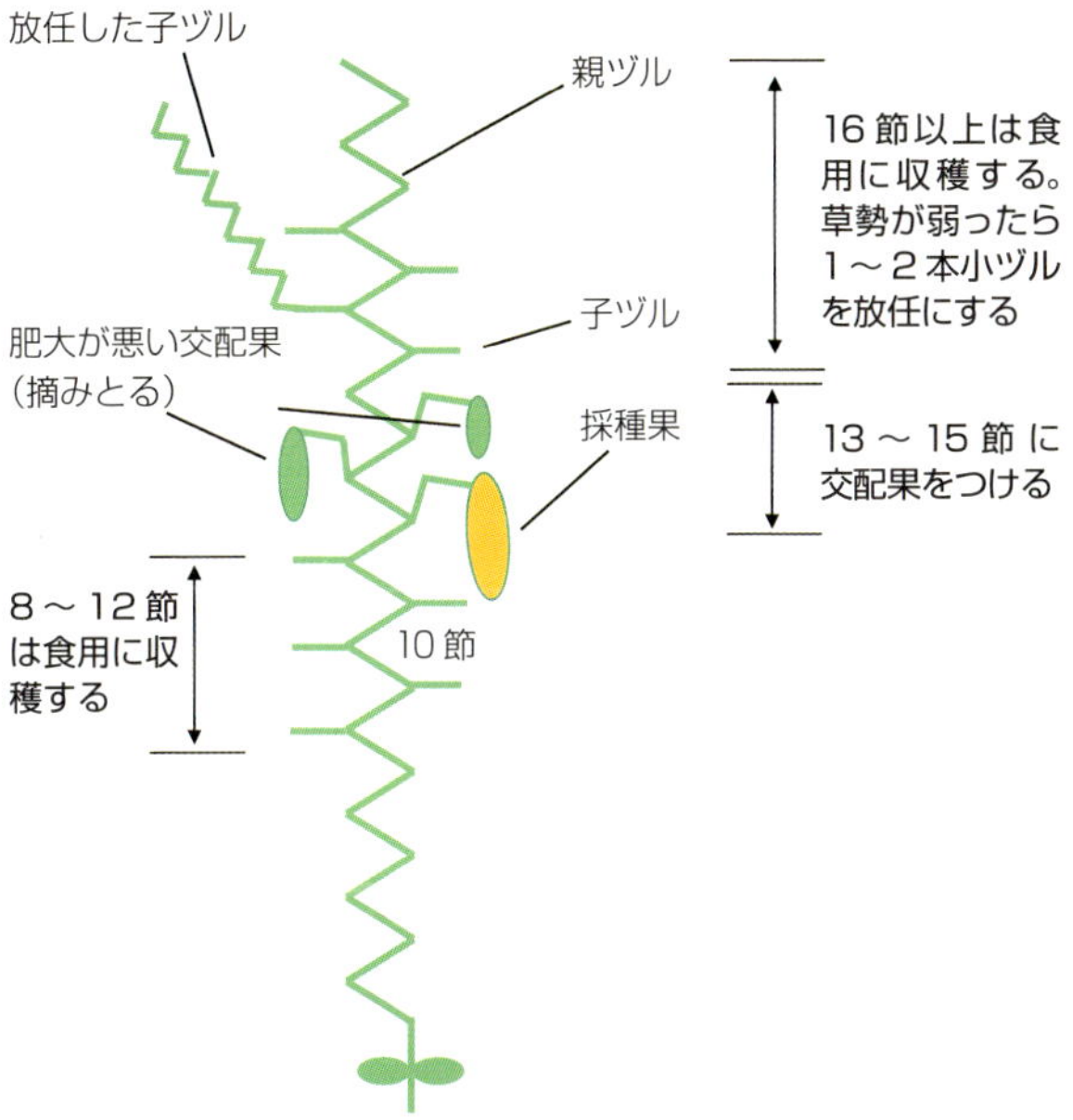

図5　節成り型品種の採種果着果時の草姿

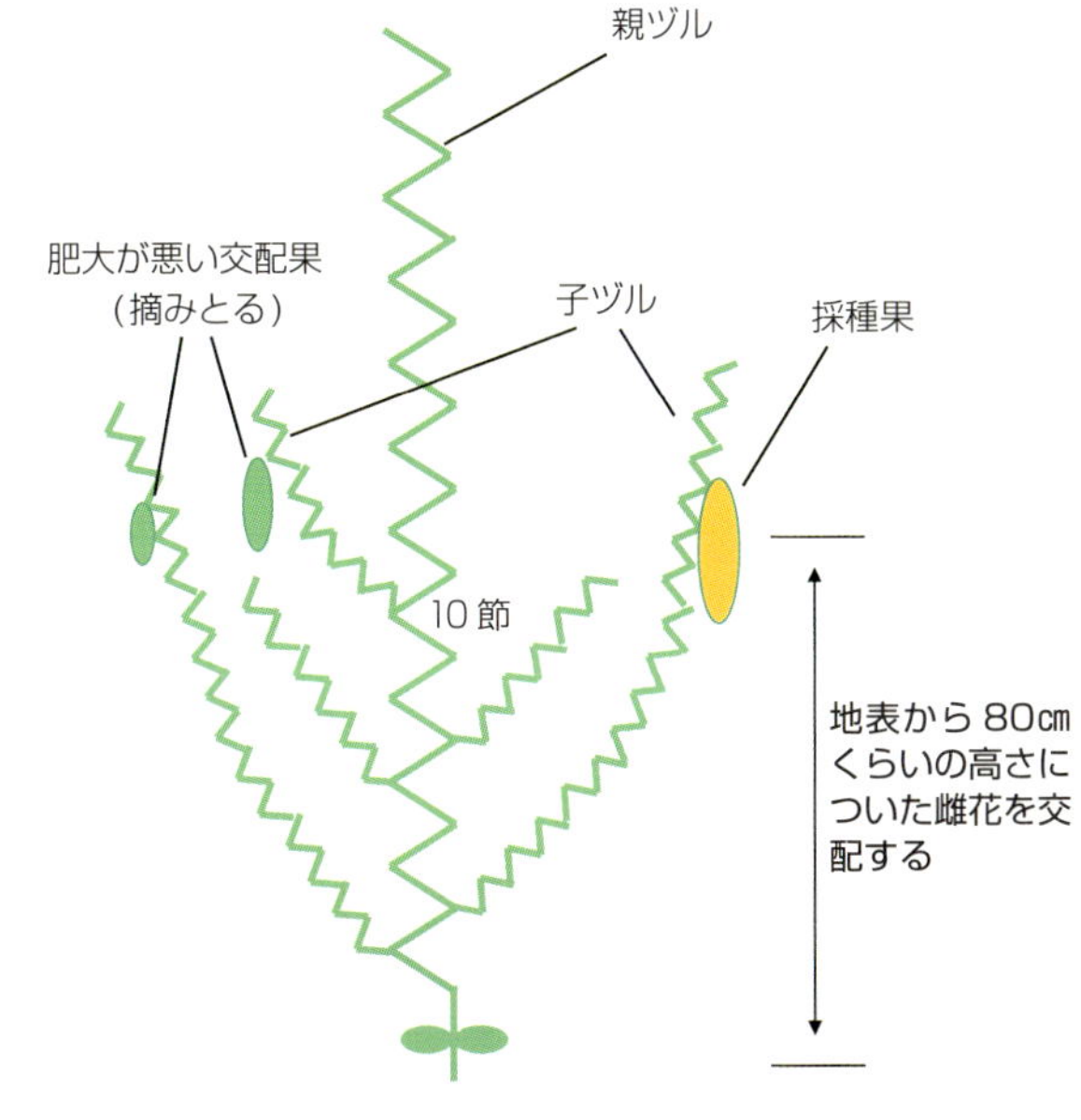

図6　飛び節成り型品種の採種果着果時の草姿

1果のみ着果させます。1株2～3果つけ、そのなかで肥大がよく、果形が正常なものを1果残して、残りは摘みとります。1株に複数のタネとり用の果実をつけると、その後は食用としての収穫ができなくなります。

◆交配方法

交配時刻

交配は、雄花の花粉が出ていることを確認して開始し（午前6時ころ）、晴天であれば午前9時ころまでに終了します。したがって、交配は3時間程度で行なうことになります。

雌花の袋がけ

開花（交配）前日の午後3時から午後7時ころのあいだに、翌日開花するつぼみが淡黄色になった雌花に交配袋をかけ、止め金でしっかりとめておきます（写真3、4）。

雄花の花止め

雄花を採集する株はタネとり用に選んだ株です。交配する雌花とは異なる株から採集します。

雄花は、交配前日の夕方から午後7時ごろに、淡黄色になった開花前日の雄花のつぼみ（写真5）を牛乳パックでつくった5×60㎜の短冊を二つ折りにしてはさみ、写真6のようにホッチキスでとめておきます（花止めといいます）。

雄花は花粉が出ないこともあるので、予備に1株2～3花は同じように花止めしておきます。

また、雄花を花止めせずに開花前の雄花を採集し、雌花の袋がけのときに交配袋にいれておいてもよいでしょう（スイカの項、75ページ参照）。

写真３　開花前日の雌花

写真４　開花前日の雌花の袋がけ

写真５　開花前日の雄花

写真６　牛乳パックの短冊で雄花を花止め

雄花の花びらを取り除く

翌日の朝、雄花の花止めをはずし、雄花が開花しているかを確認します。確認できたら、雄花の花びらを取り除いて雄しべをむきだしにします（写真7）。

このとき、雄花の花びらの一部を縦に裂きながら、片方の手で花を回すと容易に花びらを取り除くことができます。

写真７　雄花の花びら除去

写真８　雌花への受粉（交配）

写真９　雨天時の交配

交配

前日にかけた雌花の交配袋をはずし、雌しべに花粉を軽くなでるようにつけます（写真8）。花粉は水にぬれるとただちに死滅するので、雨降りの場合は、柱頭、花粉をぬらさないように傘をさして交配作業を行ないます（写真9）。

交配が終了したら、雌花の花びらを止め金でしっかりとめ、交配した印として、果柄と雌花のすぐ近くから出ている葉の葉柄を含めて毛糸を巻きます（写真10）。果柄のみに毛糸を巻くとずり落ちて、肥大中の果実をしめつけて正常な肥大を阻害することがあります。専用の止め金がなければ、雄花の花止めで紹介したように牛乳パックの短冊でとめてもかまいません（写真11）。

写真 10　雌花に毛糸を巻く

写真 11　雌花を牛乳パックの短冊で花止め

◆収穫・調製・乾燥・保存

収穫・追熟

交配後40～45日程度で果皮が黄色くなり、手でさわってやや弾力を感じたら収穫します（写真12）。

採種果は収穫後7日程度、屋外の日陰に置いて追熟させます（写真13）。

追熟することで果肉内の養分がタネに移行して、充実したタネになります。追熟せずに収穫してすぐタネをかき出すとタネの充実が悪いことがあります。

早期にツルが枯死しても、果実が黄色くなって乾燥によるしわができるまで追熟させると発芽可能なタネになることがあります。

なお、過度な腐敗果を確認したら、追熟期間中であってもすぐにタネ出しをして、正常果とは別にとっておきます。

タネ出し

キュウリは、果実の花落ちに近い部分に充実したタネがはいっています。果実の上半分はほとんどが「しいな」なので、果実上部の三分の一は切って捨てます（写真14）。

果実下部（果尻側）を包丁でタネを切らないように、果肉だけに切れ目をいれて、縦に割り、タネ、果汁、ワタを一緒にボールにかき出します（写真15）。

タネをかき出すときに水がはいると発酵中に発芽するので、水をいれないようにします。ボールなどタネ出しの道具もぬれたものは

写真 12　健全に成熟した採種果（タネとり専用栽培）

写真 13　採種果の追熟

写真 14　縦半分に割った採種果
上部の1／3のタネはほとんど「しいな」なので切り捨てる

写真 15　タネ出し

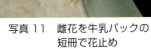

写真 16　かき出したタネの発酵

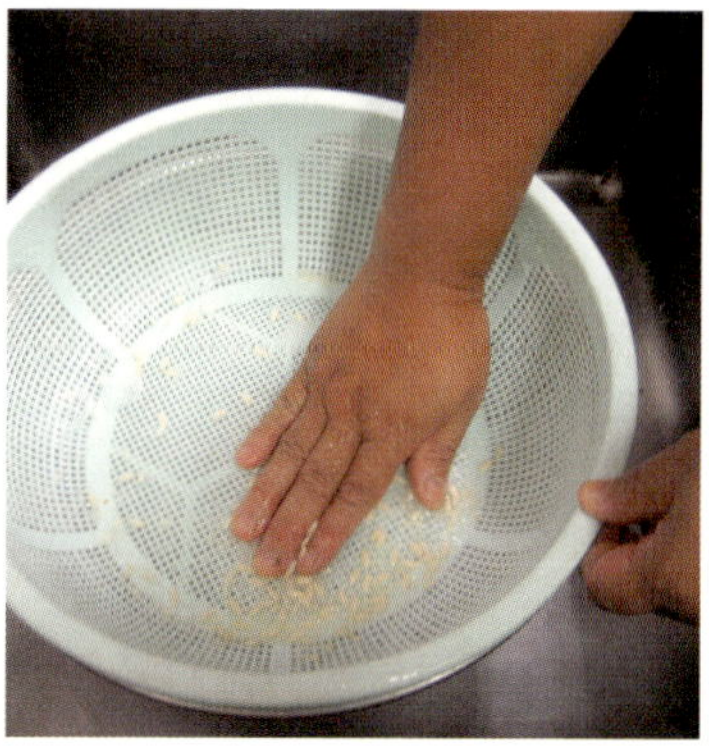

写真 17　ザルを使ったタネ洗い

写真 18　水選

使わないようにします。

発酵

かき出したタネはポリ袋にいれ、ポリ袋内の空気を軽く抜いて袋の口をヒモでしばって1～2日常温で発酵させます（写真16）。

発酵によってタネのまわりのゼリー状の皮膜が溶けて、洗いやすくなります。

水洗い・水選・脱水

発酵したタネをザルや網袋にいれ、手でもみながら十分水洗いします。（写真17）。

米をとぐ要領で浮いたしいなやゴミなどを流し出し、沈んだタネだけをとり出します（写真18）。これを水選《すいせん》といいます。

タマネギネットなどの編み袋に品種名等を記したラベルをつけ、そのなかにタネをいれ、十分水を切ります（洗濯機の脱水機で2～3分脱水してもよい）。

写真 19　乾燥

乾燥・保存

日当たりがよく、風通しのよい場所でタネをうすく広げ天日で干し、ときどきかき混ぜながら（1～2回）乾燥させ、夕方、屋内に取り込みます（写真19）。このようにして2～3日天日で乾かします。雨天時は、室内で扇風機を使い乾かします。

タネを手で割ったとき、パチッと二つに割れれば乾燥終了です。

コンクリートなど高温になりやすい場所ではゴザなどを敷いて、その上にタネを広げて乾燥します。

キュウリのタネは長命種子に分類され、冷蔵・乾燥状態であれば常温でも3～5年程度発芽します。

果菜類

カボチャ

- ウリ科カボチャ属
- 原産地：アメリカ大陸
- 他殖性
- 生育適温：20～25℃

特性とタネとりに適した品種

◆原産地と来歴

原産地

カボチャは西洋カボチャ、日本カボチャ、ペポカボチャの三つのグループに分かれます。3グループともにアメリカ大陸原産ですが、起源地の地理的条件がちがうためそれぞれちがった特徴をもっています。

西洋カボチャはアンデス高原が起源で、比較的冷涼な気候に適応しています。日本カボチャは北アメリカからメキシコ南部が原産で、高温と多湿に強い特徴があります。ペポカボチャはメキシコの高地が起源とされ、あまり暑さに強くありません。

来歴

いまから450年ほど前、ポルトガル人によって日本にカボチャがもたらされました。日本カボチャは高温多湿の日本の気候によく適応し、やせ地でも栽培できたので栽培が盛んに行なわれました。

明治にはいると西洋カボチャがアメリカから導入され、食味がよく栄養価も優れていたため、日本カボチャにかわって広がりました。いまでは西洋カボチャが最も一般的に栽培され、日本カボチャは高級料亭で一部利用される程度です。

ペポカボチャは1980年代に日本に導入された新顔野菜です。

◆生育特性と栽培

カボチャはやや冷涼な気候を好みます。吸肥力がきわめて強く、ほとんどの場合、無肥料で栽培可能です。粗放な管理に耐え、初心者向きの野菜です。

◆受精方法・交雑の注意点

カボチャは一つの株に雄花と雌花がつく他殖性です。自然条件では、蜂などの昆虫によって受粉が行なわれます。それぞれのグループ内で交雑し、他のグループ間では交雑しません。ただし、西洋カボチャの雌しべに日本カボチャの花粉がつくと、しばしば交雑してタネをつけるので注意が必要です（雄雌が逆の場合はほとんど交雑しません）。なお、他のウリ科作物とは交雑しません。

グループ内のほかの品種から半径500m以上離れていれば、交雑の心配はほぼありません。しかし、多くの場合、この隔離距離を保つのはむずかしいので、複数品種を栽培して採種するときは袋がけして人工交配を行ないます。

ペポカボチャは、胚培養などの特殊技術を用いて、西洋カボチャや日本カボチャとも交雑するとの文献もありますが、特殊な方法なのでここでは交雑しないとしました。

◆自家採種に適した品種

西洋カボチャ：長野在来ハッパード（自農）、芳香青皮栗南瓜（つる新）、打木甘栗南瓜（つる新）など

日本カボチャ：日向14号（つる新）、鹿ケ谷（つる新）、バターナッツ（つる新）、神田小菊（野口）など

ペポカボチャ：スイートポテト（野口）、錦甘露ミニ南瓜（野口）、ボロネーゼ（ナチュラル）、ファエンツ（ナチュラル）など

タネとりの実際

◆土づくり・施肥・うね立て

土づくりと元肥

カボチャは、元肥が多いとツルぼけし着果が不安定になるので、元肥は控えます。

ただし、やせ地の場合は、前年の秋に草や落ち葉などでつくった植物質堆肥を1㎡当たり1～2kgほど施用し、表層5～10cm程度にすき込んで土づくりします。秋の施用ができない場合は、定植の少なくとも40日以上前に植物質堆肥を施用し、土と十分なじませます。

野菜跡地やよく肥えた土であれば無施肥でも栽培できます。

追肥

カボチャは吸肥力に優れた野菜なので、多くの場合追肥をすると草勢が強くなりすぎて落花を誘発したり、果実の貯蔵性が悪くなりますが、生育が悪い場合は追肥を行ないます。

西洋カボチャは、果実が野球ボール大になったときに追肥します。うね1m当たり米ぬか主体のボカシ肥200g前後を、養分吸収に優れている新根が多いツル先に帯状に施用し、上から刈り草やわらをかけます（図2）。

日本カボチャはうねの両側にツルを振り分けるので、うねの両側のツル先に西洋カボチャと同様の

月	4	5	6	7	8	9
旬	上・中・下	上・中・下	上・中・下	上・中・下	上・中・下	上・中・下
		●（上旬）―▲（下旬）―	―	―	―■（中～下旬）	
おもな作業		播種、子葉展開 鉢上げ、2葉期 定植	選抜（草姿・着果節位）←→	開花期 交配	収穫始め	←→選抜（食味）

図1　タネとりの栽培暦（長野県松本市）

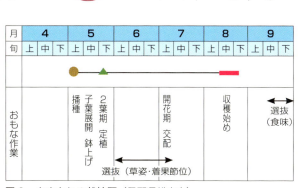

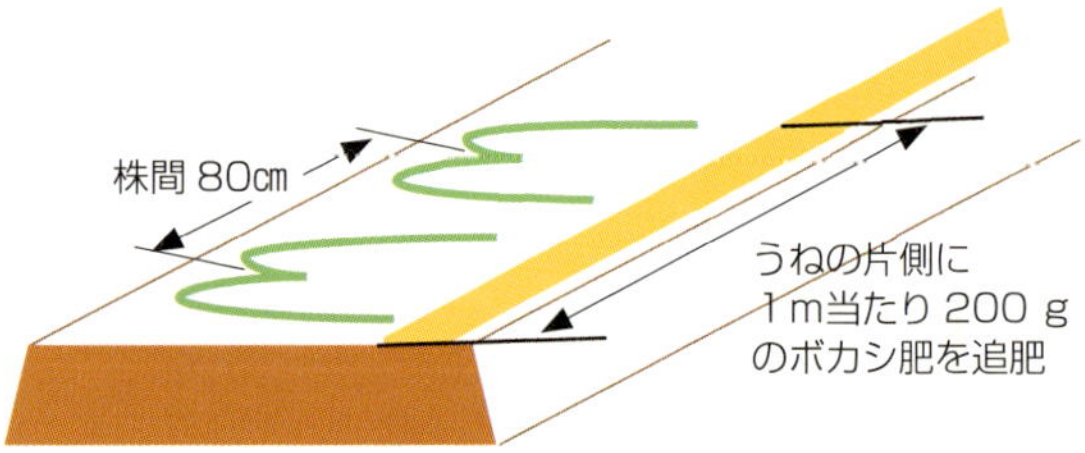

図２　ボカシ肥の追肥位置（西洋カボチャ２本仕立ての例）

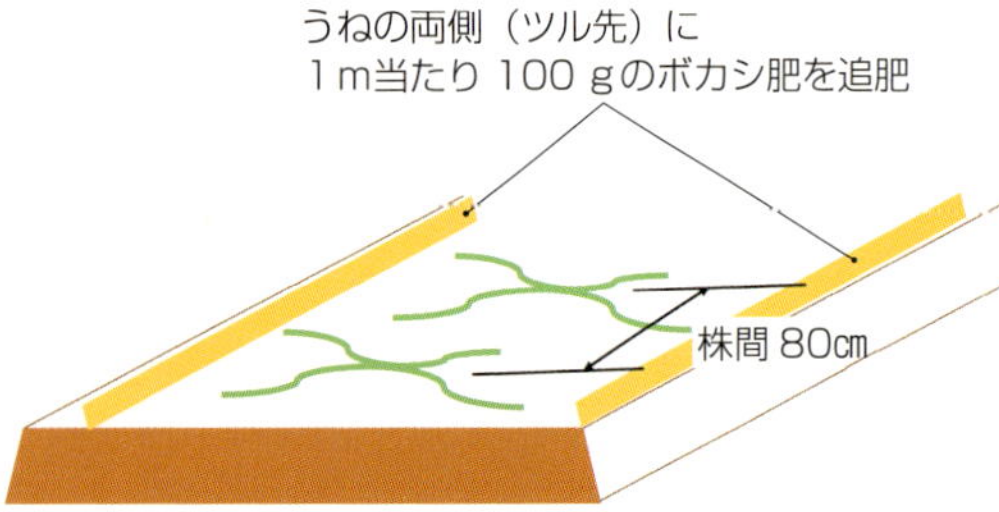

図３　日本カボチャのうねと追肥位置

タイミングで追肥します。施用量は1ｍ当たり100ｇ程度です（図3）。

うね立て

うねの高さは地域の栽培法に準じてください。黒ボク土壌などの火山灰土で水はけのよい土壌では10～20㎝程度、水田や重く粘りが強い過湿土壌では20～30㎝程度の高うねにするといいでしょう。

◆タネまき・育苗・定植

タネまき時期と育苗

西洋カボチャやペポカボチャはあまり暑さに強くないので、できるだけ早くタネをまいて涼しいうちに着果させる必要があります。

育苗期間は10・5㎝ポットで20～25日程度です。定植適期は暖地や温暖地で5月初旬（5日前後）、冷涼地で5月25日前後になります。

定植適期から育苗期間をさかのぼってタネまき日を決めます。温暖地と暖地は4月10日前後、冷涼地で5月1日前後です。

50穴のセルトレーにタネをまいて、双葉が完全に展開してトレー内に根鉢ができるころにポットに鉢上げするか、10・5㎝ポットに2粒ずつ直接まいて、子葉が展開したとき、生育がよく葉の形状が正常なものを残して間引きます。

栽植密度

うね幅は3ｍ、株間は仕立てのツル数×40㎝にします。西洋カボチャでは、仕立て本数は1～3本までとし、たとえば2本仕立ての場合は2本×40㎝で株間は80㎝にします（図2参照）。

ただし、日本カボチャを4本に仕立てる場合は、ツル2本ずつをうねの両側に振り分けます。したがって、この場合の株間は80㎝、うね幅3～4ｍ程度にします（図3参照）。

定植

定植は風のない晴天に行ないます。1～3本仕立ての場合は、うねの片側40～50㎝あけて定植し、ツルを反対側に伸ばします。なお、定植位置とツルの伸長方向はメロンを参照してください。

深植えにならないよう、土の表面よりも1～2㎝根鉢が高くなるよう浅植えにします。根鉢はむき出しにならないようまわりから土をかけてやり、上から軽く手で押さえて根鉢を土と圧着させます。

日本カボチャは、4本仕立ての場合うねの中央に定植します。

◆栽培管理のポイント

水やり

カボチャは乾燥には強いので生育期間中の水やりはほとんど必要ありません。しかし、定植直後の苗は乾燥するとアブラムシの発生が多くなるので、苗が活着するまで株のまわりに回しいれるように水やりをします。

西洋カボチャの整枝

西洋カボチャの場合は1～3本に仕立てます。

1本仕立て　1本仕立ての場合は親ヅルを伸ばし、着果節位（品種にもよるが10～15節）よりも下の腋芽（株元側の腋芽）は、20㎝内外の長さになったら元から取り除きます。1回に多くの腋芽を取り除くと草勢が低下したり、根張りが悪くなるので、数回に分けて行ないます。着果節位より上の腋芽は、草勢維持のため放任します。

2本仕立て　2本仕立ては、親ヅルと子ヅル1本を伸ばす方法と、親ヅルを本葉4～5枚の位置で摘芯（生長点を摘みとること）し、生育のよい子ヅル2本を伸ばす方法があります。前者は早期に収穫できますが、果実の大小や収穫期がやや不ぞろいになります。後者は肥沃地でも着果が安定し、比較的果実の大きさがそろいやすくなります。

3本仕立て　2本仕立て同様に親ヅルを摘芯し、生育のよい子ヅルを3本伸ばします。苗数が少なくてすみますが、地力がないとツルの伸びが不ぞろいになりやすいため、肥沃地向きの仕立て方です。なお、2〜3本仕立ても腋芽のあつかいは1本仕立てと同じです。

日本カボチャの整枝

日本カボチャの場合は4本仕立てにします。4本仕立てはうねの中央に苗を定植し、ツルを両側に2本ずつ振り分けます。親ヅルを本葉5〜6枚の位置で摘芯し、子ヅルを4本伸ばします。腋芽のあつかいは西洋カボチャに準じます。

ペポカボチャの整枝

ツルがあまり伸びないズッキーニは、整枝の必要はありません。ツルありのペポカボチャは、西洋カボチャや日本カボチャの整枝法に準じます。

◆母本選抜の着眼点と方法

初期生育と草勢の着眼点

初期生育は子葉が正常な形状（奇形、欠損、ねじれなどがない）のもの、アブラムシの発生が少なく、葉の萎凋（縮れ）がないものを選びます。アブラムシによってウイルスに感染することが多いので注意します。

草勢は、少肥でもツル伸びがよく、うどんこ病に強く、果実が成熟するまで葉が生きているものを選びます。

着果、果実の着眼点

雌花は、適切な着果節位である、10〜15節のあいだに咲くものを選びます。

果実は、保存中に腐敗がないもので、実際に食べて、粉質、粘質などの加熱調理後の肉質や甘味、風味など好みに合わせて選抜します。おいしくない果実は、次の世代もおいしくない確率が高いので、このような果実からはタネをとりません。

◆交配と採種果の着果管理

採種果の着果位置と数

着果節位は10〜15節が適します（交配花の節位も同じ）。1ツルに1〜2果程度実をつけます。

雄花の摘みとりと雌花の袋がけ

カボチャは花が大きいため、交配袋はナシ用の果実袋を使います。交配前日の夕方5時ころ、ツルの10〜15節についた開花前日の雌花（写真1）に袋がけします。

雄花は、交配する雌花とは別の株から、おなじ時間に開花前日のつぼみ（写真2）を花柄をつけて摘みとり、雌花の袋がけするときに一緒に交配袋にいれます（写真3）。

交配の準備

交配は、晴天であれば朝5〜8時のあいだに行ないます。雨天の場合は、交配時間を朝7時くらいからに遅らせます。

交配袋をとり、交配作業がしやすいよう雌花の花びらの先端部分をむしりとります。雄花は花びらを取り除き、雄しべをむきだしにしておきます。

交配袋をとったあと、雌花の雌

写真１　開花前日の雌花

写真２　開花前日の雄花

写真３　交配袋をかけた開花当日の雌花
雄花もはいっている

写真４　開花当日の雄花
上はツルについている花、下は前日交配袋にいれた花

しべにアリなどの昆虫がいないか確認します。昆虫がいた場合は交雑の可能性があるので、その花での交配はあきらめます。

交配

交配は、雄しべの花粉を雌しべになでるようにまんべんなく塗ります（写真5）。花粉はぬれるとすぐに死滅するので、水滴などでぬらさないようにします。雨天の場合は傘をさして交配します。

交配が終了したら、ただちに袋がけをします（写真6）。交配した印として毛糸をツルに巻きます（写真7）。

写真５　交配

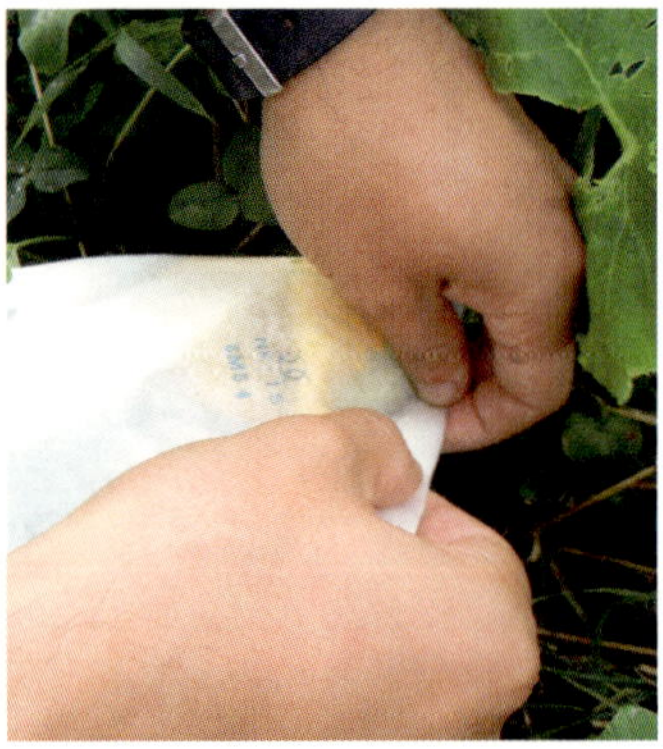

写真６　交配終了後の雌花の袋がけ

写真７　交配目印の毛糸

交配袋の除去

交配した当日の夕方に雌花の交配袋をはずします。交配袋をかけたままにすると、なかが蒸れて着果が悪くなります。

◆収穫・調製・乾燥・保存

収穫・追熟

カボチャは交配後45～50日で果実が完熟します。西洋カボチャの場合は果梗（果実の付け根の茎）が縦横方向にひび割れ、それらがコルク化したときが収穫適期となります。

日本カボチャは濃緑色だった果皮色が、成熟がすすむにつれてベージュやオレンジなど品種特有の果皮色になります。

ペポカボチャは未熟果を収穫するズッキーニなど品種によって収穫適期がちがいますが、タネとりでは完熟果を収穫します。西洋カボチャと同様に果梗がコルク化したときが収穫の目安になります。

収穫した果実は直射日光が当たらない風通しのよいところに1カ月程度置いて追熟します。

タネのとり出し

追熟が完了したら果実を縦方向に割ります。果実を割るときは、タネを傷つけないよう包丁の刃は果肉の厚さでとめます。包丁の柄の近くの刃を使って押しながら切ると切りやすくなります（写真8）。割った果実から移植ゴテやスプーンを使って、ワタごとタネをとりだします（写真9）。

とりだしたタネとワタはバケツなどに移して、上から棒で突いたり、手でもんでタネとワタをはがれやすくします（写真10）。カボチャはキュウリとちがいワタとタネを発酵させず、すぐにタネ洗いします。

タネ洗い・水選

ミカンネットなどにほぐしたタネとワタをいれ、流水でよくもみ洗いをします。このとき洗濯板を使うと早くできます（写真11）。

ボールなどに水を張り、洗ったタネをあけます（写真12）。カボチャはほかのウリ科野菜とちがい、充実したタネも水に浮きます。

写真８　果実割り

写真９　タネのとりだし

写真 10　ワタをほぐす

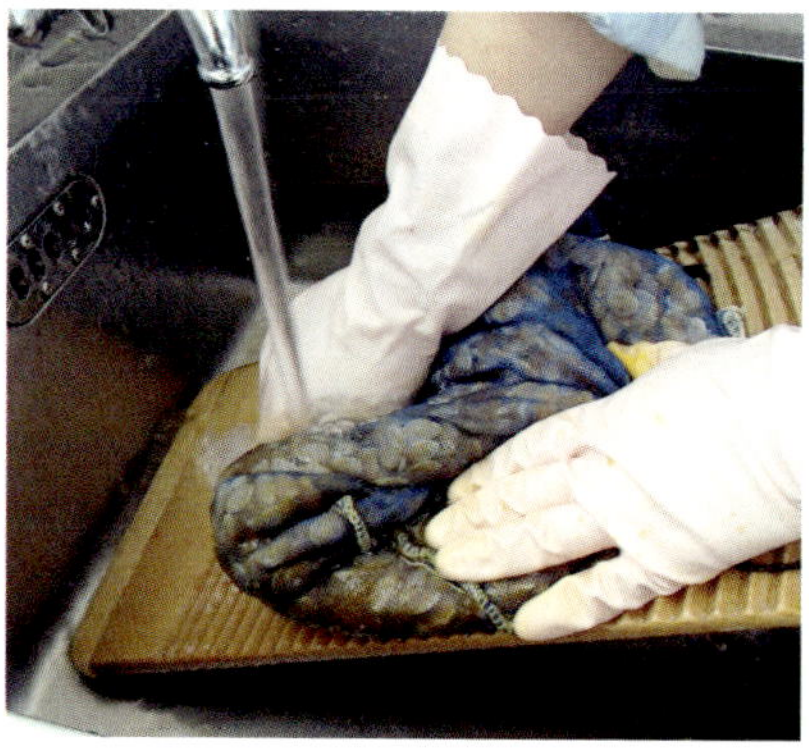
写真 11　タネ洗い

写真 12　水選

写真 13　乾燥

ワタは下に沈むので、浮いたタネをすくいとり、ボールの水をかえます。これを2～3回くり返します。

なお、日本カボチャには充実したタネが水に沈む品種もあるので、その場合は浮いたタネを捨てて、沈んだタネをとります。

乾燥・保存

水選でほぼワタが取り除けたらミカンネットなどにもどし、口をヒモでしばって天日で乾燥します。乾燥の目安は3～5日程度です。未熟種子の場合は、直射日光の当たらない風通しのよい場所で乾燥させます（写真13）。

カボチャのタネはやや短命で、寿命は2～3年といわれますが、低温・乾燥条件で保存すれば5～6年は十分使用できます。

果菜類

メロン・マクワウリ

- ウリ科キュウリ属
- 原産地：アフリカ
- 他殖性
- 生育適温：25～28℃

特性とタネとりに適した品種

◆原産地と来歴

メロンの起源地については諸説ありますが、アフリカとする説が有力です。比較的雨量の少ない地域では西洋メロン、高温多湿な地域では東洋メロン（マクワウリ、シロウリ）が分化しました。

西洋メロンには、ネットメロン、ウインターメロン、ヨーロッパカンタループの3種があります。ウインターメロンは'ハネデュー'に代表される、長期貯蔵可能なタイプのメロンで香りはありません。ネットメロンやヨーロッパカンタループは、特有の強い芳香があります。

日本人はこの芳香が得意ではないようで、日本では芳香をおさえた高糖度のF1品種が育成されています。

◆生育特性と栽培

メロンは根が繊細で栽培がむずかしい上級者向けの野菜です。生育初期は乾燥に弱く、着果後は降雨によって葉が傷んだり、根に障害を受けるとつる枯病や炭疽病などに侵されやすくなります。しっかり土つくりを行なって畑の排水をよくし、敷きわらをして病害の発生を防がなければなりません。

◆受精方法・交雑の注意点

メロン、マクワウリのほとんどの品種は、雄しべと雌しべをもつ花（両性花）をつけ、これに果実を成らせます。一つの株には、両性花のほか、雄しべのみをもつ雄花もつける他殖性の強い野菜です。

タネとりには、交雑防止のため半径300～500m以上、他品種から隔離します。他品種が近くに栽培されている場合は、両性花に袋をかけて人工交配します。

メロン、マクワウリ、シロウリ（漬けウリ）は相互に交雑します。

◆自家採種に適した品種

メロン：Charentais（ナチュラル）、Delice de la Table（ナチュラル）、ORTOLANI（ナチュラル）、ヘイルズベスト（たねの森）など

マクワウリ：甜掉牙《テンチョウハ》（自農）、奈良1号（野口）、網干メロン（野口）、銀泉（野口）、金俵（つる新）、甘露（つる新）、菊メロン（つる新）、バナナマクワ（太田）など

シロウリ・漬けウリ：沼目白瓜（つる新）、はぐら瓜（つる新）、東京大白瓜（野口）、かりもり瓜（野口）、桂大長白瓜（野口）など

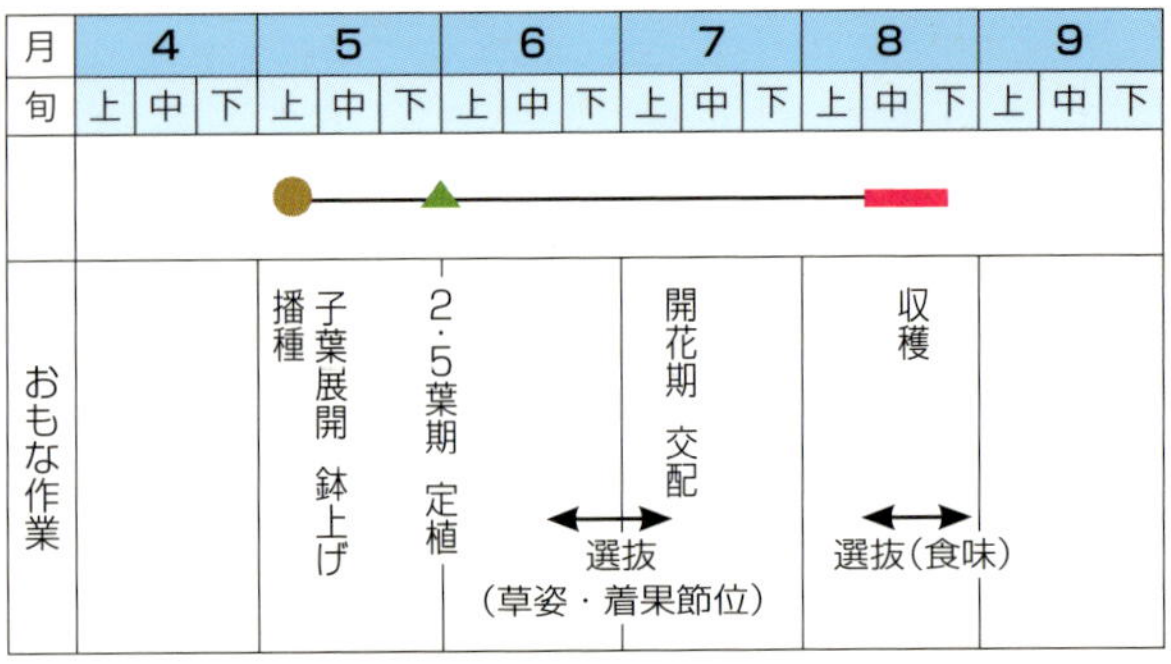

図1　タネとりの栽培暦（長野県松本市）

タネとりの実際

◆土づくり・うね立て・施肥

うね立て

うねは土つくりと緑肥のタネまきの関係で、前年の秋に立てておきます。

定植2週間前までにうねなおしと除草を行ない、定植に備えます。また、うねなおし後に黒マルチを張ると地温確保や土のはね上がりを防ぐため、病害の防除や生育促進の効果があります。黒マルチは、95㎝程度の幅のもので定植予定地を被覆します。

うねを雨にさらし、降雨後1日たって土が十分湿った状態で張るようにし、定植7日前には完了しておきます。

〈メロン〉

子ヅル2本仕立ての場合、うね幅2.5～3m、株間60～80㎝（やせ地ほど広くとります）にします。

うねを南北に立てる場合（南北うね）は、西側を高く東側を低くして傾斜をつけます。東西に立てる場合（東西うね）は、北側を高く南側を低くします。こうすると雨水がうねにたまらず排水がよくなり、果実の腐敗や各種病害を軽減します。

ツルは一方向に伸ばします。南北うねは西から東へ、東西うねは北から南へ子ヅルを伸ばすと葉に朝日がよく当たり、生育にプラスになります（図2）。

また、敷き草用にタネまきする緑肥作物と春に定植するメロンの距離が近すぎると競合し、メロンの生育が著しく悪くなります。そのため、図2の①ムギ類と③ムギ類のメロン側の間は1.2m以上あけ、この中央にメロンを定植します。

③ムギ類は、うね幅2.5mの場合は2条まき、うね幅3mの場合は3条まきにします。

④ヘアリーベッチは、メロンのツル先側（伸びる方向）に条まきします。

これは目安なので、実際の栽培状況に応じて変更してください。

〈マクワウリ〉

子ヅル4本仕立ての場合、うね幅2～2.5m、株間0.8～1mにします。苗はうねの中央に定植し、子ヅルは両側に2本ずつ振り分けます（図3）。

土づくり

メロンの初期生育はカボチャなどより緩慢で、たいへんストレスに弱い野菜です。初期生育を順調にすすめるために、前年の秋に草や落ち葉などでつくった植物質堆肥を1㎡当たり1～2kg施用し、土の表層5㎝程度の深さにすき込んで十分に土つくりを行ないます。

秋の施用ができない場合は、少なくとも定植の40日以上前に植物質堆肥を施用し、土と十分なじませます。

また、定植40日前に定植予定地に鞍つきをつくり、初期の生育量を確保するよう努めてもいいでしょう（鞍つきはキュウリの項参照）。ただし、春に堆肥を施用した場合は養分過剰になるので、鞍つきはつくらないようにします。

緑肥のタネまき

前年の10～11月にうね立てして、敷きわら用のムギ類（ライコムギ、エンバクなど）を条まきしておきます（写真1、図2、3参照）。

ヘアリーベッチはツル性のマメ科緑肥作物で、アレロパシー作用で雑草の発生をおさえてくれるので、地ばい性のメロンなどの雑草対策に利用します。

前年の10月か早春の3～4月上旬にタネまきします（写真1、図2参照）。

また、ヘアリーベッチは根についている根粒菌で窒素固定して、土壌に窒素を供給する働きもあります。

追肥

メロンは、着果確認後（果実が鶏卵大になったころ）、ツル先にうねの長さ1m当たり100～200gのボカシ肥を帯状に施用し、その上から刈り倒したムギわらや刈草などを被覆します。

マクワウリも同じように行ないますが、ボカシ肥の量は100gにします。

◆タネまき・育苗・定植

タネまきと育苗

タネまきはキュウリに準じます。

育苗方法もおおむねキュウリと同じですが、以下の点がちがいます。まず、タネを箱まきしたときの鉢上げは、子葉展開時に行ないます。

また、メロン、マクワウリは子ヅル（親ヅルの腋芽）を伸ばして栽培するので、子ヅルが伸びるように、定植3～5日前に、メロンは親ヅルの本葉3～4枚、マクワウリは4～5枚残して生長点を摘みとります（図4）。

やり方は、先のとがったピンセットで生長点を摘みとるか（写真2）、つま楊枝のとがっていない

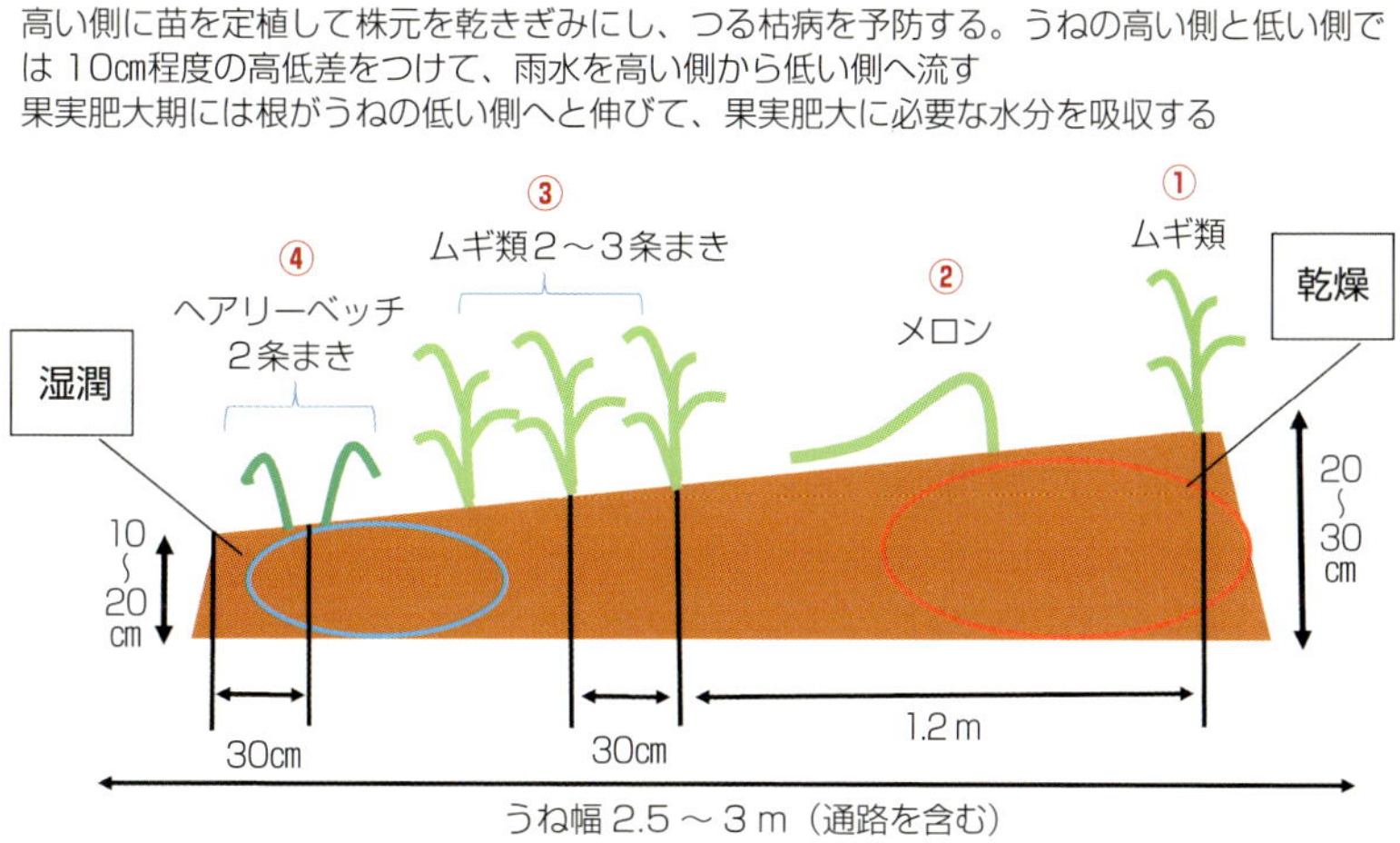

図2　メロンの高低差を利用したうね

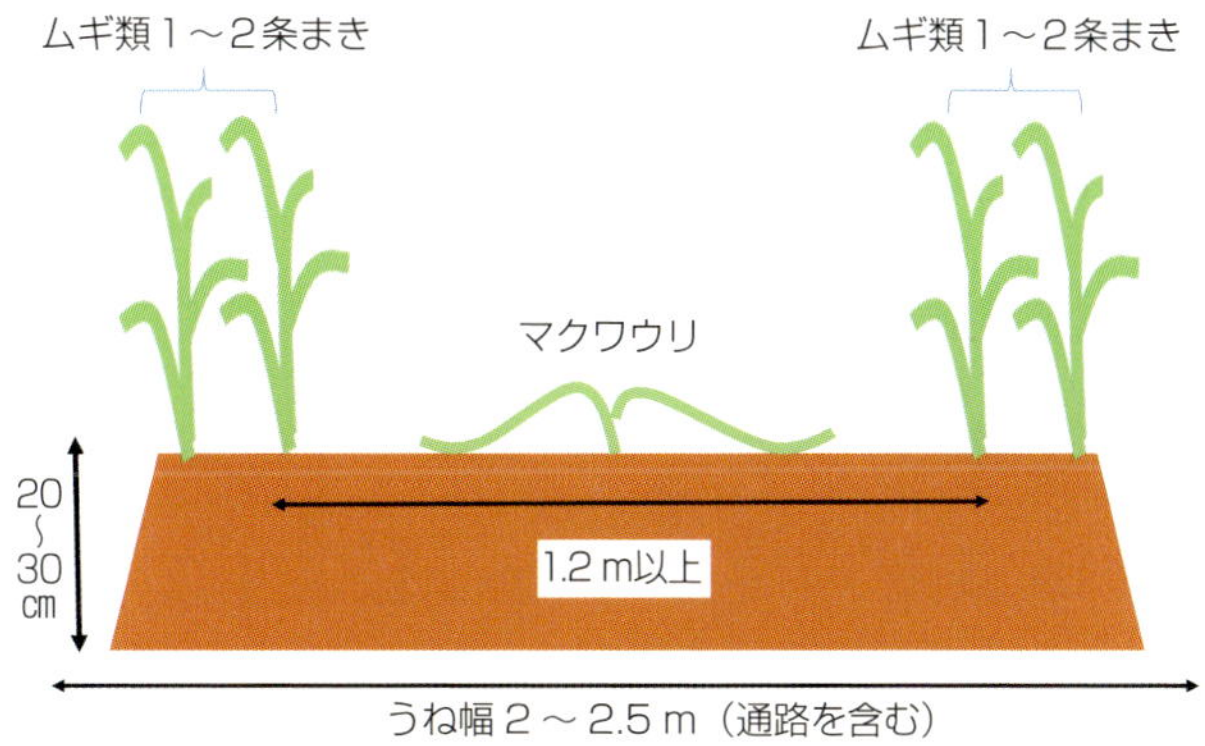

図3　マクワウリのうね

写真1　緑肥を間作した露地メロンのうね

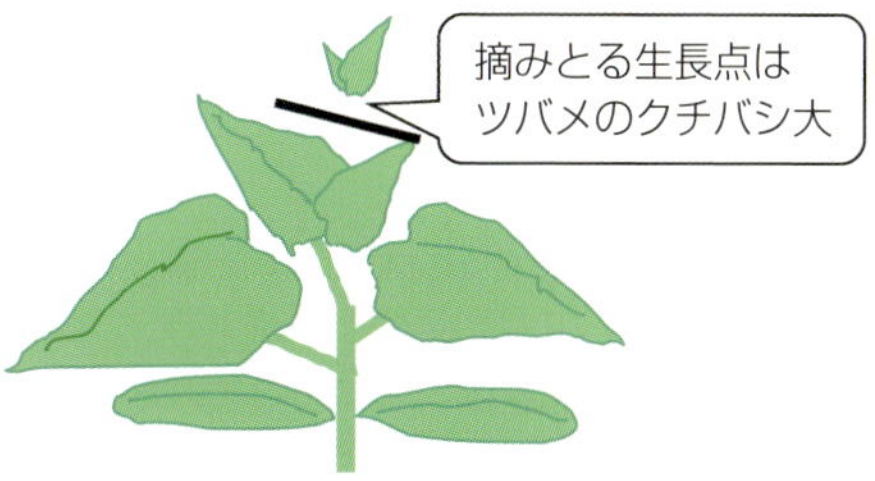

図4　親ヅルの生長点の摘みとり

側を生長点にあてがって横にスライドします。

植物は頂芽優勢という性質があり、親ヅルが伸びていると子ヅルの伸びは抑制されますが、親ヅルの生長点を摘みとると子ヅルの伸びが促進されます。

採種に必要な株数

メロン、マクワウリともに10株以上が理想ですが、小規模栽培では3株以上で採種します。少ない株数で毎年タネをとって世代をすすめると近交弱勢になるので、1回のタネとりで5〜6年分のタネをとり、冷蔵保存して毎年使うといいでしょう。

写真2　生長点の摘みとり

◆栽培管理のポイント

水やり

メロンは定植初期にアブラムシの吸汁被害にたいへん弱く、この時期に定植苗が水分ストレス（おもに乾燥）をおこすとアブラムシが大量に発生して、生育が悪くなったりウイルス病にかかりやすくなります。

そのため、活着までの1週間程度は、土の乾きぐあいをみて株まわりに水をやります。

また、乾燥防止のため、株まわりに土の表面がうっすらみえる程度に、うすく敷き草をするといいでしょう。

メロンの整枝

〈子ヅルの整枝〉

メロンは、子ヅルが20㎝程度になったら、そろいのよいものを2本残して、ほかは根元から摘みとり、子ヅル2本で仕立てます（写真3）。ただし、子葉の脇から出た子ヅルは扁平な茎（帯状茎）になりやすいので、ただちに摘みとります。

2本の子ヅルは、ある程度伸びたら伸長方向の逆側のうねの肩までUターンさせます。うねの端まで子ヅルの先が伸びたら（およそ23〜25節）生長点を摘みます（図5）。

〈着果節位〉

メロンやマクワウリは、孫ヅルの1、2節に両性花（雌花）がつくので、メロンは、子ヅル10〜15節から発生した孫ヅルに着果させます。

メロンやマクワウリは、着果節位がツル先に近いほど果実は大きく縦長になります。

逆に、株元に近いほど果実は小さく扁平になり、糖度が高くなります。

これは、着果節位より下（株元側）の葉は、根や茎などの植物体の維持・生長や果実肥大のための同化養分を供給し、着果節位より上（ツル先側）の葉は糖度上昇のための同化養分を供給するためです。

そのため、収量性と品質の両面でよい果実が収穫できる着果節位として、子ヅルの10〜15節に発生する孫ヅルに果実をつけるのです（残す果実の数は摘果の項を参照）。

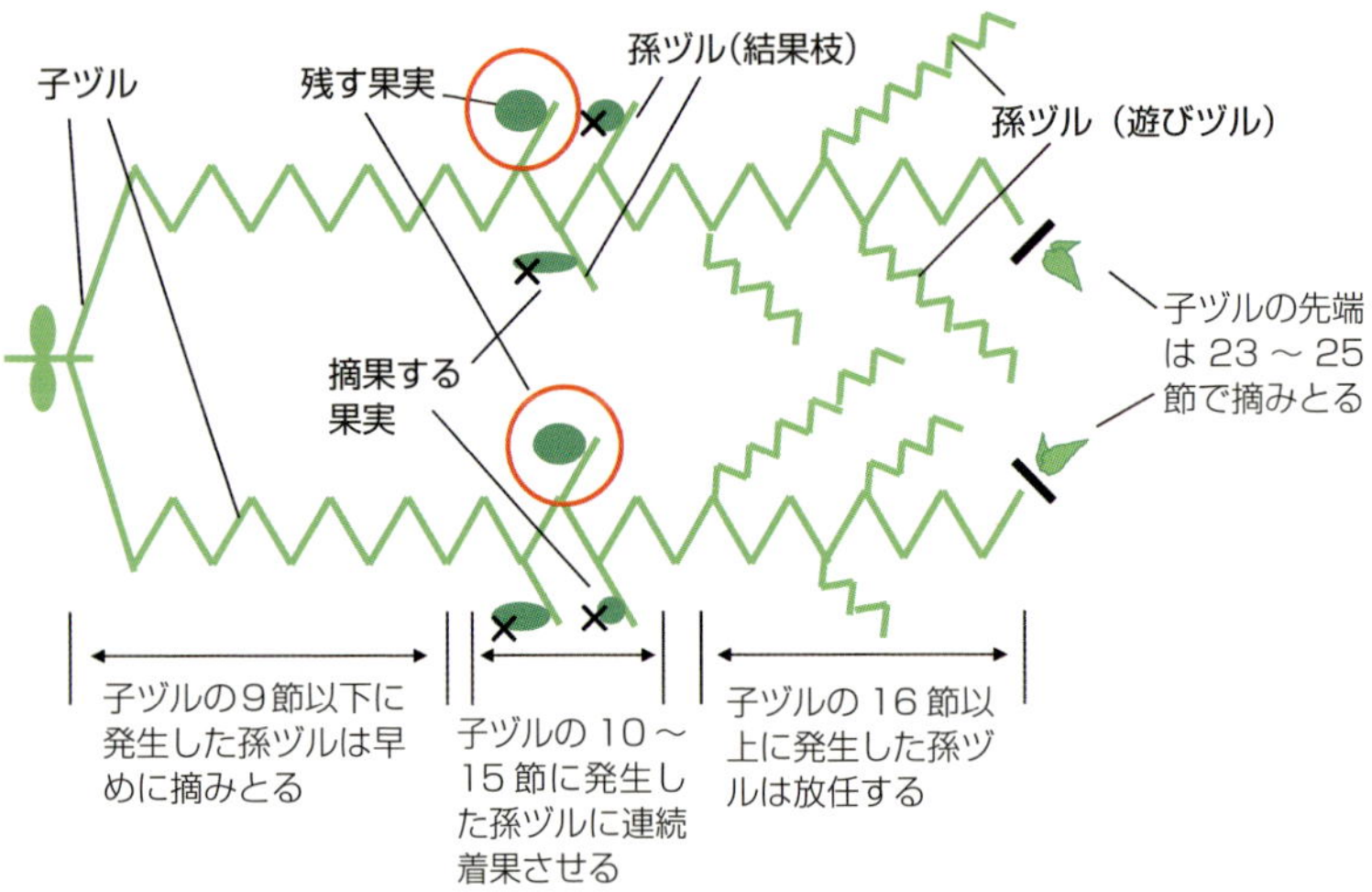

図5　メロンの着果節位と子ヅル先端の摘みとり

写真3　子ヅルの整枝
子ヅルは2本残して、ほかは摘みとる

〈孫ヅルの整枝
（メロン、マクワウリ共通）〉

果実をつける孫ヅルは、葉2枚を残して生長点を摘みとります（図6）。生長点を残したままにすると、孫ヅルが伸びるために利用する同化養分と果実肥大に利用する同化養分が競合し、果実の太りが悪くなります。

着果させた以外の孫ヅルの整枝は、着果節位より下位（9節以下）の子ヅルに発生したものは10cm程度の大きさになったら元から摘みとります。着果節位より上位（16節以上）の子ヅルに発生したものは放任し、草勢を維持します。

ただし、葉が重なり合うなど過繁茂になるときは、不要な孫ヅルを間引きします。

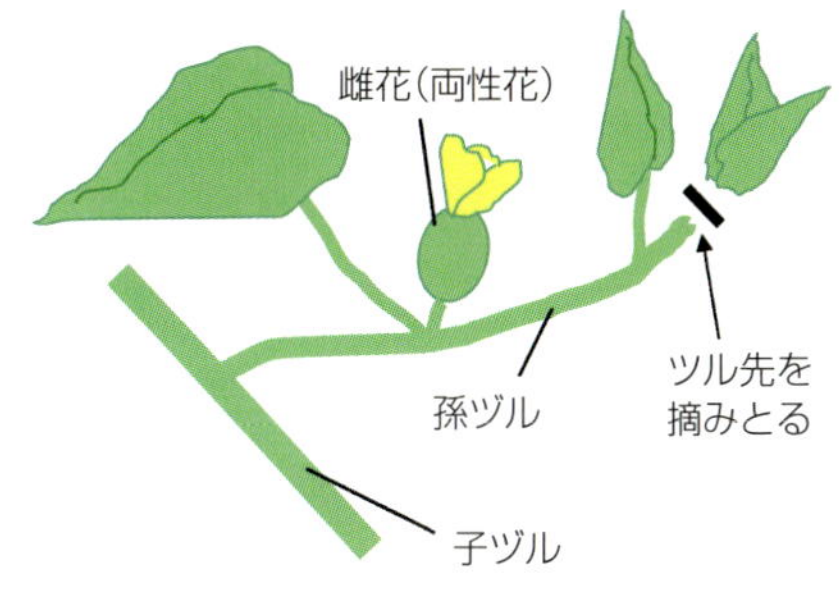

図6　メロンの結果枝（孫ヅル）の整枝

整枝は1回でなく、複数回に分けて行ないます。そして、根張りをよくするために、ツルの生長点が整枝作業後もつねに2～3本残るようツル数を調整します。

〈メロンの半放任栽培〉

メロンは整枝によるストレスを受けやすいため、上記整枝法のほかに半放任にする方法（以下半放任栽培という）もあります。子ヅルを2本に仕立てることや、着果節位の孫ヅルのあつかいは前述と同じですが、着果節位以外の孫ヅルは放任します。

この方法では整枝によるストレスを受けにくく、病害に強くなるので、メロン栽培初心者ややせ地での栽培に向いています。

欠点は、ツルが混み合って摘果やツル下の除草などの作業がしにくかったり、着果が不ぞろいになるため、果実の大小や熟期の差が大きくなることです。

マクワウリ、シロウリの整枝と着果節位

生育のよい4本の子ヅルを残し、そのほかの子ヅルは摘みとります。残した子ヅルは12～13節で生長点を摘みます。子ヅルの4節以下に発生した孫ヅルは摘みとり、5～10節に発生する孫ヅルに着果させます。

果実をつける孫ヅルの整枝はメロンと同じです（図6参照）。また、着果節位よりも上位から発生した孫ヅルは放任して草勢を維持します。

敷き草

ポリマルチをしていない場合は、定植後、株まわりに土の表面がみえるくらいうすく敷き草をすると乾燥と雨による土のはね上がり防止に効果があります。ツルの伸びに合わせて敷きわらや敷き草を随時行ないます。

敷き草は、梅雨明けまでは薄く行ないます。厚いと上根になり、梅雨明け後の高温乾燥で根を傷めてしまいます。

梅雨明け後は徐々に敷き草を厚くして、根を高温と乾燥から保護してやります。また、ポリマルチで株元を被覆している場合は夏期に地温が上がりすぎるので、ポリマルチの上からわらや草を敷いて地温を下げます。

緑肥の刈り倒し

緑肥作物は、メロンやマクワウリのツル先が届く手前で、刈り倒して敷き草にします。

ただし、緑肥の刈り倒し限界は、ムギ類で出穂期、ヘアリーベッチで開花期までとし、この時期を越えたらツルの伸びを待たずに刈り倒します。一度刈り倒してもまた再生してくるので、適宜刈り倒します。

そのまま緑肥作物を生育させると、自身のタネを充実させるために土から大量の養分を吸収し、メロンの生育を阻害します。

摘果

メロン　果実が鶏卵大のとき、着果節位に着果した果実のうち、卵形の果実を子ヅル1本当たり1果残して、他は摘果します。したがって、子ヅル2本仕立てでは1株当たり2果残します。以降も随時摘果を行ないますが、着果節位より上位の不要な果実は両性花のうちに摘みとっておくと作業がらくです。半放任栽培の場合も同様にします。

マクワウリ　果実が鶏卵大のとき、1子ヅル当たり1～2果残します。株当たりで6～8果程度残します。

皿敷き

メロン、マクワウリともに残す果実が決まったら、ただちに皿敷きを行ないます。皿敷きをすることで果実の腐敗を防ぐことができ

ます。

　使う皿はスイカマットとよばれる市販品もありますが、少量の栽培であれば、魚や肉類に使われる食品トレーが利用できます。

　食品トレーの底面に適当に穴をあけ、それを逆さまに地面に伏せ（底面が上向き）、果実がころがり落ちないよう底面の中央を指で押してくぼみをつけておきます。このくぼみの上に果実をのせます。

◆母本選抜の着眼点と方法

初期生育の着眼点

　定植後にアブラムシの発生が少なく、葉が萎凋しない株を選びます。

草勢の着眼点

　腋芽の発生が旺盛な株は、根張りがよい傾向にあります。また、日中、ツルの先端が45度以上地表から持ち上がっている株は草勢が強いです。

　メロンは果実肥大期以降に、果実肥大と糖度上昇のため根、茎、葉のすべてから養分を果実に集中させます。そのため、最もこの時期がつる枯病や炭疽病などに侵されやすくなります。収穫期まで葉の枯れ上がりが少なく、病害の少ない株を選びます。

果実、着果の着眼点

　メロンはとくに果実品質が重要視されます。

　果実の外観については果形やネットの有無、ネットの高さや細かさなど、その品種の特性を備えたもの、または自分の好みに合うものを選びます。

　メロンやマクワウリの肉質（食感）には、大きく分けて粉質、脆《ぜい》質、粘質、溶質の4種類あります（表1）。粉質は水分が少なく粉っぽい食感で古いマクワウリ品種にみられ、脆質はさくさくとした食感でマクワウリや冬メロンにみられます。実際に食べてみて甘味を強く感じ、肉質のよいものを選びます。

表1　メロン・マクワウリの種類と肉質

肉質	特　徴
粉質	水分が少なく、粉っぽい食感 古いマクワウリ品種に見られる
脆質	サクサクとした食感 マクワウリ、ノーネットメロンに多い
粘質	ねっとりとした食感 マクワウリに多い
溶質	多汁で、口の中でとろけるような食感 ネットメロン

写真４　開花前日の両性花

写真５　花びらをとった両性花
まわりの黄色いのが雄しべ

写真６　除雄
雌しべのまわりの雄しべをピンセットで取り除く

写真７　メロンの交配袋
長辺の３分の１程度の長さに切れ込みをいれる

写真８　両性花の袋がけ

写真９　開花前日の雄花

◆交配と採種果の着果管理

除雄と袋がけ

人工交配はキュウリに準じますが、メロンは両性花（写真4）のため、そのまま交配すると自花の花粉で一部自殖します。したがって、より確実に別の株どうしで交配する場合は、除雄（雄しべを取り除くこと）を行ないます。

除雄の方法は、開花前日の両性花の花びらを取り除いて雄しべと雌しべをむき出しにし（写真5）、雌しべのまわりの雄しべをピンセットで取り除きます（写真6）。

ピンセットを使わずに指で軽く雄しべの先端にふれ、やや下垂しながら花の外側へ指をスライドさせても除雄できます。

メロン類は花が小さく風で袋が抜け落ちやすいので、写真7のように交配袋の口側から、長辺の3分の1程度の長さに切れ込みをいれ、それに茎をはさみ込んで除雄後の両性花に袋がけします（写真8）。

雄花（写真9）や雄しべのあつかいは、キュウリの交配に準じます。

交配

交配袋を取り除いて、雌しべに雄しべをこすりつけて交配しますが、交配袋の内側についた水滴などで雌しべがぬれていることがあるので、交配前にハンカチなどで優しく拭きとります。

交配後は、乾いている新しい交配袋をかけなおします。

なお、交配袋をかけたままでいると蒸れて着果が悪くなるので、交配した当日の夕方に雌花の交配袋をはずします。

◆収穫・調製・乾燥・保存

収穫時期

露地栽培メロンは開花から35～55日、マクワウリは35～40日程度で収穫適期になります。

写真10のように、茎からポロッと容易に果実がとれるころが完熟です。このころ収穫した果実は保存がききませんが、やや若どりした果実にくらべ香りや食味が優れています。

写真 10　完熟果

追熟

本来なら収穫後7日程度追熟するとタネの充実はよくなりますが、エステル臭が強くなり、食用としては食べごろを過ぎてしまいます。せっかく収穫したメロンやマクワウリですので、おいしい状態で食べたいものです。そこで追熟期間は収穫後3日程度とし、食味のよい果実を選んでタネとりします。

発酵・水洗い・乾燥・保存

タネの発酵、水洗い、乾燥などはキュウリに準じます。

低温乾燥条件で5～6年保存が可能です。

果菜類

スイカ

- ウリ科スイカ属
- 原産地：アフリカ大陸
- 他殖性
- 生育適温：25～30℃

特性とタネとりに適した品種

◆原産地と来歴

スイカの起源はアフリカ大陸とされ、野生種が砂漠地帯に自生しています。

日本では16世紀ごろから栽培が行なわれましたが、江戸時代までは糖度が低く果肉がかたい在来種ばかりで人気はありませんでした。明治になってアメリカから〝アイスクリーム〟という糖度が高く、品質のよい品種が導入され、ようやく果物としての価値が評価されるようになりました。

◆生育特性と栽培

ウリ科野菜のなかでもとくに高温を好みます。また、比較的乾燥を好むので、排水不良の畑では高うねにするなどして土の排水性を高めて、根張りをよくします。

◆受精方法・交雑の注意点

スイカは一つの株に雄花と雌花がつく他殖性の野菜です。自然条件では蜂などの昆虫によって受粉が行なわれます。採種栽培を行なう場合、他品種から半径500m以上離れていれば交雑の心配はほぼありませんが、近くで栽培されているようであれば人工交配を行ないます。

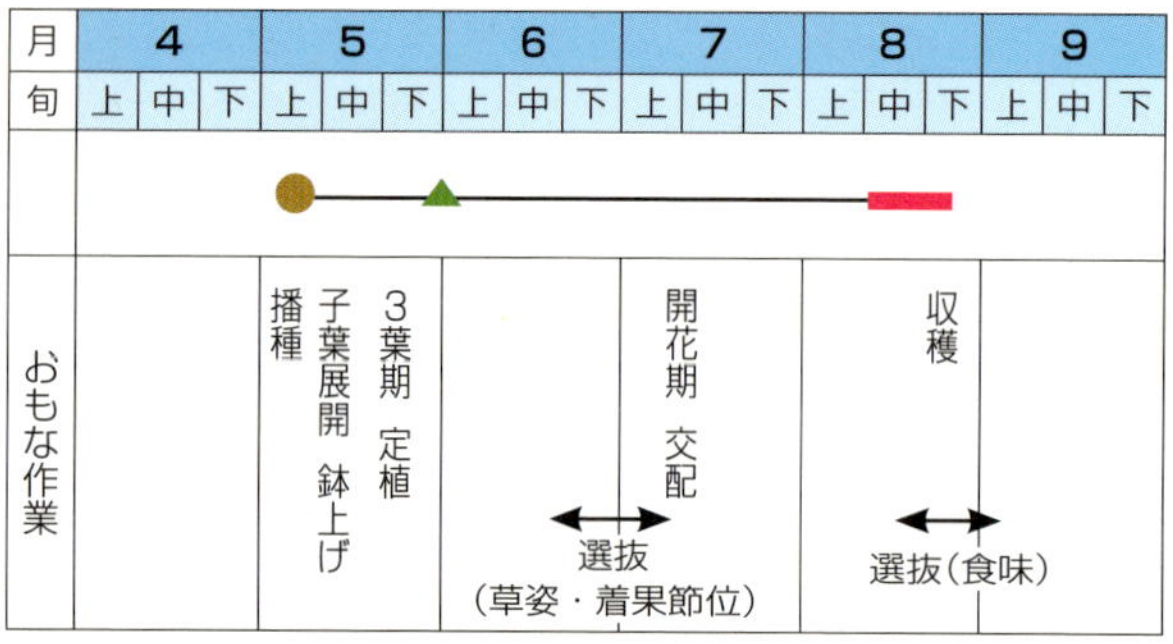

図1　タネとりの栽培暦（長野県松本市）

◆自家採種に適した品種

黒小玉スイカ（自農）、夢枕（自農）、旭大和（野口）、大和クリーム（野口）、嘉宝（野口）、新大和2号（つる新）、乙女（つる新）、ムーン&スター（たねの森）、クリムソンスイート（たねの森）など

タネとりの実際

◆土づくりと施肥

土づくりはカボチャに準じます。なお、養分が多いとツルぼけするので注意します。

定植初期の生育をうながすため、これもキュウリで紹介した、培養土を利用した鞍つきをつくり、そこに定植します。

◆タネまき・育苗・定植

タネまき・育苗・定植はキュウリに準じます。ただ、スイカはキュウリより高温性で、発芽適温は25～30℃です。低温、とくに夜温が低いと発芽不良や発芽のそろいが悪くなります。

そこで、総論4項のコラム「人の体温で芽出し」（40ページ）の芽出しを行なうといいでしょう。スイカは加湿に弱く、発芽に酸素を多く必要とします。ガーゼをよく水切りし、換気用のストローは太いものを使いましょう。

また、定植初期の地温確保のために、黒マルチなどのビニール資材を使うと初期生育がよくなります。

タネとりに必要な株数

他殖性の野菜なので10株以上が理想ですが、小規模栽培の場合は3～5株以上で採種します。少ない株数で毎年タネをとって世代をすすめると、近交弱勢になります。したがって、1回のタネとりで5～6年分のタネをとり、冷蔵保存して毎年使うといいでしょう。

栽植密度

うね幅2.5～3m、株間0.8～1mです。株間は仕立て本数×0.2mで計算します。

うねの立て方、敷き草用緑肥のタネまきについては、メロンの項を参照してください。

◆栽培管理のポイント

水やり

スイカは定植直後、アブラムシの吸汁被害に弱いです。原因は土の乾燥や地温の不足で根の伸長が遅れることにあります。

定植後、株元にうすく土の表面がみえる程度の敷き草をして、乾燥と土のはね上がりを防ぎます。

土が乾くようなら、苗が活着するまで株まわりに水やりをします。

整枝

やせ地では、発生するツルはすべて生かす自然形仕立て（整枝を行なわない）とし、ツルは一方向に伸ばします。この場合、株間は1m程度の疎植とします。

肥沃地では定植前の3～5日前に本葉4～5枚残して親ヅルの生長点を摘みとります（メロンの項、図4参照）。ツルの長さが20cm程度のうちに、生育のよい子ヅルを4本残し一方向にツルを伸ばします。

着果節より下（株元）に発生した孫ヅルは10cm内外で摘みとり、着果節より上の孫ヅルは放任して、草勢を維持します。

なお、整枝は一度に行なわず複数回に分けて行ないます。

着果節位と摘果

スイカの着果節位は子ヅルの15～20節を目標にします。これより下の節位に着果させると果皮が厚く扁平な果実になり、上の節位では球は伸びますが糖度が上がりません。

摘果は幼果が鶏卵大のときに行ないます。この時期球形のものは収穫時には扁平な形になるので、長円（やや縦長）のものを残します。残す果実は1ツル1果とし、小玉スイカは1株当たり3〜4果、大玉は1〜2果とします。

残す果実が決まったら、ただちに果実の下に皿を敷きます（メロンの項71ページ「皿敷き」を参照）。

着果期の適正な草勢は、いちばんツル先側の雌花とツル先の距離が40〜50㎝でややツル先が持ち上がる程度が目安になります。

着果期に草勢が強いようであれば、ツルを伸長方向の逆側に引きもどすと草勢が落ち着きます。

追肥

追肥は草勢が弱いときに行ないます。前記の適正な草勢のときには行ないません。

摘果後、残す果実が決まったら、ツル先にボカシ肥をうねの長さ1m当たり100〜200g程度帯状に施用し、刈り倒したムギわらなどを上に敷きます。

◆母本選抜の着眼点と方法

初期生育の着眼点

定植初期のアブラムシの吸汁被害に強いもの、また、ツル伸びが良好で腋芽の発生が旺盛なものは、根張りがよい傾向があります。

草勢の着眼点

日中ツル先をみると、直立しているものはきわめて草勢が強い株です。この草勢では強すぎて着果不安定になりがちですが、このような株から着果が安定しているものが選抜できれば、少肥でのスイカ栽培が容易になります。

果実、着果の着眼点

果形が品種の特徴を示し、果皮がうすく、糖度が高い果実からタネとりします。

肉質はしゃり感のあるもの、やわらかい肉質のものを好みにより選びます。

◆交配と採種果の着果管理

人工交配についてはキュウリに準じて行ないます。しかし、スイカは開花前日の花びらの青みが強く、ほかのウリ科野菜にくらべ未成熟な花との区別がむずかしいので、交配のタイミングをのがすことがあるので注意します（写真1、2）。

袋がけ

交配前日に雌花に交配袋をかけますが、交配袋はメロンと同じように口側に切れ込みをいれておき、この切れ込みに茎をはさみ込むようにして袋をとめます。

雄花は、自殖弱勢を避けるため、交配する雌花とは別の株から柄つきで採取し、雌花にかける交配袋にいれておきます（写真3、4）。

交配

スイカは花びらが小さく、開きが悪いことがあるので、交配に支障がある場合は雌花の花びらを取り除き、交配します（写真5）。

交配終了後、交配の印として茎に毛糸を巻き、乾いた新しい交配袋をかけなおします（写真6）。

交配した当日の夕方に雌花の交配袋をはずします。交配袋をかけたままでいると、なかが蒸れて着果が悪くなります。

交配袋はしわを伸ばせば、乾燥して再利用できます。

写真１　開花前日の雌花

写真２　開花前日の雄花

写真３　採取した雄花

写真４　袋がけした雌花
雄花を同封

写真５　交配

写真６　交配後の袋がけ

◆収穫・調製・乾燥・保存

収穫

収穫適期は、小玉スイカで交配後35～40日、大玉で45日前後です。

果実をたたく方法は、交配日からの日数よりも正確さをかきますが、未熟な果実はカンカンと高い音がし、ポンポンとやや低い音になると収穫適期です。また、着果節の巻きヒゲの３分の１程度が枯れたら収穫適期といわれています。

追熟

追熟は、タネの充実のためには収穫後１週間程度行なうのが理想です。

しかし、この期間だと肉質がゆるくなったり、果肉にスがはいることがあるので、収穫後３日程度の追熟で、おいしくスイカをいただきながらタネをとります。

いただくときに果肉質や糖度などに注目して、食味のよいものを選びます。

タネ出し・調製・保存

スイカはメロンやキュウリとちがい、タネが果肉内に散在しているので、特別なタネ出しはしません。完熟果を食べてタネを集め、ザルやタマネギネットにいれてぬるま湯で洗います。

スイカのタネの表面には、特有のヌメリがありますが、ヌメリが残っていても発芽には影響なく、自家用では問題ありません。

乾燥調製などはキュウリに準じます。

スイカは長命種子で、低温乾燥条件だと５年以上の保存が可能です。

果菜類

スイートコーン

- イネ科トウモロコシ属
- 原産地：中南米
- 強い他殖性
- 生育適温：22～30℃

特性とタネとりに適した品種

◆原産地と来歴

トウモロコシはメキシコ、ペルー、ボリビアなどでは古くから栽培されていたため、中南米が原産地と考えられますが、詳細な地域は特定されていません。

インディオの人たちは古くからトウモロコシを主食として栽培していましたが、一つの畑でも多くの個体差があり、品種として識別できないくらい雑多なものを栽培していました。一つの穂に、定番の黄色から赤、白、黒、青、緑など、日本ではみることがない色のトウモロコシの粒がついています。

インディオの人たちが雑多なトウモロコシを栽培していたのは、毎年かわる気象条件のなかで、どれかがその年の気象条件にあうためで、つまり危険分散です。単一品種では収量がよい年と悪い年の差が大きくなりますが、雑多な品種を栽培すると小さくなります。経験から遺伝子多様性の重要性を知っていたのです。

インディオの人たちが栽培していたトウモロコシは、私たちが食べているものとは種類がちがいます。トウモロコシの種類は大きく六つに分類され、フリント、デント、ポップ、ソフト、ワキシー、スイートがあります。

インディオの人たちはフリントやソフト種を栽培していたと考えられ、私たちが食べているトウモロコシはスイート種です。

◆**生育特性と栽培**

スイートコーンは発芽時に25～30℃の高温を好みます。しかし、生育期間中は、1日の温度差がある程度あったほうが生育はよくなります。

乾燥に耐えますが、雌穂出穂期ごろに乾燥すると穂が小さくなります。この時期に乾燥するようなら、かん水や敷き草をします。

◆**受精方法・交雑の注意点**

スイートコーンは、茎の先端に雄穂がつき、葉の脇から雌穂が出るので、ほかの果菜類とはかなりちがう形態をしています。雄穂は雌穂より1～3日先に成熟して花粉を出す他殖性の強い作物です。

スイートコーンの花粉は風で飛ばされ、受粉します。風が強いときは300～500mも飛散しますが、この範囲にほかの品種がなければ交雑の心配はありません。もし近くにほかの品種が栽培されていれば、2週間程度タネまきを遅らせて出穂期をずらすか、袋がけをして人工交配を行ない、交雑を防ぎます。

また、デントコーンやフリントコーンなどの花粉がスイートコーンに受精すると、キセニアという現象によってスイートコーンの甘味がなくなってしまいます。これはタネとりだけでなく、食用としても問題です。

◆**自家採種に適した品種**

スイートコーン：モチットコーン（自農）、ゴールデンバンタム（たねの森）

タネとりの実際

◆**土づくり・施肥**

前年の秋か、遅くともタネまきの40日前に、植物質堆肥を1㎡当たり1～2kg施用し、表層5cmにすき込んでおきます。

草丈30cmくらいのときに、1株当たり軽くひとつかみのボカシ肥を株間に追肥し、除草をかねて土の表層に混和します。

◆**タネまきと栽培管理のポイント**

タネまき

採種栽培の播種適期は、温暖地や暖地で4月末、冷涼地で5月中旬の普通栽培の時期です。

スイートコーンは直根性で移植をきらうため、早期栽培でも、不織布のべたがけやトンネル栽培などで保温に努め、できるだけ直まきして、育苗は避けます。

株間30cm、うね幅1.5m、うねの高さは20cm程度にします。

播種は2条まきとし、1穴3～4粒まきます。

タネとりに必要な株数

スイートコーンは、少数の株から採種しつづけると近交弱勢がおこりやすい作物です。理想的には50株以上からのタネとりが望ましいですが、小規模の栽培では10株以上から採種し、保冷保管して複数年使うようにします。

栽培管理

水やり　播種後、発芽までに乾くようなら水をやります。また、雌穂が葉の脇から出るころに乾燥がひどいようなら水やりします。

間引き　本葉2枚のときに1穴2本残し、本葉4枚ころに1本立ちにします。

土寄せ　株元に土寄せすると倒伏防止に効果があります。本葉2～3枚ころと、草丈30cmくらいのときに行ないます。

分げつのあつかい　株元から分げつ（腋芽）が2～4本発生します。これらは根の張りをよくし、倒伏防止や雌穂の肥大促進に有効なので、放任します。

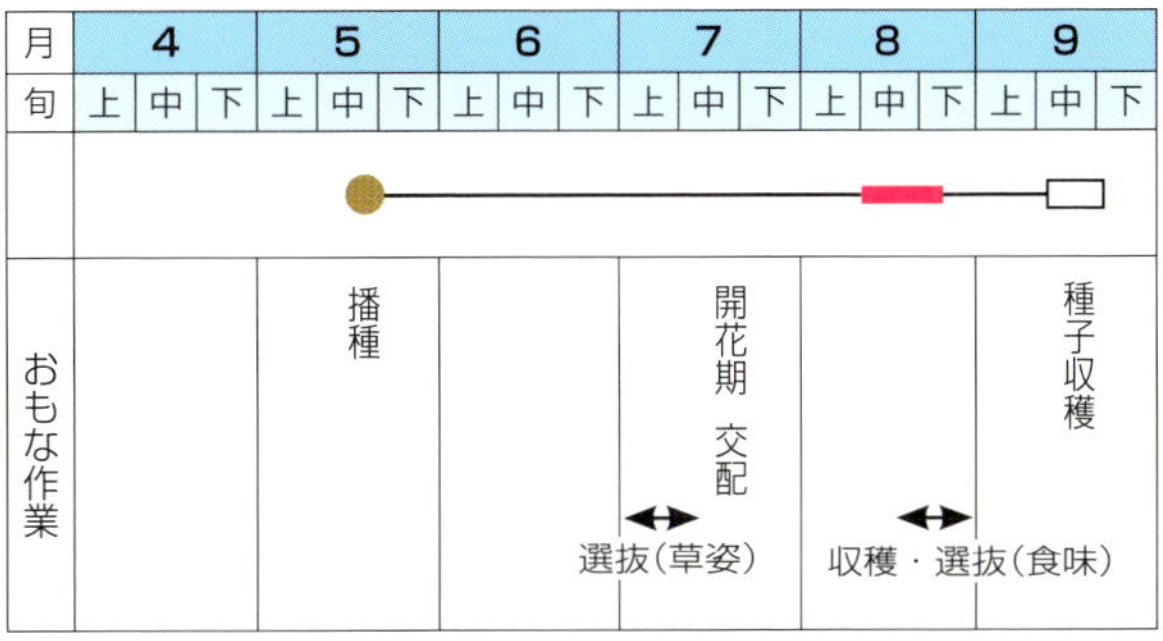

図1　タネとりの栽培暦（長野県松本市）

◆**母本選抜の着眼点と方法**

初期生育と草姿の着眼点

生育初期は、葉に食害や奇形がなく、生育のよいものを選んで間引きのときに残します。

草姿は、茎が太くて長い株を選びます。そのなかから、収穫期にはいっても倒伏しない株を選びます。

果実、着果の着眼点

雌穂の着生位置は、下位ほど倒伏に強いが穂が小さくなる傾向があり、上位ほど頂芽優勢で大きくなる傾向があります。

果実は大穂で、先端不稔（雌穂の先端の実のはいりが悪い）がなく、アワノメイガなど害虫の食害がないものを選びます。

食味は、交配してから25日後ころ（青果として収穫する時期）に雌穂の先端の苞葉をめくって、ナイフなどで実を一部削りとって味見します。甘味の強さや種皮の厚さなど好みのものを選び、印をつけておきます。

同時に先端不稔や虫害についても調査します。

◆交配と採種の実際

交雑の心配がない場合

500m以内にほかの品種や種類のトウモロコシがなければ交雑の心配がないので、タネとり用に選抜した株の雄穂を開花前に切除して、自殖を防ぐだけでかまいません。

交配袋の作成

スイートコーンの雄穂と雌穂は縦に長いため、専用の交配袋をつくる必要があります。

〈材料〉

・クッキングペーパーLサイズ（30㎝幅）、またはパーチメント紙（硫酸紙）：パーチメント紙（羊皮紙）を模した耐水性の紙です。硫酸紙ともいい、文具店、手芸店、ホームセンターなどで入手できます。35×40㎝に近い規格のものを選ぶようにします。

・ミシン

〈つくり方〉

①30㎝幅のクッキングペーパーかパーチメント紙を40㎝の長さに切ります。

②短辺（30㎝）を二つ折りして、長辺（40㎝）をミシンで縫い合わせます。

③15×40㎝の筒ができます（図2）（交配袋といっていますが実際には筒状です）。

④袋がけ前に、あらかじめ交配袋の上側（15㎝辺の片側）を折り返し、クリップでとめておきます。

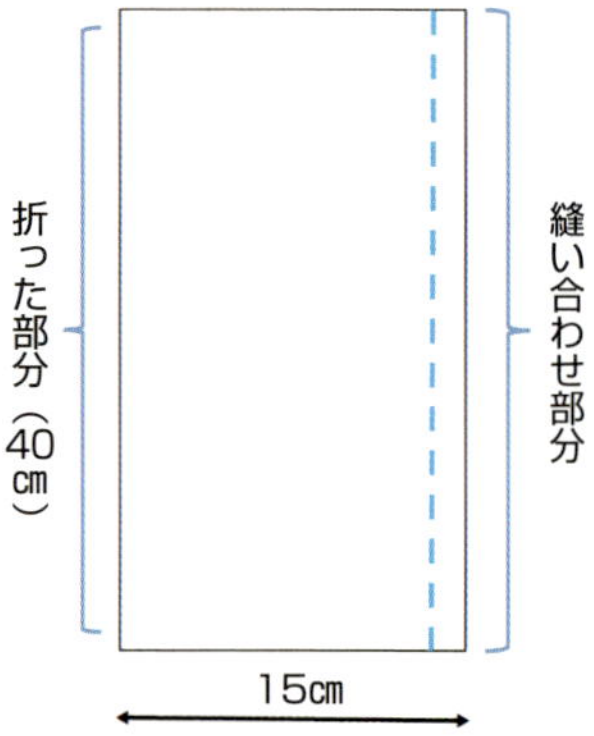

図2　スイートコーン用交配袋

バインド線とクリップの準備

交配袋以外に袋がけと交配で使うものは、交配袋の口をしばるバインド線（表面を塩化ビニールで被覆したハリガネ）とクリップです（写真1）。

バインド線は、あらかじめ40㎝の長さに切っておきます。また、細いほうがあつかいやすいです。

袋がけ

雌穂は、絹糸《けんし》が外に出ていないものに袋がけを行ないます（写真2）。雌穂に袋をかける前に、絹糸の先端を苞葉とともにハサミで切りそろえます。こうすることで絹糸が一斉に抽出し、人工交配後の実つきがよくなります。

雄穂は、先端からわずかに花粉が出ているものを選んで袋がけします（写真3）。

スイートコーンの花粉は風で容易に飛散するため、袋がけ前の穂には他品種の花粉がついている可能性があります。花粉は24時間たつと死滅するので、袋がけは交配予定時間の24時間以上前に行ないます。

雌穂は交配袋を上からかけ、茎に袋の口を巻きつけてバインド線でしばります（写真4）。雄穂は手で穂をまとめながら交配袋に入れ、袋の口を止め葉（いちばん上の葉）ではさむようにしてバイン

写真3
雄穂は先端からわずかに花粉が出ているものを袋がけする

写真2　この程度の雌穂に袋がけする

写真1　交配袋（パーチメント紙）とクリップ、バインド線

ド線でしばります（写真5）。

交配のタイミング

雄穂は袋がけから24時間後に交配が可能ですが、雌穂は切りそろえた絹糸が3～4cmくらいの長さにそろうまで交配を待ちます。好天がつづけば、袋がけから2日程度で交配適期になります（写真6、7）。

スイートコーンは、日中であればいつでも交配が可能です。雨天の場合は天気の回復を待って交配します。同一株から採取した花粉で交配すると近交弱勢になるおそれがあるので、交配する花粉は同一品種の他の株から採取したものを使います。

写真4　雌穂の袋がけ
右側の雌穂は2番穂（連続で穂がついている）で、1番穂は袋のなかにある

写真5　雄穂の袋がけ

交配

雄穂の付け根部を傾け、袋をかけたまま雄穂をゆらして、袋のなかに花粉を落とします。落とした花粉は、雄穂をまげて袋をはずして回収します。この要領で複数株から採取した花粉を一つの袋にまとめ、よく混ぜます。

なお、雄穂は3～5日程度花粉を出すので、悪天候などで受粉がうまくいかなかったときは再度花粉が採集できます。

写真6　交配適期の雌穂

写真7　交配適期の雄穂

交配の際は雌穂にかけた交配袋の下部とトウモロコシの茎を固定しているバインド線は外さずに、交配袋の上部（クリップでとめた側）を開き、絹糸が伸びていることを確認して、上から花粉を振りかけます（写真8）。この要領で複数の雌穂に交配していきます。

一つの雌穂の交配が完了したら、その都度交配袋の上部を折り返してクリップでとめます。交配袋に交配した日付を記入しておくと、タネの熟期の判断に役立ちます。

雌穂の交配袋はタネの収穫までかけたままにしておきますが、肥大した雌穂をしめつけないよう、バインド線は雌穂の肥大に合わせて何回かに分けてゆるめるようにします。

写真8　交配

収穫・乾燥・保存

交配してから45～50日でタネとして収穫できます。穂の苞葉をむき、5～6本一束にしてヒモで苞葉をしばり、軒下につるして1～2カ月乾燥します。苞葉がはずれて、しばれないものはミカンネットなどにいれて吊します。

乾燥が完了したら、あらかじめ穂から病虫害や障害を受けた粒を

写真9　乾燥するため束ねられた穂

写真10　ミカンネットにいれて干されている穂

取り除いてから脱粒します。雑巾をしぼるようにすると簡単に脱粒します。これをただちに天日で2~3日干して、さらに病虫害粒や小粒（しいな）などを除いて調製した後、保存します。

スイートコーンのタネの寿命は2~3年といわれますが、保冷・乾燥条件であれば5年程度は十分使用できます。

写真11　脱穀

果菜類

オクラ

- アオイ科トロロアオイ属
- 原産地：アフリカ東北部
- 他殖性（自殖もする）
- 生育適温：25~30℃

特性とタネとりに適した品種

◆原産地と来歴

オクラはアフリカ東北部が原産です。生育適温は25~30℃で高温・多照な環境を好みます。このため、日本の夏の暑さに負けることなく旺盛に生育します。

◆生育特性と栽培

オクラは高温を好みます。発芽したてのころはアブラムシの吸汁被害に弱いが、気温の上昇とともに生育が旺盛になり、栽培は容易です。収穫開始からは過乾燥にならないようかん水や敷き草をして樹を若々しく保ちます。

受精方法・交雑の注意点

一つの花に雄しべと雌しべがあるため自家受精もするが、虫によって容易に交雑します。したがって、近くに他品種を栽培している場合は、袋がけをして人工交配する必要があります。

自家採種に適した品種

八丈オクラ（野口）、スターオブデイビット（たねの森）、楊貴妃（つる新）、島オクラ（つる新）など

タネとりの実際

◆土づくりと施肥

前年の秋に草質堆肥や落ち葉堆肥を1㎡当たり1~2kg施用し、土の表層5cm程度にすき込んでおきます。

元肥は、ボカシ肥をタネまきの30日以上前に、1㎡当たり100~200g施用し、土の表層5cm程度にすき込んでおきます。

◆栽植密度とタネまき

栽植密度

慣行栽培ではかなり密植して収

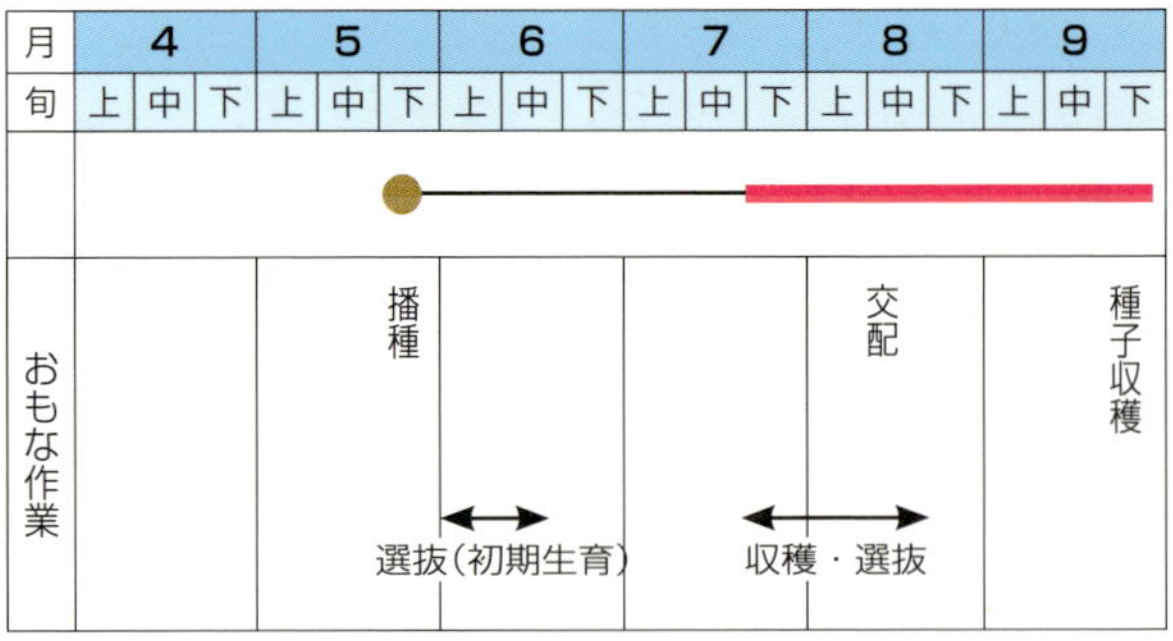

図1　タネとりの栽培暦（長野県松本市）

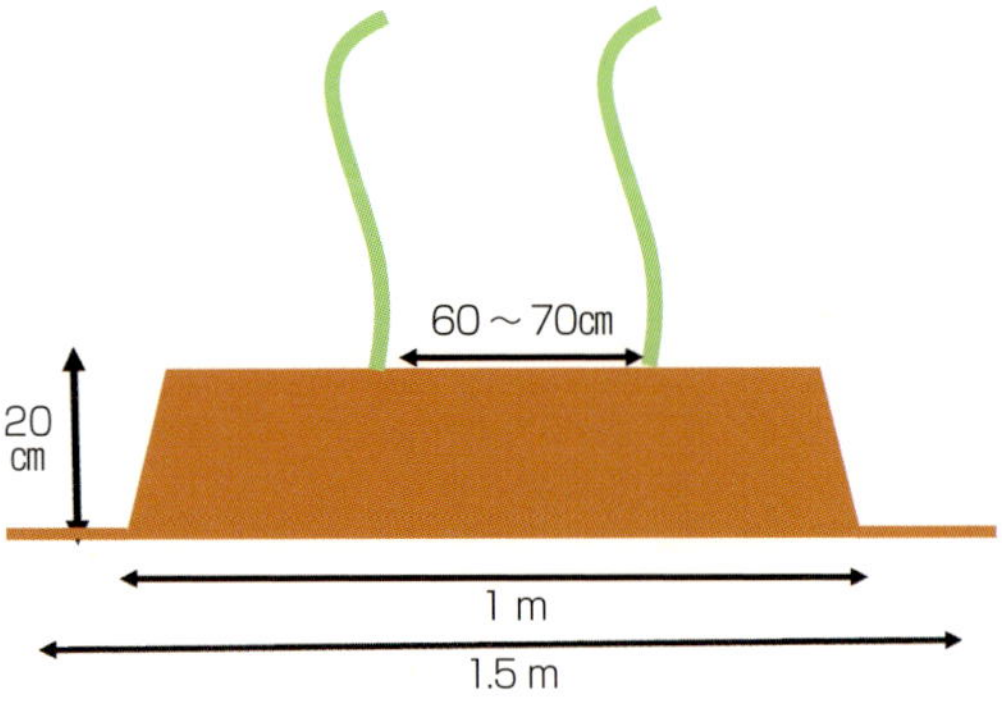

図2　オクラのうね

量を上げますが、採種栽培では充実したタネをとるため、下葉にも十分光が当たるよう疎植にします。

うね幅1.5m、株間30～40cm、条間60～70cmの2条まきにします（図2）。

タネまき

オクラは直根性の作物で移植をきらうので、直まきします。播種時期は暖地と温暖地で5月中旬以降、冷涼地で5月下旬以降がよいでしょう。

また、オクラの種皮はかたく水を通しにくいので、タネまき前にコンクリートの上でタネをこすって種皮に傷をつけてやります（写真1）。

このタネをぬるま湯に一昼夜浸けて、吸水させせます。

写真1　タネに傷をつける

吸水したタネを1穴5粒程度まき、覆土します。覆土後、足で踏んでタネと土を圧着させます。

タネとりに必要な株数

近交弱勢を防ぐため、5株以上からタネとりします。

◆栽培管理のポイント

水やり

発芽までは、土が乾燥するようであれば水やりします。発芽後は水やりを控え、根張りを促進します。

間引き

タネまきから発芽までは7～10日ほどかかります。子葉が展開したら1回目の間引きを行ない3本を残し、本葉2～3枚で2回目の間引きを行ない1本にします。

アブラムシの吸汁被害による葉の萎凋が少ないものを選びます。

追肥

追肥は行なわず、刈り草を敷いて草勢の維持に努めます。敷き草は梅雨明けまでは土の表面がみえるくらいの厚さにし、梅雨明け後は徐々に敷き草を厚くしていきます。

摘葉

オクラの慣行栽培では、下葉を放任すると混みすぎるため、着果節位の一つ下の葉を残しそれより下の葉はすべて摘みとります。しかし、この方法では、オクラ本来の根を張る力を阻害し、草勢が弱くなります。

そこで、緑色で活動している葉は摘葉せず、黄色く変色した葉や病害葉のみ摘葉します。

ただし、下葉が混むようであれば、着果節から下の葉2～3枚を残して、それより下の葉を摘葉します。

腋芽のあつかい

発生する腋芽は根張りをよくするため、放任します。

◆母本選抜の着眼点と方法

初期生育　生育初期はアブラムシの吸汁による葉の萎凋がみられます。これは低温で根の伸びが緩慢な場合や、乾燥によって根がストレスをおこした場合に多くなります。間引きのときに葉の萎凋がなく、生育のよいものを選んで残します。

草勢　主枝の伸びがよく、茎が太く、腋芽の発生が旺盛で、下葉の枯れ上がりが遅いものを選びます。

果実　品種の特徴を備えた果形で、曲がり果などの不良果の発生が少ない株を選びます。

◆交配と採種の実際

採種果の着果節位

収穫始めの幼い株に採種果をつけると、その後の草勢が低下し、食用のよい果実がとれなくなります。したがって、タネとり用の果実は、3～4番花につけます。着果数は、1株当たり1～2果にします。

タネとり用の果実をつける前に、草勢の強弱や、果形などの特性をよく観察し、優れた株を選びます。

なお、ほかの品種が近くにある場合は、袋がけして人工交配を行ないます。

袋がけ

開花前日の夕方、花に袋がけし

写真2　開花したオクラの花

写真３　オクラの雌しべと雄しべ

ます。オクラは花が大きいので、カボチャで使うナシ用果実袋を使用します。オクラの花の構造は、黒紫色の雌しべの下をとりかこむように雄しべがついています（写真3）。

交配

交配は午前6～8時のあいだに行ないます。交配袋をはずし、雄しべを絵筆でなで、その筆で雌しべにまんべんなく花粉を塗ります。交配後ただちに毛糸を花柄に巻き（交配目印）、袋がけします。同じ品種の交配であれば絵筆をかえる必要はなく、次の株の交配を行ないます。

交配した当日の夕方に交配袋をはずします。回収した交配袋はしわを伸ばし、乾燥させて再利用します。

交配終了後、交配で使った絵筆はただちに水洗いし、毛先をよく乾燥しておきます。毛先が湿っていると、交配時に花粉が死滅してしまいます。

収穫・調製・保存

オクラは交配後40日以上でタネが完熟します。採種果の収穫目安は果皮が茶色になり、縦に裂け目ができたころです（写真4）。

採種果はうすく広げ、天日で5～7日よく干します。採種果の果皮はとてもかたいので、ペンチではさんで果皮を割り、なかからタネをとりだします（写真5）。

オクラは長命種子のため、低温乾燥条件であれば5年以上保存できます。

写真４　収穫期のオクラ

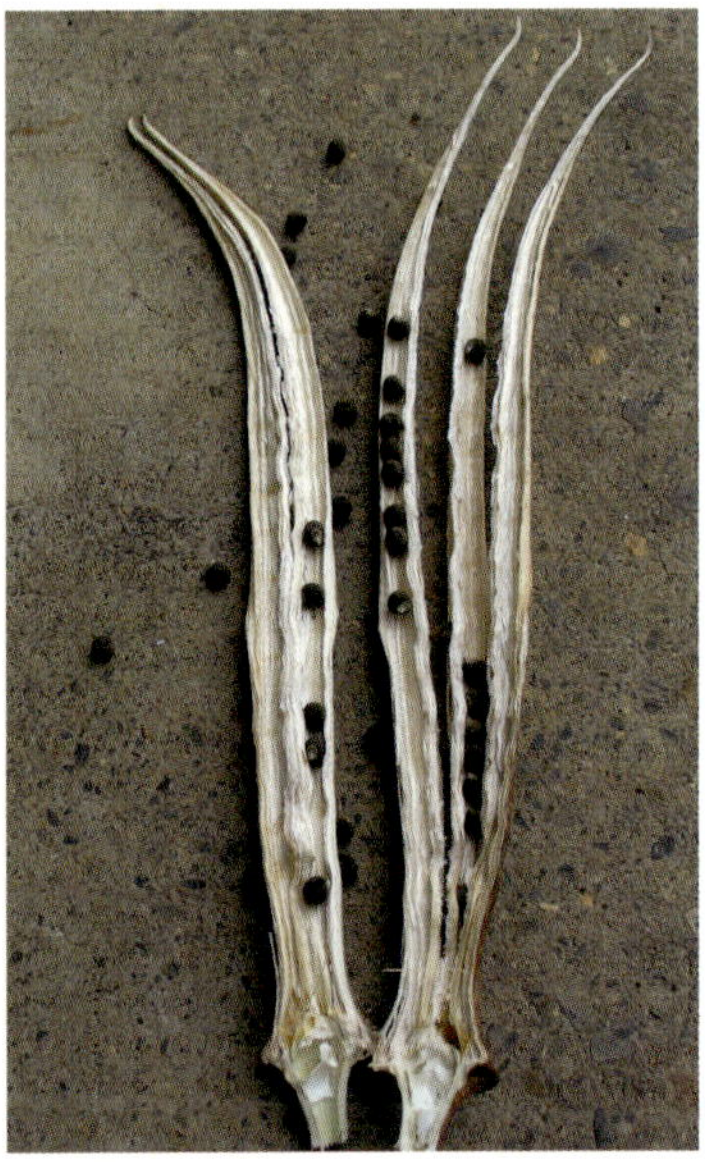

写真５　タネをとりだしたところ

根菜類

ニンジン

●セリ科ニンジン属
●原産地：アフガニスタン
●他殖性（他家受精）
●生育適温：20℃前後

特性とタネとりに適した品種

◆原産地と来歴

原産地はアフガニスタンのヒマラヤの山麓といわれています。そこから西に伝播したヨーロッパ系のニンジンと東に伝播した東洋系のニンジンがあります。

日本には、16世紀後半ごろ東洋系のニンジンが、19世紀ごろヨーロッパ系のニンジンが伝わりました。現在は東洋系の〝金時〟が一部の地域で栽培されるほか、ほとんどがヨーロッパ系の五寸ニンジンです。

◆生育特性と栽培

一～二年生で、春や秋の冷涼な気候に適します。根の肥大や着色期の適温は20℃前後で、夏まき秋冬どりが旬の栽培になり、そのまま畑で冬を越すと初夏に抽苔《ちゅうだい》して花を咲かせ、夏にタネをつけます。

土壌条件に敏感な野菜なので、同じ品種でも土質や肥沃度がちがうと長さや形がかわります。

◆受精方法・交雑の注意点

ニンジンは雄ずい先熟で、雌ずいより3～4日早く花粉ができる他家受精作物です。

50株程度のニンジンを集団で採種栽培していれば、生命力の強いタネをとりつづけることができます。

選抜した母本のこまめな管理と適期で収穫し、標準根を多く選ぶことがポイントです。

◆自家採種に適した品種

筑摩野五寸（自農）、黒田五寸（野口）、碧南鮮紅五寸（野口）など

タネとりの実際

◆土づくりと施肥

元肥として、タネまきの40日前に完熟堆肥を全層施用します。最も養分を必要とするのは本葉4～7枚ごろですが、夏まき栽培では生育期間中に高温乾燥期があるので、肥料を多用すると濃度障害によってニンジンの生育がさまたげられます。

なお、未熟な有機物は岐根の発生や発芽不良を助長したり、ミミズの発生を多くしてモグラの害を受けるので注意が必要です。

◆栽培管理のポイント

タネまきと母本の必要本数

うね幅は70～80cmで2条まきにします。品質は発芽ぞろいでほぼ決まるので、土が乾いていれば水やりなどして、一斉に発芽させることが大切です。ニンジンは好湿性の野菜で「雨上がりにまけ」といわれるくらいなので、乾燥からのスタートはよくありません。

月	7	8	9	10	11	12	1	2	3	4	5	6	7	8
おもな作業	播種 1回目間引き	2回目間引き	3回目間引き		母本定植 母本収穫・選抜	土寄せ			新葉展開	抽苔始め	開花開始	整枝作業開始	刈取り	脱粒・調製

図1　タネとりの栽培暦（長野県松本市）

他家受精作物なので、少ない母本数でタネをとりつづけると草勢が弱るので、最低でも15～20本以上必要です。

水やりの調節

夏まき栽培期間中でとくに水やりが必要な時期は、発芽から本葉2枚ごろと根が肥大する本葉4～6枚ごろです。

反対に、水やりを少しおさえて土を乾かしぎみにもっていきたいのは本葉10～15枚ごろで、根の長さや色づきがこの時期に決定します。この時期に養分が効きすぎて栄養生長が旺盛になりすぎないよう、水やりにも十分に注意する必要があります。

◆母本選抜の着眼点と方法

選抜の基準になるおもな形質は、根形、根重、根長、根色、さらに芯の色と太さ、早晩性、抽苔《ちゅうだい》性などです。

健全な株から選ぶ

間引きそのものが選抜ととらえ、病虫害などで生育の悪い株は間引きます。病虫害はなにかしらの問題がある株に出ることが多いので、収量や品質をチェックする前に、病虫害のない健全に育った株を対象に母本を選びます。

早晩生の着眼点と選び方

早晩性は根のしわの多少と尻のつまりを基準に選びます。根の先端まで肉づきがよく、しわがなければ早生で、しわが多く先端が細ければ晩生になります（写真1）。

通常は収穫適期に抜きとって母本を選抜します。しかし、収穫適期より早めに抜きとり、太りの早いものを選抜すれば早生になり、逆に遅く抜きとりちょうどよい大きさのものを選抜すれば晩生になります。

根の着眼点

根形はずんぐり型やのっぽ型のように、品種固有の長さと太さとのバランスがあり、それを基準に選びます。

根色が濃いほうが芯の色も濃い傾向があります。厳しく選ぶ場合は、根の先端を少し切って芯まで濃いものを母本に選びます。

また、ニンジンの栄養素の一つにカロテンがあります。カロテンは芯部よりも外側の肉部（師部）のほうの含有量が多く、栄養価も高いといわれています。

草勢と葉軸の着眼点

葉軸が太く肩の張るものを母本に選ぶと、草勢が強く少肥向きになり、葉軸が細く円筒形のものを選ぶと、草勢がおとなしく多肥向きになります（写真2）。

また、葉軸の太さと芯の太さは関連しており、葉軸が太いと芯も太くなりかたい肉質になります。逆に、葉軸が細いと芯も細くなりやわらかい肉質になります。

母本の掘り上げと選抜

収穫期にはいったら掘りとり、太りぐあいを調べます。畑のなかで最も平均的なうねから50～100本くらいを抜きとり、根長

写真１　根の尻のつまりと早晩生
（左：晩生、右：早生）

写真２　葉軸の太さと草勢
（左：草勢が強い、右：草勢が弱い）

写真３　標準根と長根、短根に分ける

写真４　母本ニンジンの移植

が長く太りのよいものから順に並べます。そのなかで極端な長根と短根、残りを標準根とした三つのグループに分けます（写真3）。

　標準根が最も本数が多いので、これを母本にします。このとき、裂根や淡色根、抽苔《ちゅうだい》した株があれば除外します。なお、草勢が弱く標準根の太りが悪い場合は、意識的に長根グループから母本を選ぶと太り性を改善できます。

　母本は最低でも15～20本選びます。

◆母本の移植と採種

母本の移植

移植する場所　日当たりや風通し、排水のよい場所が適しています。開花期には草丈が背丈ほどに伸び、枝も多く発生するため、じゃまにならないよう畑のすみなどを選びます。

写真５　整枝したニンジンの母本

移植方法　母本を選抜したら、ただちに移植します。条間60～70cm、株間30cmに根全体が埋まるほどの穴や溝を掘り、選抜した母本を垂直かやや斜めに植えます（写真4）。このとき、葉を切って植えてもかまいません。浅植えすると肩が露出して凍害を受けやすくなるので、定植後首部から3～4cmの厚さに土寄せし、よく踏んで土と母本を密着させます。

母本の管理

　越冬中に強風で土が飛ばされ、母本の肩部が露出すると凍害を受けるので、越冬中は何回か見まわり、首元を踏圧して土寄せします。

　春先は気温の上昇にともなって新芽が出始めるので、覆土が厚いところは土を取り除いて新芽の緑化をはかります。

整枝

　ニンジンは、主枝の頂花と、主枝の葉脇から伸びた子枝、孫枝、ひ孫枝のそれぞれに花をつけます。開花は5～6月ごろで頂花が最も早く8日間くらい開花し、子枝は頂花の開花が終わる3～4日前に開花を始め、6～8日間くらい開花します。

　タネの大きさは主枝の頂花が最大で順次小さくなり、発芽率は頂花と子枝がよく、孫枝になるにつれて低下していきます。そのため、枝の整理をして主枝の頂花と子枝からタネをとるようにします。その場合、主枝と子枝を合わせて3～6本残し、それらが開花したころ、ほかの子枝や孫枝、ひ孫枝はハサミで切り落とします（写真5）。株元から発生した子枝も元から折れやすいので切り落とします。

　残した子枝から発生した孫枝、ひ孫枝も元から切り落としますが、草勢が弱い場合は花だけ切り落とし、葉を多く残します。

刈取り

　ニンジンの開花期間は1カ月ほどにわたり、開花後40～50日で登熟になります。

　刈取りの目安は、花がきつね色になったころです。早めに暗褐色になったものは不完全な登熟で発芽が悪く、枝葉が緑色を帯びて花だけがきつね色に熟すような生育をしていれば、発芽力のよいタネがとれます。

　刈取りは、花傘（ニンジンは枝の先端に小花が集まっており、これを花傘という）を手でなでてタネが少し脱落する程度のものを、枝元を10cmくらい残してハサミで切ります（写真6）。

写真６　収穫まぢかの花傘

乾燥・調製

　刈取ったら、風通しのよい場所で2～3日陰干ししてから脱穀します。乾燥しすぎると花枝がタネと一緒に落ちて調製に手間がかかるので、花傘が生乾きのうちに脱穀します。

　脱穀は、洗濯板や目のあらいふるいを逆さまにして、そのうえでタネをこすり落とします（写真7）。

　脱粒したタネは、屋内の風通しのよい場所で、うすく広げて陰干しして1週間ほど追熟します。その後1～2日程度、天日乾燥して

写真７　花傘からタネを脱穀

から洗濯板の上でもみ、タネの毛を落としてからふるいや唐箕にかけてゴミを取り除きます。

タネは、採種後1〜3カ月程度休眠します。品種によってはタネのまわりについている毛に発芽抑制物質が含まれていることがあるので、毛がまだついていれば、タネまきの前に手でもんで取り除きます。

保存

ニンジンのタネは2年ほどで発芽力が低下し、寿命が短い作物です。タネの水分が多いと発芽力が低下するため、保管する場合はよく乾燥して（含水量8％程度）、乾燥剤と一緒に缶にいれて冷蔵庫で保存します。

根菜類

カブ

- アブラナ科アブラナ属
- 原産地：中央アジア〜ヨーロッパ東〜地中海沿岸
- 他殖性（自家不和合性）
- 生育適温：15℃前後

特性とタネとりに適した品種

◆原産地と来歴

中央アジア〜ヨーロッパ東部〜地中海沿岸を起源とする野菜で、ヨーロッパでは紀元前には栽培されていました。

春の七草の「すずな」はカブの別名で、日本では700年ごろから栽培されている古い野菜です。現在でも地方品種が数多く残っており、ナス同様、地域の気候と食文化に根ざしている野菜です。

◆生育特性と栽培

生育適温は15℃前後で、冷涼な気候を好みます。二年生植物で、低温に一定期間あうと花芽分化し、その後の長日条件で開花・結実します。

最近の品種は周年栽培が可能ですが、固定種や在来種はタネまき時期にも特性があるので、各品種にあった作期に栽培します。ただ、多くの品種は秋にタネをまくほうが育てやすいです。

在来種はウイルス病、根こぶ病、白さび病、白斑病に弱いので、それぞれの品種の適期栽培に心がけ、これらの病害が目立つ場合は連作を避けます。

◆受精方法・交雑の注意点

自家不和合性のある他殖性作物で、きわめて自然交雑しやすく、ハクサイ、コマツナ、チンゲンサイ、ミズナなどとも容易に交雑します。これらの作物の近くで同時期に開花する場合は、網でかこむなどの隔離が必要です。

タネとり用の株が少ないと生育が悪くなって採種量が減ってくるので、少なくとも10〜20株の集団で維持する必要があります。

異品種との交雑に注意することと、母本をそろえすぎないことがポイントです。

◆自家採種に適した品種

木曽紫カブ（自農）、天王寺カブ（野口）、寄居カブ（つる新）、みやま小カブ（野口）、万木カブ（つる新）、暮坪カブ（野口）、日野菜カブ（太田）、津田カブ（野口）、飛騨紅カブ（野口）、温海カブ（野口）など

タネとりの実際

◆土づくりと施肥

カブは浅根性なので、深い耕土を必要とせず、土質を選びません。土壌適応性が広く、保水性と排水性のよい畑で肌の美しい肉質のやわらかいものが育ちます。

秋まきは極端なやせ地でなければ、施肥しなくても生育します。施肥をしないことで、各個体の根

の肥大性や草勢の強さを見分けることができます。

◆栽培管理のポイント

タネまき時期

品種の生育日数を考慮し、生育適温になる時期にタネをまきます。早まきするとアブラムシがつきやすく、ウイルス病が出やすいので、タネまき適期か5日程度遅めにまくといいでしょう。

栽植密度

栽植密度は、品種それぞれの収穫・母本選抜時の大きさに合った条間・株間にします。うね幅100cmに、小カブの点まきでは条間15cm、株間10～12cmが目安。中カブは条間20～30cm、株間15～20cm、大カブは株間40～45cmが目安です。

3～5粒まき、間引きによって生育のよいものを残します。

土壌を水分不足にしない

本葉5葉期までに土壌水分が不足すると根がかたくなって、裂根が出やすくなるため、土壌水分を適度に保つ管理が重要です。

隔離措置

きわめて自然交雑しやすく、ハクサイ、コマツナ、チンゲンサイ、ミズナなどと容易に交雑するため、露地では数キロの隔離が必要です。

これらの野菜の近くで同時期に開花する場合は、網でかこむなどの隔離措置が必要です。

キュウリやインゲンなどのアーチ支柱や、雨よけフレームなどを利用した簡易網室をつくるといいでしょう（写真1）。

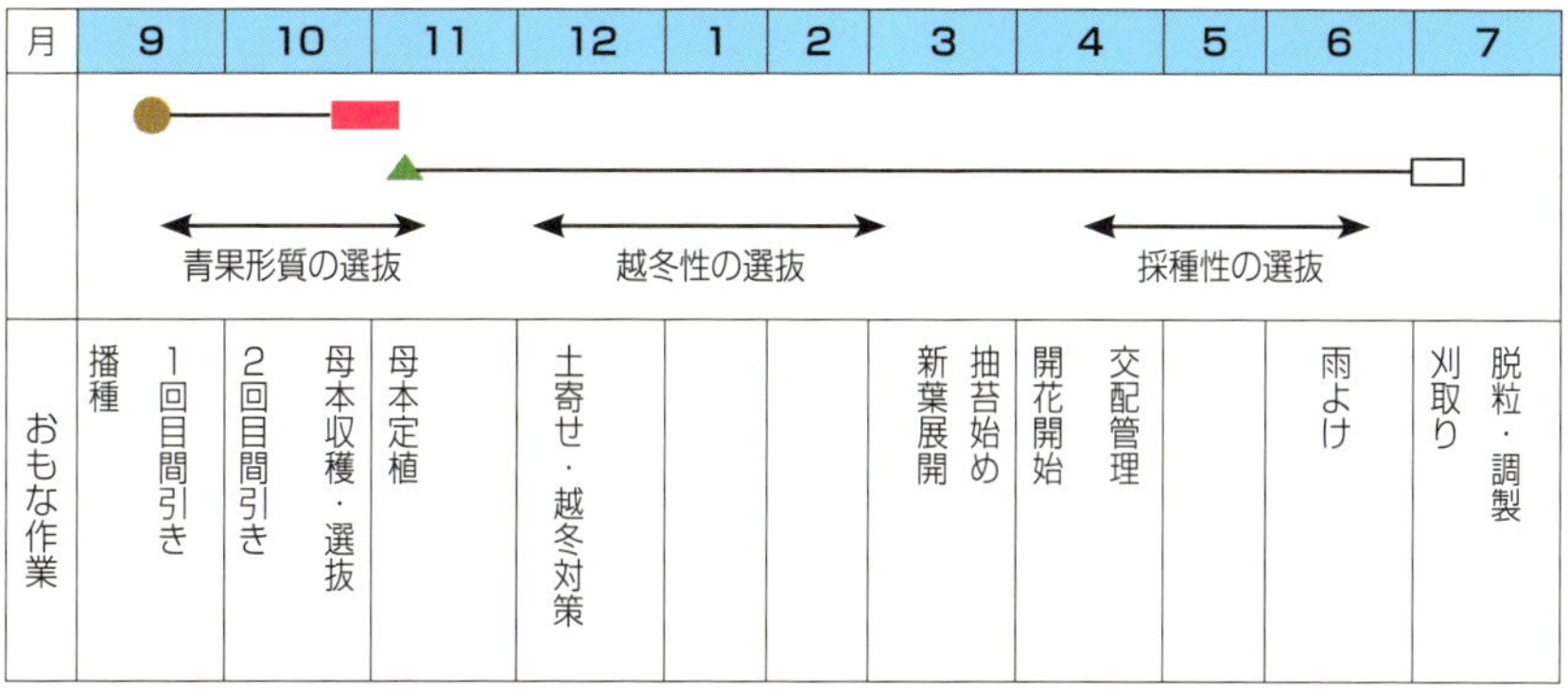

図１　タネとりの栽培暦（長野県松本市）

◆母本選抜の着眼点と方法

初期生育の着眼点

間引きでは、立ち枯れがなく、子葉が大きく、胚軸が徒長していないものを残します。草勢が強く、下胚軸が抜け上がっていたり、奇形、病虫害を受けた株は間引きます。

また、毛じ（葉についている毛）の有無や葉の切れ込みも品種固有の特徴があるので、間引きの目安にします（写真2）。

草姿の着眼点

立性や開張性、葉形や色、葉の切れ込みの深さなど品種固有の草姿のものを選びます。降霜後に葉がロゼット状に広がるものや立性のままのものなど、生育ステージによる草姿のちがいも観察しておきます（写真3）。

葉の付け根が太すぎるものは草勢が強く、根部の肥大不足やすじっぽい食感になる傾向があり、細すぎるものは根の太りはよいが、草勢が弱く多肥向きになる傾向があります。ある程度の葉の茂りがあって、かつ根の肥大や形のよいものを選びます。

写真１　簡易網室の例

写真２　間引き後のようす

写真３　生育に多少のバラツキをもたせる

写真６　越冬対策（保温資材でトンネルがけ）した母本

写真５　移植した母本

写真４　母本選抜のようす
適期に収穫して、健全に育ち形や肥大がそろっているものを選抜します。また、前の世代よりそろいが改善されているかも確認します

根部の着眼点

根の形、色、肌のつや、ヒゲ根の出方など、外観形質が品種固有の特徴をもっているものを選びます。

母本の掘り上げと選抜

母本の選抜は、一斉に抜きとって大きさの順に並べ、全体のバラツキをみて優良な個体を選びます（写真４）。根部の大きさは株全体の大きさでもかわるので、地上部とのバランスもみるようにします。

そろいのよい対照品種を同時に作付けておくと、それとの比較によって特徴が把握できます。対照品種には、'耐病ひかり'や'スワン'などロングセラーになっている交配種がいいでしょう。

食味など、根部を切らないとわからない形質は選抜が困難です。食味は選抜した以外で似たカブを試食して類推します。また、1～2世代前のタネを保存しておいて同時に作付け、採種を重ねることによって食味が変化しているかどうかを確認するといいでしょう。

◆母本の移植と採種

母本の移植

選抜した母本20株程度を、株間30～50㎝で移植し、越冬させます（写真5）。

越冬時の対策

温暖地では、移植場所に移植しそのまま管理します。

凍霜害を受けやすい地域で耐寒性に劣る品種をタネとりする場合は、黒マルチをしたり、タフベルなどの保温資材でトンネルがけするといいでしょう（写真６）。この場合、腐敗や翌春の活着不良を考慮して、母本を多めに用意します。

隔離採種での交配

虫媒性なので、網室で隔離すると花粉を媒介する昆虫がいないので結実が悪くなります。

そこで、羽毛状の毛のついたハタキを使って、1～2日おきに網室内の開花した母本をなでるようにゆらし、花粉を飛散させて受粉をうながします（写真７）。この方法は、開花期間中の晴天の午前中に行ないます。

刈取り

開花・結実から40～50日程度でさやは黄褐色に熟します。

開花・結実は花茎の下から上へとすすむので、全体の完熟を待つと、先に熟したさやからタネがこぼれてしまいます。それを防ぐため、下部のさやが乾燥しはじめた時期に花茎を基部から刈取り、雨の当たらない場所で乾燥します。

タネ出しと乾燥・保存

全体がよく乾燥したら、さやを割ってタネをとりだし、唐箕などでゴミを飛ばして調製します（ツケナの項、108ページ参照）。

調製したら、風通しのよい場所で数日間乾燥します。タネを直射日光にさらすと急激に水分がなくなり割れの原因になるので、半日陰や寒冷紗の下で乾燥させます。

タネは乾燥剤と一緒に密閉容器にいれ冷蔵庫で保存します。低温・乾燥状態を維持すれば3年程度は高い発芽率を保ちます。

写真７　交配のようす

根菜類 ダイコン

- アブラナ科ダイコン属
- 原産地：地中海沿岸
- 他殖性（自家不和合性）
- 生育適温：17～20℃前後

特性とタネとりに適した品種

◆原産地と来歴

原産地は、地中海沿岸、中央アジア以西、コーカサス南部からパレスチナ、中国と諸説ありますが、地中海沿岸が原産地で、栽培品種が成立したのが中国であると考えられています。

『古事記』や『日本書紀』にすでに記載されており、「すずしろ」として春の七草の一つに数えられるほど、日本人にはなじみの深い野菜です。各地の気候や土壌、栽培時期、用途に応じて多くの地方品種が100種類以上もあり、自家採種の素材に恵まれている野菜です。

◆生育特性と栽培

生育適温は17～20℃で、晩夏から初秋に発芽して根を伸ばし、涼しくなって根が肥大する秋冬に適応した野菜です。栽培は秋まきが中心で、春まきは抽苔《ちゅうたい》、夏まきは病害が問題になります。

タネとりには、冬を越して春に抽苔、初夏に開花して梅雨の期間にタネをつける栽培が最も適しています。栽培の歴史が古いので、地方品種を選ぶには、品種の生態と栽培条件が自分の地域や栽培時期にあっているかについてもよく調べるようにします。

ダイコンの根形は、育った地域の土壌条件によってさまざまに変異し選抜効果があらわれやすいので、育った地域の土壌や越冬条件をよく調べることがポイントです。

◆受精方法・交雑の注意点

ほかのアブラナ科野菜と同じように自家不和合性で、おもに他家受精してタネをつけます。ニンジン同様、50株程度の集団で採種栽培していれば、生命力の強いタネをとりつづけることができます（少なくとも20株程度の集団で栽培します）。

ほかのアブラナ科とは交雑しないので、比較的採種が容易です。しかし、ダイコン同士ではよく交雑するので、別の品種から300m以上離すか簡易網室をつくって隔離採種します。

◆自家採種に適した品種

ふじ宮重（自農）、大蔵ダイコン（野口）、打木源助ダイコン（野口）、守口ダイコン（野口）、聖護院ダイコン（野口）、練馬ダイコン、方領ダイコン（つる新）など

タネとりの実際

◆土づくりと施肥

直根性のため、膨軟で排水のよい土壌が適しています。耕土が浅かったり水はけが悪い場合は、うねを高くします。

耕土の深さによって品種を使い分けるのも一つの方法です。練馬ダイコンのように長い品種は耕土が30cm以上必要ですが、宮重系品種だと20cm以上でよく、かたくてしまりやすい土壌なら聖護院など根の浅い品種がおすすめです。

土壌に未熟な有機物が残ってい

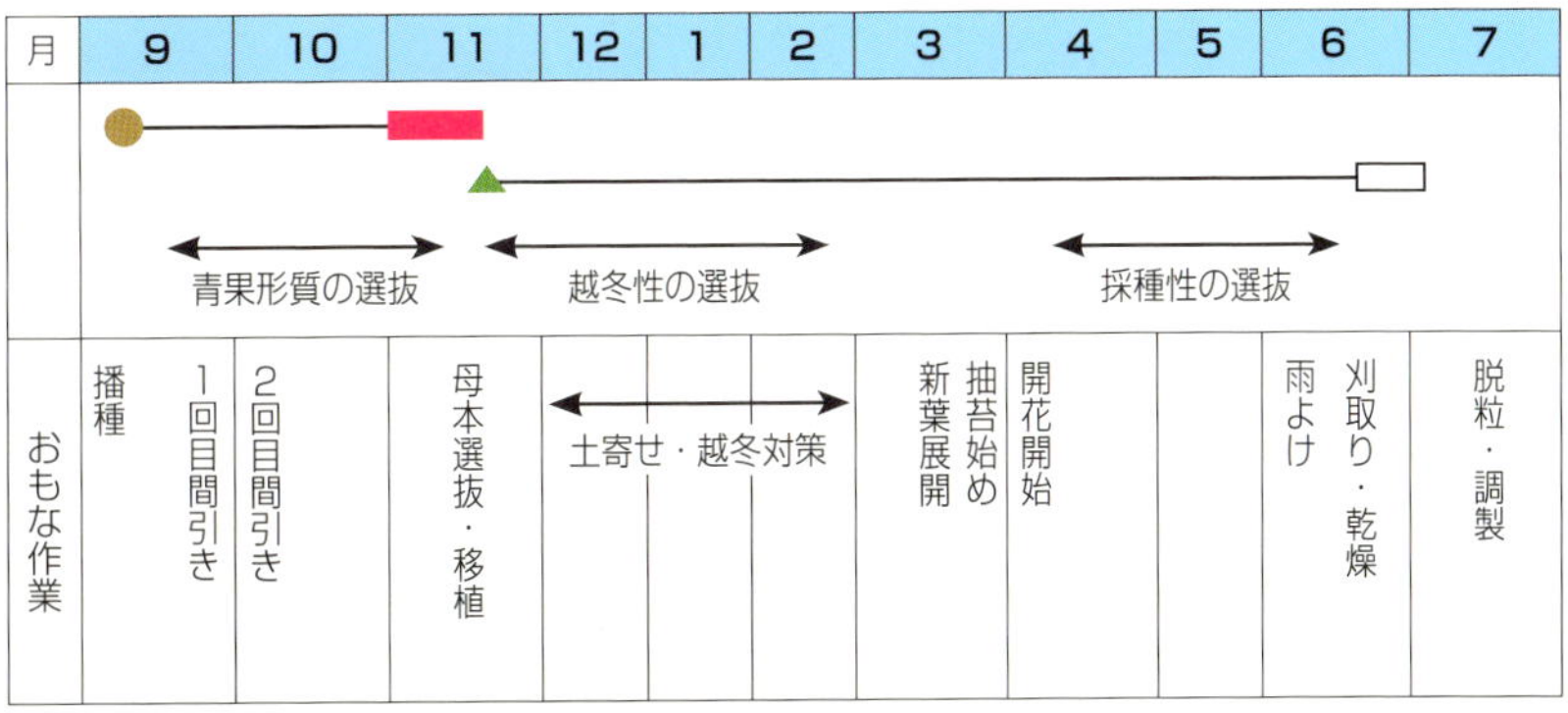

図1　タネとりの栽培暦（長野県松本市）

ると岐根になるため、エンバク、マリーゴールドなど線虫対策の対抗植物などの有機物のすき込みや完熟堆肥などの施用は、タネまきの1カ月以上前に行なうことが原則です。

◆栽培管理のポイント

タネまき

母本が大きすぎると寒さや病害に対する抵抗性が低下し、腐れなど欠株が多くなるので遅まきにします。タネまき時期は冷涼地で9月上旬、温暖地で9月中下旬ごろです。

株間30㎝で一カ所に3～5粒まき、発芽から間引きで選抜します。

必要な母本数

ダイコンのタネは1さや2～10粒ほどで、1株から採種できる数が少なく、また母本数が少ないと年々草勢が弱まるので、最低15～20本の母本数が必要です。

間引き

1回目の間引きは本葉2～3枚ごろ行ないます。子葉が不整形だったり、小葉で葉色が暗緑色で伸びの遅い株を間引き、子葉が明緑色で正ハート形、葉色が鮮緑色で葉の展開に勢いがあるものを2～3株残します。

2回目の間引きは本葉5～6枚ごろで、株元が太く、葉の広がりがよく、隣の株を圧倒している株を残して1本立ちにします。

◆母本選抜の着眼点と方法

根部の着眼点

根の形状、色、肌のつや、ヒゲ根の出方など、外観形質が品種固有の特徴をもっているものを選びます。

草姿の着眼点

立性や開張性、葉形や色、葉の切れ込みの深さなど、品種固有の草姿のものを選びます。また、ある程度の葉が茂っていて、かつ根の肥大や形のよいものを選ぶようにします。

早晩性の着眼点

また、ニンジンと同じように、早晩性は根のしわの多少と尻のつまりを基準に選びます。根の先端まで肉づきがよく、しわがなければ早生で、しわが多く先端が細ければ晩生になります。

母本の掘り上げと選抜

母本選抜は、収穫期にはいったら早めに行ないます。適期を逃すと移植も遅れ、母本の活着に影響します。根の選抜方法はニンジンと同じように、標準根を選ぶようにします。

抜きとった母本は大きさ順に並べ、極端に長いものや短いもの、裂根、病虫害根を除きます（写真1）。葉にモザイク病がみられるものも除きます。

ダイコンは土壌条件によって根重が影響されるので、全体に太りが悪く短めの場合は、そのなかで最も目標に近いものを標準根にします。

また、対照品種と比較したり、前の世代と比較してそろい性を確認してみるのもいいでしょう。

◆母本の移植と採種

母本の移植と管理

移植は寒冷地で10月下旬～11月上旬、温暖地で11月上中旬に行ないます。うね幅75～100㎝、株間45～50㎝で、日当たりをよくするため、母本を北側にやや倒して斜めに植え、足でよく踏み土と密着させます（写真2）。

越冬中に首元の土がくずれ腐敗の原因になるので、必ず土寄せします。

隔離採種での交配

冬を越した母本は、春に気温が高くなると花茎を伸ばし開花が始まります。花茎の上部は分枝し、枝先に房のように花をつけます（総状花序といいます）。主茎の先端から開花が始まり、側枝へと順に開花します。開花期間は30日前後です。

隔離栽培する場合は、カブと同

写真2　母本の移植

写真1　選抜のようす

写真５　ふるいにかけてタネを精選

写真４　脱粒のようす

写真３　隔離採種しているダイコン
キュウリ用のアーチ型パイプ支柱を使い、防虫網で被覆

じような方法で人工交配を行ないます（カブの項参照）。

刈取り

開花が終わり、さやが大きくふくらんでくると、株全体が黄色みを帯びてきます。開花期から60日目くらいが刈取り適期です。早いとタネの充実が悪く、遅れると穂発芽するので注意します。

株どうしがからみ合ってさやが落ちないよう、ていねいに枝をほぐしながら1株ごとカマで地ぎわから刈取ります。このとき根がはいると土が混じって、タネの調製に手間がかかるので注意します。

刈取った株はビニールハウスや軒下につるして、10～15日間ほど自然乾燥させます。

脱粒・乾燥・調製

十分に乾燥するとさやが薄黒くなります。手でもんで割れるようになったら脱粒します。むしろなどを敷き、その上にシートを広げて、刈取った株を広げて棒でたたくか足でもむように踏みます（写真4）。コンクリートの上などで、直接強く踏みつけるとタネが割れるので注意します。

脱粒したタネはまだ水分を含んでいるので、薄く広げて2～3日天日乾燥します。1日に何回かかき混ぜると早く乾きます。

タネに混ざっているゴミは唐箕やふるいで除き、細かいゴミはステンレス製のザルを使ってふるいます。品種にもよりますが、6㎜程度のふるいでさやのかけらなどを、3㎜程度で微塵（細かいゴミ）を取り除き、色が黒かったり、割れて黄色になったタネを除いて精選します。

保存

湿度が高いと発芽率が低下するので、乾燥剤と一緒に密閉容器にいれて冷蔵庫で保存します。ダイコンのタネは比較的長命なので、低温・乾燥状態を維持すれば4年程度は高い発芽率を保ちます。

根菜類

タマネギ

●ネギ科ユリ属
●原産地：中央アジア
●他殖性
●生育適温：15～20℃前後

特性とタネとりに適した品種

◆原産地と来歴

タマネギは、天山山脈より西側の中央アジアが原産地とされています。日本へは江戸時代に渡来しましたが、実際に食用として栽培されるようになったのは明治になってからです。

タマネギの成分で注目されている「ケルセチン」は、血管年齢を若返らせる機能性成分で、各社がケルセチン含量の高いタマネギ品種の育成にのりだしています。

◆生育特性と栽培

生育適温は15～20℃と冷涼な気

候を好みます。

タマネギ以外の秋野菜は1年でタネとりできますが、タマネギは2年かかります。1年目は食用タマネギを栽培、収穫します。そのなかから形状のよいものを選んでタネとり用の母本（母球）にします。2年目は、この母本を秋に植えて翌年の夏にタネをとります。

寒地のように春まきする栽培もありますが、ここでは秋まき栽培について述べます。春まき栽培も基本的には秋まき栽培と同じで、1年目に収穫した母本を2年目に花を咲かせてタネをとります。

◆受精方法・交雑の注意点

他殖性の強い野菜ですが、ほかの品種と300〜500m以上離れていれば交雑の心配はほとんどありません。

タマネギの花粉は粘性があり、風で飛散することはほとんどないので、おもに昆虫によって受粉が行なわれるので、本来であれば防虫ネットを張って昆虫の飛来を防ぐところです。しかし、タマネギの自家採種をする人は少ないので、採種産地など特別な地域でなければ交雑の心配はほとんどありません。

ただし、食用タマネギの栽培中に不時抽苔《ふじちゅうだい》（次ページの育苗の項参照）して、花を咲かせてしまう株があります。周辺でタマネギが栽培されていると、不時抽苔株と交雑する可能性があるので注意が必要です。

◆自家採種に適した品種

早生系：ジェットボール（野口）、玉の春（つる新）、貝塚早生（つる新）など

中〜晩生：泉州中甲黄（野口）、大阪丸（野口）、ノンクーラー（つる新）など

タネとりの実際

◆土づくりと施肥

苗床の土づくり

タネまきの60日以上前に植物質堆肥を1㎡当たり1〜2kgを施用し、表層5〜10cm程度にすき込みます。10日後にもう一回5〜10cmくらいの深さで耕うんし、有機物の分解をうながします。

なお、太陽熱処理を行なう場合は、後述の育苗の項を参照してください。

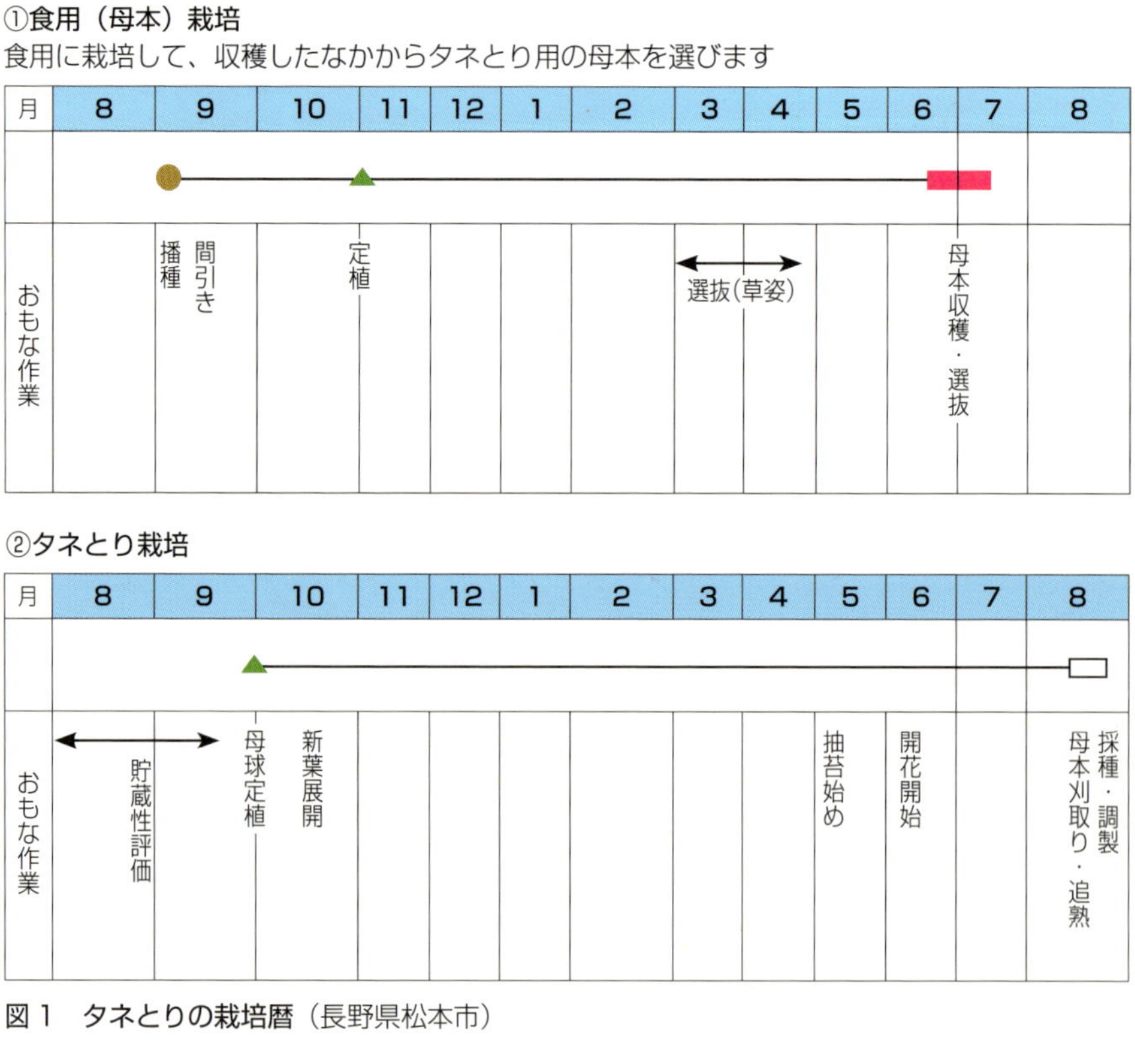

図1　タネとりの栽培暦（長野県松本市）

畑の土づくりと元肥

苗定植の40日以上前に植物質堆肥を1㎡当たり1〜2kg施用し、表層5cm程度にすき込みます。

なお、生育初期は無施肥でじっくり根を張らせて生育させるので、元肥は施用しません。

◆タネまき時期・必要株数

タネまき時期

タネまき時期は品種の早晩性でかわります。

早生種　温暖地では9月上旬が目安です。なお、早生品種は冷涼地での栽培には向きません。

中・晩生種　温暖地では9月中旬、冷涼地では9月上旬が目安です。実際の栽培では、地域や各品種のタネまき時期に合わせます。

タネとりに必要な株数

タマネギは他殖性が強いので、交配相手の株が少ないと近交弱勢になります。母本は、理想的には50株以上必要ですが、家庭菜園などでは20株程度あれば可能です。

母本選抜には、最低でも必要母本数の3倍以上栽培して選抜します。

◆育苗

不時抽苔させない苗つくり

育苗期間は55～60日と長期になります。

タマネギは幼植物春化型といい、ある程度の葉数になると低温を感じて花芽のもとをつくります。大苗のほうが大玉になりやすいですが、年内に苗を大きくしすぎると玉が太りきる前に抽苔して花を咲かせてしまいます（不時抽苔という）。

したがって、品種ごとのタネまき時期を厳守して、適切な苗の大きさ（太さ5～6㎜）で定植します。

苗床のうね立て

土づくりで解説した堆肥施用と2回目の耕うん後に、50㎝程度の通路を設け、幅80～100㎝、高さ10㎝のうねを立て、レーキで平らにならしておきます。

苗床のうね立ては、少なくともタネまき予定の40日前に行ないます。

苗床の太陽熱処理

タマネギの苗床にある立枯病菌などの病原菌や雑草種子を死滅させるため、太陽熱処理を行ないます。時期は、真夏の高温期7～8月です。

苗床のうねに透明のマルチやビニールフィルムをかけ、すそに土をかけてフィルムが飛ばないようにします（写真1）。土が乾いていると効果が弱いので、うねの土が乾いているようであれば、たっぷり水やりしてからフィルムをかけます。フィルムは必ず透明なものを使います。

フィルムをかけると、夏場であればうねの土の温度は60度以上になります。この状態で30日以上おくと、病原菌だけでなく雑草種子も死滅し、除草作業がらくになります（写真2）。

まき溝切り

太陽熱処理のフィルムは、タネまきの3日前にはがしておきます。このとき、フィルムのすそにかけた土がうねに落ちないよう注意します。

再度うねが均平になるようていねいにならしますが、できるだけ土の上下を移動しないようにそっと行ないます。

うねの垂直方向に条間10㎝、深さ2㎝程度のまき溝を切ります。板などを使って行なうといいでしょう（写真3）。

タネまき

タネを5㎜間隔に条まきし、親指と人差し指でまき溝のふちの土をつまむようにして覆土します。覆土後、手のひらや板でたたいてタネと土を圧着します。

まいたら、たっぷり水をやり、乾燥防止のためもみがらをかけるといいでしょう。発芽がそろうまで、うねを乾かさないよう注意します。

苗床の水やり

本葉1枚ごろまでは、強い乾燥は禁物です。朝、苗床が乾いているようであれば水やりします。本葉2枚以降はやや乾きぎみに管理

写真１　太陽熱処理

写真２　太陽熱処理の雑草防除効果

写真３　まき溝切り

し、根張りをよくします。

中耕と除草

雨がつづき、うねが過湿ぎみのときは手草かきで条間を深さ２㎝程度中耕します。これによって土に酸素が供給され根張りがよくなりますが、土が乾いたときに中耕すると生育が悪くなるので、乾燥時にはしないよう注意します。

除草は適宜行ないます。

写真４　育苗中のタマネギ

写真５　苗置き
株間の間隔（12～15㎝）に苗を置いていきます

間引き

本葉１枚ごろに混みすぎているところを間引き、本葉２～３枚ごろに苗の間隔が１㎝程度になるように間引きます。

堆肥マルチ

最終の間引きが終わったら、条間に植物質堆肥を土の表面が隠れる程度に敷きます。これによって土の乾燥がおさえられ、また、堆肥から養分が供給されるので苗の生育がよくなります。

苗取り

タネまき後約55日、本葉４～５枚程度になったら定植適期です。条間に移植ゴテの刃先をいれて苗を掘り上げ、定植します。このとき、根をできるだけ切らないよう、また葉を傷めないよう注意します。

◆定植と栽培管理

うね立て

うね立ては定植の１週間前に行ない、除草しておきます。うね幅80㎝、株間12～15㎝の２条植えにします。

うねの高さは、水田のように水はけの悪いところでは20～30㎝、普通の畑では20㎝、乾燥しやすい黒ボク土壌では平うね（うねを立てない）にします。

苗置き

三角ホーで、深さ10㎝程度のＶ字の溝を切り、株間の間隔（12～15㎝）に苗を置いていきます。苗は葉先をうねの外側に向け、溝のＶ字にそわせて斜めに寝かせます（写真５）。斜めに植えると、冬の苗の凍み上がりを軽減できます。斜めに植えても球形にはほとんど影響ありません。

覆土

２～３㎝程度株元が埋まるように三角ホーで覆土します。冬の凍み上がりがきついところはやや深めに植えますが、葉の分岐より上に土をかけないよう注意します。また、根が土からはみ出ないようにします（写真６）。

覆土したら、三角ホーの平で苗の株元の土を押さえ（土押さえ）、土と根を圧着させます（写真７）。

定植後の管理

土踏み　冬に霜柱などで苗が浮き上がり枯れてしまうことがあるので、苗の根元を足で踏んでやります。

水やり　春先、土壌が乾燥するようであれば水やりします。

追肥　少肥でも肥大のよい母球（母本）を選抜するため、追肥は慣行栽培より少なくします。２月中下旬に、うねの長さ１ｍにつきボカシ肥50～１００ｇを条間に施用し、草かき（草けずり）などで軽く土と混和します。

写真６　置いた苗に覆土する

写真７　土押さえ
土と根を圧着させます

◆母本選抜の着眼点と方法

地上部の着眼点

葉が伸びやかで虫害や病害が少ないものを選びます。

写真８　不時抽苔した株

写真９　収穫適期のタマネギ

球の着眼点

球が大きく、首のしまりがよく、貯蔵中に腐敗がないもの。皮の色が品種の特徴を備え、光沢があるものを選びます。

球形は、タマネギの成熟の早晩性と関係があります。扁平な形のものは早生で、肥大性は優れていますが貯蔵性が劣る傾向があり、球形のものは晩生で肥大性は劣りますが、貯蔵性に優れている傾向があります。

◆母球（母本）の収穫・植付け・管理

不時抽苔株からタネとりしない

採種栽培で重要なのは、タネとり用の母球が食用タマネギとして優れていることです。

また、不時抽苔した株（写真８）からタネをとりつづけると、不時抽苔しやすいタネになってしまいます。これでは、食用タマネギが収穫できないので、不時抽苔株からはタネとりしないようにします。

母球の収穫と貯蔵

畑をみわたして全体の７～８割の株の葉が倒伏したら、タマネギを収穫します（写真９）。ここまでは通常の食用タマネギ栽培になります。収穫作業時にタネとり用の母球を選んで食用のもの（タネとりに選ばれなかったタマネギ）と分けておきます。

収穫した母球は４～５球単位で葉をしばり、軒先など、風通しがよく雨の当たらないところにつるして貯蔵します。貯蔵後、腐敗や傷みがないものを母球として使います。

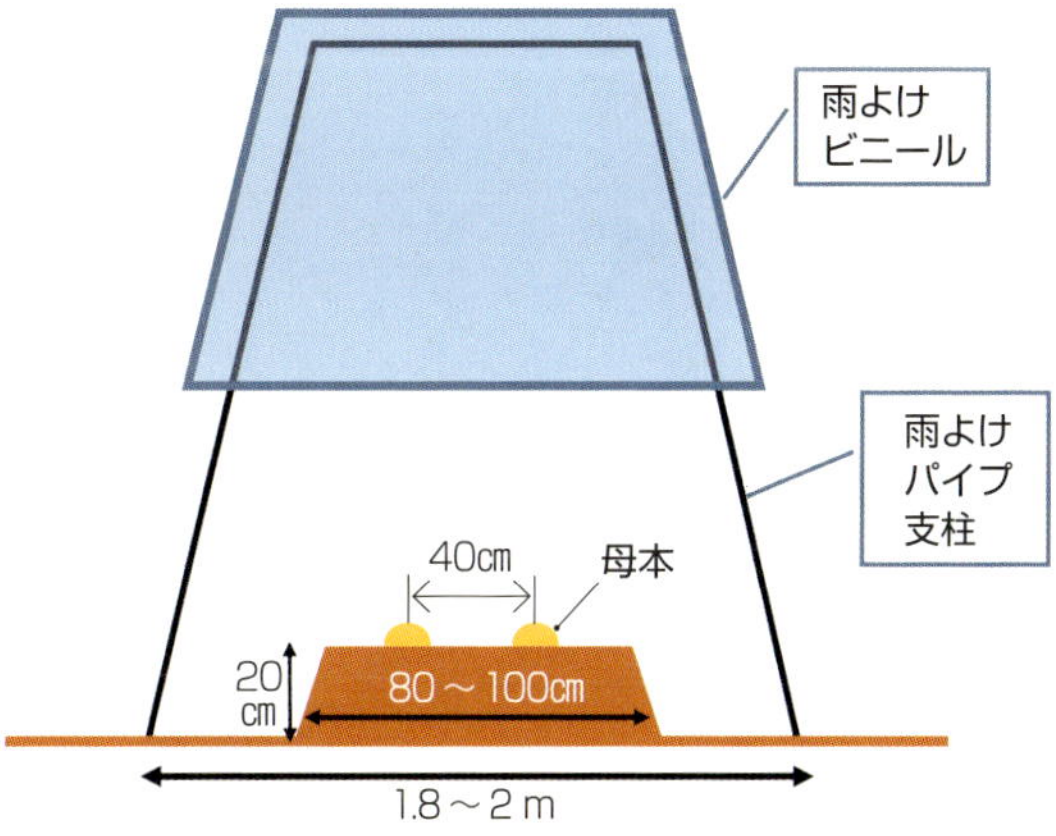

図２　母球の植付け方法

母球の植付け

母球の植付け時期は、冷涼地で９月下旬～10月中旬、温暖地で10月上～下旬が目安です。雨よけをするためうね幅1.8～２m、株間40cmの２条植えにし、うねの高さは20cm程度にします。乾きやすい土壌では平うねにします（図２）。

土の表面に母球の尻部が埋まる程度のくぼみをつけ、そこに母球を置き、上から軽く押しつけます（写真10）。

植付け後２週間程度でタマネギから芽が出てきます。芽がほぼ出そろったら、母球の肩まで土寄せします。

母球植付け後の管理

越冬して、春先、花茎がみえたら敷き草や敷きわらを行ない、乾燥を防ぎます。また、必要に応じて水やりします。

花茎が40～50cmの高さになったら、荷づくり用のビニールヒモなどを両側から張って倒伏を防ぎます。支柱を立てて誘引する方法もあります。

雨よけの設置

タマネギの開花期（写真11）は梅雨時期になるため、露天では正常な受精が行なわれず、タネのは

写真10　植付け直後の母球

写真 11　開花期のタマネギ

写真 12
トマトの支柱などを利用して雨よけ

写真 13　追熟中のネギ坊主

いりが悪くなります。そこで、トマトの雨よけ支柱などを利用して雨よけします。

雨よけのビニールフィルムは開花直前に張ります（図2、写真12）。開花終了（受粉終了）後は雨よけ内部が暑くなるので、ビニールフィルムをはがします。

◆採種・調製・保存

タネの収穫

開花後40～50日でタネが成熟します。成熟するとさやが割れ、外から黒いタネがみえます。ネギ坊主の頂上からさやは熟していきます。ネギ坊主の頂上付近の成熟したさやの集まりが500円玉くらいの大きさになれば収穫適期です。

花茎を30㎝程度つけてネギ坊主を刈取ります。タマネギのタネは脱粒しやすいので、すべて完熟するまで畑におくとこぼれるタネが多くなるので、早めに収穫しましょう。

追熟

収穫したネギ坊主はうすく広げて、風通しのよい日陰で5～7日追熟します。このとき脱粒するので、シートを敷くか、写真13のようにネギ坊主にネットをかぶせてタネが落ちないようにします。

採種・調製・保存

適当な目のふるいでネギ坊主をこするようにしてタネをとります。ふるいや手箕《てみ》でゴミやしいなを取り除き（写真14）、日陰で3日程度干し、乾燥剤を同封した密閉容器にいれ冷蔵庫で保管します。タネとり後は、できるだけ早く乾燥・低温条件で保存します。

タネは短命で、1～2年しか保存できません。

写真 14　ふるいを使ったゴミとり

葉菜類

レタス

- キク科アキノノゲシ属
- 原産地：中近東から地中海地方
- 自殖性
- 生育適温：15～20℃前後

特性とタネとりに適した品種

◆原産地と来歴

原産地は中近東から地中海地方といわれています。結球する玉レタスが登場するのは16世紀以降で、その後フランスやオランダで改良され、18世紀にアメリカへ伝播し20世紀にはいり栽培が急増しました。

日本には、カキチシャとよばれる不結球レタスが7世紀以後に中国から伝播しました。玉レタスは、昭和40（1965）年代から普及した新しい野菜です。

◆生育特性と栽培

一年生もしくは二年生で、生育適温は15～20℃です。乾燥には強いが高温多湿に弱く、夏は25℃以下の冷涼な気候を、冬は10℃以上の温暖な気候を好みます。低温で花芽分化するアブラナ科とちがい、高温に一定期間あうと花芽分化します。

日本では地域を移動しながら周年栽培されていますが、タネとりには、花芽分化の特性から、初夏どり栽培（4～5月まき、6～7月収穫）が適しています。

◆受精方法・交雑の注意点

レタスは自家受精（自殖性）し、自然交雑率が3％くらいと低く、ほかの品種が近くにあっても交雑することが少ないので、タネとりは容易です。

ただし、雨に弱いため、タネとりには雨よけをおすすめします。母本をそろえすぎないこともポイントです。

リーフレタスやカキチシャ、茎チシャのような不結球レタスは、自生するくらい強いので玉レタスよりタネとりしやすいです。

◆自家採種に適した品種

表1に示した通りです。

タネとりの実際

◆土づくりと施肥

土質は選ばないが、浅根性で乾燥には比較的強いが過湿には弱いので、水はけのよい畑が適しています。

前年の秋か定植の1カ月以上前に、完熟堆肥などの有機物を1㎡当たり1～2kg施用し、定植3週間前にボカシ肥を1㎡当たり100～200gを表層1～2cmに混和しておきます。

◆栽培のポイント

タネまきと育苗

発芽適温は18～20℃で、25℃以上では極端に発芽が悪くなり、生育が停滞します。本葉4～5枚程度の苗なら育苗日数は25日程度が

表1　レタスの種類とタネとりに適した品種

種　類		特　性	タネとりに適した品種
結球レタス	玉レタス（クリスプヘッド）	現在、日本で栽培している主流のレタス。濃緑で葉縁が欠刻し、波状のしわのある葉は、葉肉が厚くかたく結球する	ロックウェル（自農）、オリンピア、早生サリナス（野口）など
	サラダナ（バターヘッド）	葉は淡緑～緑色でなめらかで欠刻がなく、葉肉はうすく、結球は比較的やわらかで完全に包合しない。早生で育てやすく抽苔が早い	エルーゴ（自農）、ウェアヘッド、岡山サラダ菜（野口）など
リーフレタス	赤系、緑系	葉色が赤系と緑系があり、結球せず玉レタスより軽く早く収穫できる	エルワン、エルシー（自農）、サニーレタス（野口）など
立ちチシャ	ロメインレタス（コスレタス）	北アフリカや南ヨーロッパで発達したタイプで、葉はかたくスプーン形をしている。立性で半結球のタケノコ型になる	コスレタス（ナチュラル）など
カキチシャ	赤系、緑系	中国南部で発達し、日本でも古くから食べられていた。茎は立性で下葉からかいて収穫する。耐病性や耐暑性が強く、抽苔が遅い	白かきちしゃ（野口）など
茎チシャ	ステムレタス	中国に多く、おもに茎を食用にする。細く切って乾燥させたものが「ヤマクラゲ」である	茎チシャ（野口）など

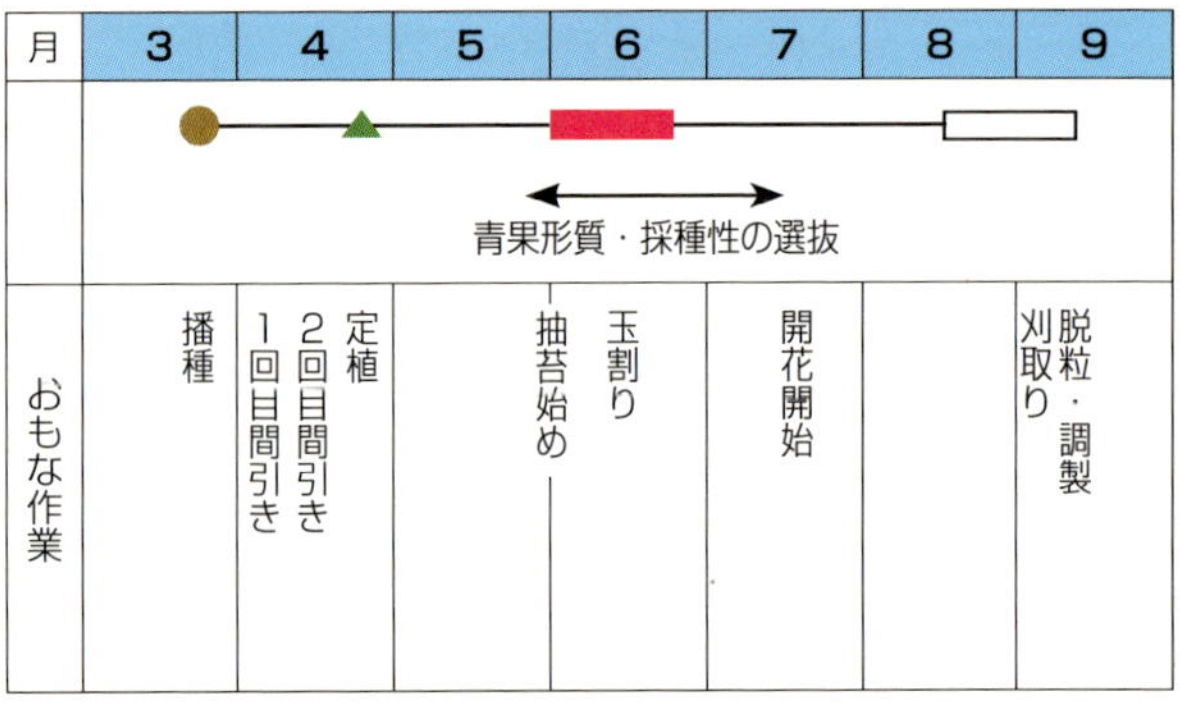

図1　タネとりの栽培暦（長野県松本市）

目安です。

育苗培土を水分調整してからセルトレーに均一につめ、人差し指で軽く3㎜程度沈むくらいの穴をあけて、1穴に3～5粒のタネをまきます。レタスは発芽するとき光を好む性質があるので、覆土はうすく（3㎜程度）します。

発芽後、徒長を防ぐためすぐ太陽の光に当て、子葉展開時と本葉2枚が出そろうころに間引いて、1本立ちにします。セルトレーでの育苗は乾きやすいので、こまめな水やりが必要だが、徒長しない注意が必要です。朝、かん水して夕方には土の表面がうっすら乾くように、土の乾き具合をみて調整します。

定植

育苗日数25日程度、本葉4～5葉ごろ、根鉢ができたら定植適期です。うね幅100～120㎝の場合、条間30㎝、株間25～30㎝の2条植えを目安にします。

定植後、活着するまで乾燥させないよう適宜水やりします。また、定植直後の初期生育時期（定植後20～30日くらい）は株まわりをていねいに除草し、適宜水やりします。

レタスは、定植後30～35日ごろから急速に生長します（結球が開始するころ）。そのため、結球開始後に養分が多いと腐敗球やタケノコ球など異常球が増えるので、追肥をする場合は、結球開始までにすることが原則です。

◆母本選抜の着眼点と方法

母本選抜の着眼点

母本は、抽苔《ちゅうだい》の早晩、株張り、病害虫の有無、草姿などを基準に選びます。

抽苔が遅く、大株になり品種の特性をあらわしているものを選び、抽苔の早い株、異形葉株、病害株は除きます。

母本の選抜方法と必要な株数

育苗中は、病気株、異形葉株は間引きます。定植後、食用の収穫期にはいったらタネをとる株（母本）を選び、収穫しないように目印の棒を立てておきます。

露地栽培では1株当たりの採種量が少ないので、母本は5株以上必要です。

◆母本の栽培管理と採種

結球レタスの抽苔補助

玉割り　結球レタスは、7分通り結球したころ横に輪切りするか十文字に切る玉割りをします。1回の玉割りでは抽苔しない株が多いため、5～6日後に2回目の玉割りを行ないます（写真1）。

不良株の抜きとり　不結球株や形のくずれた不良株、病気株は、結球開始期や玉割りをするときに抜きとります。結球しないレタスでも同様に不良株は抜きとります。

雨よけのビニール張り　玉割りをするころか、その少し前に1.7mくらいの高さに雨よけビニールを張ります。結球しないレタスのなかには結球レタスより雨に強い品種もありますが、雨よけするほうがタネは多くとれます。

土寄せ　土寄せは、抽苔した茎が長くなって支柱を立てる前に行ないます。

刈取り・乾燥・採種

レタスは開花期間が長いので採種時期を決めるのがむずかしく、刈り遅れると早く熟したタネが脱

①横に輪切りした場合　②十文字に切った場合

写真1　玉割りした結球レタス

写真４　刈取った株の乾燥

写真３　採種適期のレタス（９月）

写真２　開花中のレタス（８月）

写真６　ふるい（左）と唐箕（右）による選別

写真５　ポリバケツなどにたたきつけてタネを落とす

粒してしまいます。

また、雨に弱く、湿気が多いとタネがカビやすいので、晴天がつづくときをみはからって刈取ります。

開花最盛期から2週間ほど過ぎた、全体の約80％が結実したころが刈取り適期です。タネが充実すると子房の上に冠毛（白い毛）が発生します。株全体が冠毛化して、手でさわると簡単に脱粒するころが刈取りの目安です（写真3）。

刈取りは1株ごとにハサミで切って行ない、根元をまとめてしばり丸太などにはさがけして3～5日ほど乾燥します（写真4）。曇天がつづくときは、ビニールハウスのなかで乾燥させるといいでしょう。

乾燥したら、ポリバケツのなかで打ち落としてタネをとります（写真5）。強く打ちつけると花梗や枝が混入して、調製に手間がかかるため注意します。

採種株が少ない場合は刈取らず、定期的に2～3回ポリバケツに冠毛のついたタネを直接手でたたき落として採種してもいいです。

選別・保存

タネは2㎜目程度の細かいふるいで選別し、唐箕《とうみ》などで風選します。

レタスのタネは寿命が短く、高温・多湿では発芽率が低下します。しかし、低温・乾燥の状態で貯蔵すると2年くらい発芽率が落ちないので、乾燥剤と一緒に密閉容器にいれ冷蔵庫で保管します。

コラム

レタスの開花と受精の機構

レタスは、抽苔すると多数の枝を出し、その先にタンポポのような黄色い小さな花をつけます（写真2）。花は早朝から3～4時間咲き、午前中にしぼんでしまいます。晴天のときによく開花し、雨天や曇天では完全に開花しないでしぼむものが多く、病気による花の腐敗も多くなります。天候不良がつづくと花粉が少なくなって受精率が低下するので、晴天がつづく年ほど採種量が多くなります。

葉菜類

キャベツ・ケール

- アブラナ科アブラナ属
- 原産地：地中海沿岸から小アジア、大西洋沿岸
- 他殖性
- 生育適温：15～20℃前後

特性とタネとりに適した品種

原産地と来歴

原産地はヨーロッパの地中海沿岸から小アジア、大西洋沿岸です。この地域の野生種から、ケール、キャベツ、メキャベツ、コールラビ、カイラン、ブロッコリー、カリフラワーなどが分化、育成されてきたと考えられています。

日本にキャベツの仲間が渡来したのは江戸時代ですが、食用の結球性キャベツがはいってきたのは明治時代で、当初は北海道や岩手県など冷涼な地域でのみ栽培されていました。現在では、多くの品種が育成されて周年栽培も可能になり、ダイコンについで作付け面積と出荷量の多い野菜です。

生育特性と栽培

キャベツ

二年生の野菜で、生育適温は15～20℃と冷涼な気候を好みます。一定の大きさになった苗が、低温に一定期間あうと花芽分化し、その後の長日条件で開花・結実します。

キャベツの自家採種がしやすいのは、夏まきの栽培（6～8月まき、10～12月収穫）です。秋どり用品種は適期まき、春どり用品種は晩夏まきして年内に結球させて母本選抜し、翌春に抽苔《ちゅうだい》・開花させます。

表1に、キャベツの品種のタイプと特徴を示しました。

ケール

ケールもキャベツと同じ条件で花芽分化するため、夏まきの栽培でタネとりします。

食用のケールには、葉のフリルが細かい〝スコッチケール〟、葉のフリルがゆるやかな〝シベリアンケール〟、キャベツの外葉にそっくりな〝コラード〟があります。

表1　キャベツ品種のおもなタイプ

おもな品種のタイプ	特　性
春系	葉面が大きく波打ち、中肋が大きい やわらかく甘味がある
寒玉系	最も一般的なタイプ。扁平球でしまりがよい
ボール系	葉に光沢がありつやつやしている やや小ぶりな丸い球形で、食味がよく漬物にも利用される
サボイ系	外葉にも結球葉にもしわがあり、外葉は厚く緑が濃く球形は黄色 寒さに強いが、暑さや多湿に弱い

受精方法・交雑の注意点

キャベツ、ケールとも自家不和合性のある他殖性作物です。きわめて自然交雑しやすく、ハボタン、ブロッコリー、カリフラワー、コールラビ、キャベツ、ケールなどと容易に交雑します。防ぐには数キロ離れている必要がありますが、近くで同時期に開花する場合は、網でかこむなどの隔離が必要です。

タネとり株が少ないと近交弱勢しやすいので、10～20株で集団採種します。交雑に注意して集団でタネをとる、結球性など食用に利用できる株を母本に選ぶことがポイントです。

自家採種に適した品種

キャベツ：富士早生（つる新）、サクセション（つる新）、野崎中生（つる新）、札幌大球（つる新）、サボイ（たねの森）など

ケール：青汁ケール（つる新）、各種ケール（ナチュラル）など

タネとりの実際

以下、キャベツを中心に解説しますが、ケールは結球性の判断と玉割り作業がないくらいで、栽培管理や選抜、採種管理もキャベツに準じて行ないます。

土づくりと施肥

キャベツの根はヒゲ根状で、吸肥力や吸水力は強いが、浅い層に多いためハクサイより乾燥に弱い

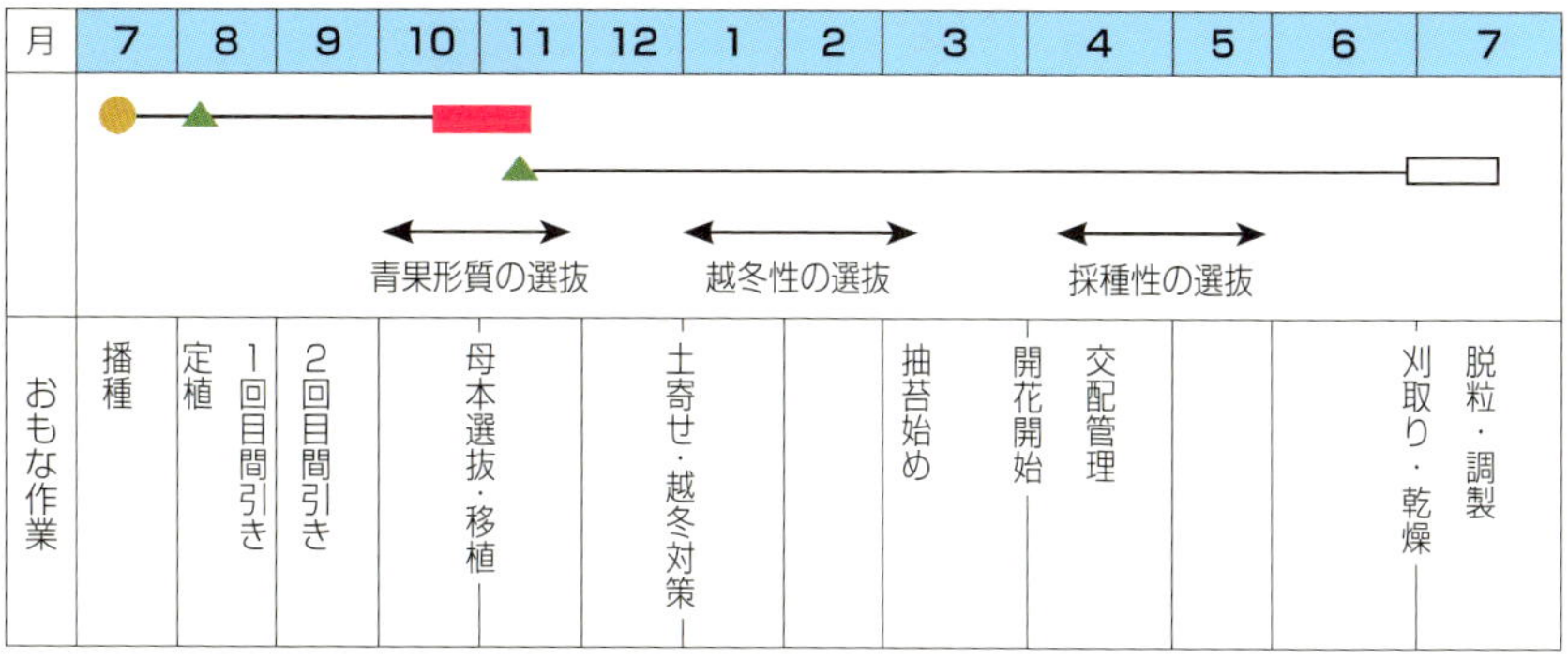

図1　タネとりの栽培暦（長野県松本市）

特徴があります。また、過湿と酸性が重なると根こぶ病の発生が助長されるので、アブラナ科の連作は避けます。

施肥量は食用の栽培と同じでもいいが、窒素肥料を控えたほうが、病虫害の少ない母本を得ることができます。

そのためにも、前作残渣のすき込みや堆肥の施用などは、少なくとも定植の1カ月以上前には終了させます。草質堆肥や落ち葉堆肥などを1㎡当たり1～2kg、ボカシ肥を100～200g施用し、土の表層5cm程度の深さにすき込みます。

定植直前に土を大きくかく拌しないことが、キャベツを健全に育てるポイントです。

◆栽培のポイント

タネまき

タネまきの時期は品種に合わせます。

直まき栽培も可能ですが、初期生育がやや遅く、除草や害虫対策が長く必要になり、生育をそろえるのがむずかしいので、育苗したほうがいいでしょう。

育苗培土を水分調整してから連結ポットやセルトレーに均一につめ、人差し指で軽くタネの3～5倍の深さに穴をあけて、1穴に2～3粒ほどタネをまきます。

育苗管理

発芽後、徒長を防ぐためただちに太陽に当てます。夏まき栽培では、発芽した直後の太陽光が強すぎると軸が曲がったままになってしまうので、日差しが強いときは遮光します。

水やりはレタスと同様に、朝やって夕方に土の表面がうっすら乾くよう、土の乾き具合をみて調整します。

本葉1～2枚ころ、子葉に奇形がなく生育のいいものを選んで間引き、1本立ちにします。

定植

定植時の苗の大きさの目安は、連結ポット25穴で本葉4～5枚、セルトレー72穴で本葉3～4枚、同128穴で本葉2～3枚です。

畑に適度な湿り気があるほうが活着はいいので、降雨後か雨が予想される前日に定植します。根鉢と同じかやや大きめの穴をあけて植え、本葉が埋まらず根鉢が露出しないようまわりの土を寄せ、指先で株元を軽く押さえて土と根鉢を圧着させます。

植え方が浅いと乾燥して枯れてしまい、深すぎると株が腐ってしまうので注意します。

栽植密度は、うね幅50cm、株間35～40cm程度を目安にします。

定植後の管理

キャベツは乾燥に弱く、水分を多く吸収します。定植初期は根鉢（株元）の土が乾きやすいので、活着まで株元に水やりします。

キャベツもレタスと同じように、結球が開始するころ急速に生長します。結球開始後に養分が多いと結球不良や軟弱球、変形球を助長するので、追肥は結球開始までにすることが原則です。

定植から結球開始（定植後20～30日ころ）までに通路や株間にボカシ肥を軽くひとつかみ程度（30～40g）追肥します。このとき、除草を兼ねて土寄せを行ない、外葉を充実させます。

◆母本選抜の着眼点と方法

結球性や耐病性、青果形質に優れた母本を選び、母本移植後は越冬性や採種性に優れた株を選んでタネをとります。

初期生育の着眼点

育苗時に立ち枯れがなく、子葉が大きく、胚軸が徒長していないものを残し、子葉が3枚の奇形や胚軸がくびれているものは間引きます。

定植後は葉色や葉の形、草姿などを観察し、品種のそろいも注意します。

結球性の着眼点

キャベツの結球は、中心部に小

さな結球部がみえ、それが大きくなりながら結球するタイプ（結球肥大型という）と、外葉が立ち上がり、立葉のすぐ内側の葉が大きく巻き込み、その内部にゆるい結球部がつくられ、しだいに内部が充実していく（肥大充実型という）タイプがあります。

しかし、結球型は厳密に区別できるものではなく、同じ品種でも結球肥大的なものから肥大充実的なもの、中間型もあります。また、初期生育によって結球肥大型になったり肥大充実型になることもあります。

選抜では、その品種全体として多い結球型で肥大がよいもの、また結球部の形や色をよく観察して選びます。

熟期は品種によって大きくちがいますが、球を手で押さえてしっかりしまっているときが熟期で収穫適期です。

熟期を判断するには、対照品種と比較するといいでしょう。その年の気象によって対照品種の熟期も変化するので、いつも同じ対照品種を使えば、その年が早いのか遅れぎみなのかがわかります。

越冬性と採種性の着眼点

初期生育や結球性で選抜して移植した母本は、越冬中に凍害や腐敗することがあるので、引きつづき観察します。結球性が高くやわらかでみずみずしいキャベツほど越冬性が弱く、結球がゆるく葉のかたいものほど寒さに強い傾向にあります。

また、凍害により結球部が腐敗しても腋芽で再生できるものなど越冬への対応がさまざまなので、最終的に健全な花茎を伸ばしタネを残すことができるものを選びます。

開花期に花茎が帯状に変形する異常茎（帯化茎）になる株は、葯の発達が悪く、極端に花粉が少なくなるので、開花期もよく観察し、異常株は取り除きます。

母本の選抜方法と必要な本数

定植後の生育もよく観察し、病虫害が少なくその品種の特徴をもっている個体に目をつけておき、収穫期になったら母本選抜を行ないます。

越冬中に枯死する株も出るので、最低でも20株程度の母本を確保します。

◆母本の栽培管理と採種

母本の移植

選抜した母本は、根ごとスコップで掘り、株間50～60㎝、うね幅1m（隔離採種するため、できれば2mあるとよい）程度で移植します。移植場所は、水はけ、水もちのよいところを選びます。

不耕起栽培で、母本の植え穴だけ掘ればいいが、雑草はとっておきます。無肥料を基本にしますが、地温が低かったり土壌条件が悪いところでは、堆肥を母本のまわりにうすく敷くといいでしょう（写真1）。

抽苔《ちゅうだい》管理

越冬した母本は3月下旬～4月になると抽苔してきます。結球内部で花茎が伸び始めるので、結球部に十文字に切り込みをいれ抽苔を助ける玉割りをします。

品種によって抽苔の始まる時期がちがうので、玉割りは、数株を試し切りして花茎を確認してから行ないます（写真2）。

花茎が伸び始めると、下部の結球葉から順次脱落しはじめます。そのため、雨天がつづくと腐敗しやすくなるので、こまめにみまわり、結球葉が腐りだしたらすばやく取り除きます。雨が多い地域では雨よけも有効です。

隔離採種での交配

開花期間は1カ月から1カ月半

写真２　玉割りしたキャベツ（左）と切開後花茎が伸びたキャベツ（右）

写真１　選抜した母本

程度です（写真3）。
網室での隔離採種では、花粉を媒介する昆虫がいないため結実が悪くなるので、カブと同じ方法で人工交配します（カブの項、88ページ参照）（写真4）。

写真3　開花したキャベツ

写真4　網室で隔離採種しているキャベツ

なお、30株以上の規模での採種なら、交配用ミツバチを利用してもいいでしょう。

刈取り

開花・結実から60日程度で、さやが黄褐色に熟します。開花・結実は花茎の下から上へとすすむため、全体が完熟するのを待つと、先に熟したさやのタネがこぼれてしまいます。下部のさやが乾燥しはじめたら、花茎を基部から刈取り、雨の当たらない場所で乾燥します。

刈取り時期が7月になるため、地域によっては播種期と採種期がかなり近接することがあります。また、品種によって若干休眠するものもあり、休眠しているタネは、発芽が不ぞろいになります。

採種時期が播種期に間に合わない場合や、タネの休眠が強い場合は、1年間、密閉容器に乾燥剤をいれて冷蔵庫で保存し、翌年、栽培したほうがいいでしょう。

タネ出しと乾燥

全体がよく乾燥したら、さやを割ってタネをとりだし、唐箕《とうみ》などでゴミを飛ばして調製します。

タネだけにしたら、風通しのよい場所で数日間乾燥します。タネを直射日光にさらすと急激に水分がなくなり割れの原因になるので、半日陰や寒冷紗の下で乾燥させます。

保存

タネは乾燥剤と一緒に密閉容器にいれ、冷蔵庫で保存します。キャベツ類のタネは、低温・乾燥状態を維持すれば、3年程度は高い発芽率を保ちます。

葉菜類

ハクサイ

●アブラナ科アブラナ属
●原産地：中国
●他殖性
●生育適温：18～21℃前後
結球期は15～18℃

特性とタネとりに適した品種

◆原産地と来歴

中国が原産地で、華北で栽培されていたカブと、華中で栽培されていたターサイの仲間が自然交雑して誕生しました。ハクサイが日本にはいってきたのは明治になってからで、日清戦争の復員兵が持ち帰ったとされており、意外にも新顔の野菜なのです。

◆生育特性と栽培

品種分化がすすみ周年栽培されているが、タネとりに最適な時期は夏～秋まきです。タネとりしやすい固定種の多くはこの時期にタネをまく品種ですが、適した栽培時期がかぎられている品種もあるので、必ず夏～秋まきが可能な品種を選びます。

◆受精方法・交雑の注意点

自家不和合性で他殖性の強い野菜です。理想的には20株程度から

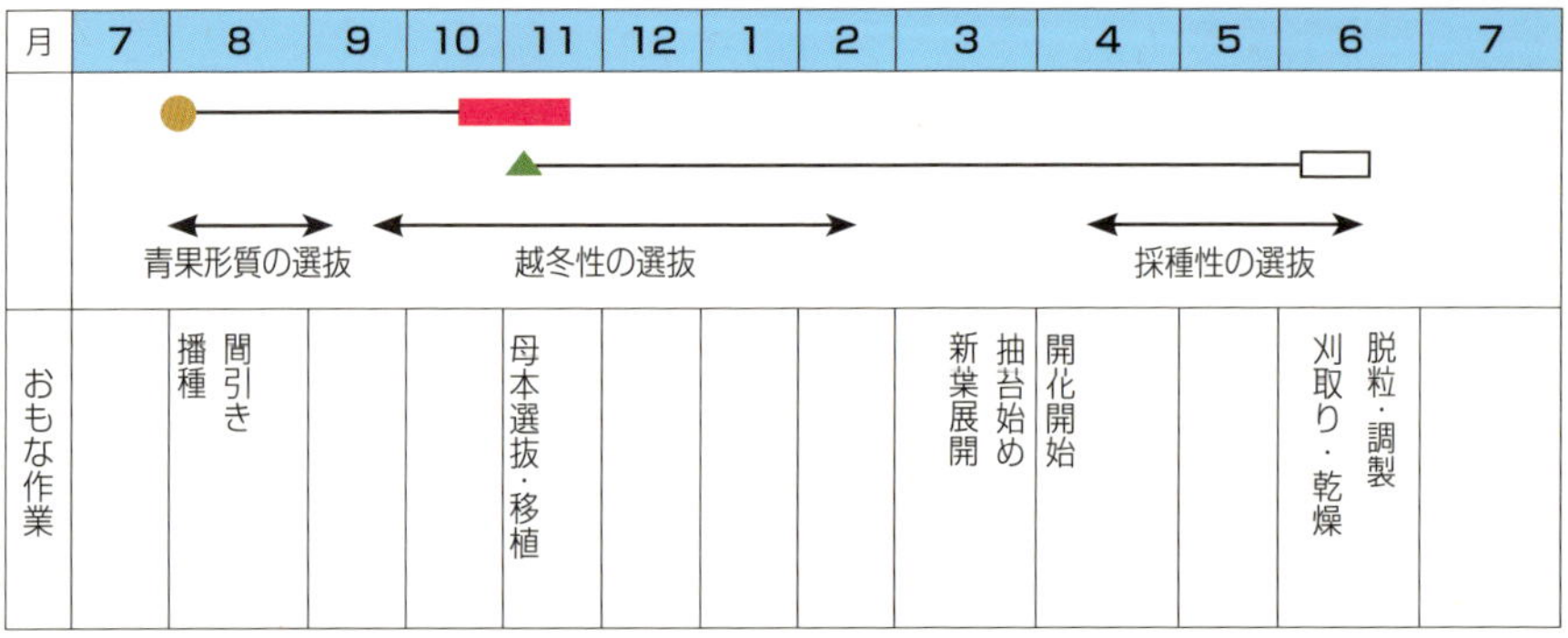

図1　タネとりの栽培暦（長野県松本市）

採種するのが望ましいが、小規模の場合は5株以上からタネをとり、複数年使います。

タイサイ、キョウナ、カブ、ツケナなどのアブラナ科野菜とも交雑します。このため、越冬母本は網でかこって虫による交雑を防ぎます。しかし、キャベツやダイコンとは交雑しません。

◆自家採種に適した品種

松島新2号（野口）、金沢大玉結球白菜（野口）、愛知白菜（つる新）、京都3号（つる新）など

タネとりの実際

◆栽培のポイント

土づくりと施肥

ハクサイは生育前半に葉の数を確保し、結球葉を充実させるので、生育前半の養分吸収量が多くなるような土づくりを行ないます。

タネまきや定植の40日以上前に、草質堆肥や落ち葉堆肥などを1㎡当たり1～2kg、ボカシ肥を100～200g施用し、土の表層5cm程度の深さにすき込みます。

栽植密度

直まき栽培、移植栽培とも、うね幅60cm、株間40～50cmにします。ハクサイは乾燥に強いが、湿害には弱い野菜です。うねの高さは10～20cmにしますが、水田跡など粘土質で水はけが悪い畑では30cmにします。

直まきと間引き

タネまき時期は、冷涼地で7月中～8月上旬、温暖地で8月中～9月上旬、暖地で8月下～9月中旬が目安です。しかし、実際のタネまき時期は品種によってちがうので、品種ごとに確認します。

夏～秋まきは高温乾燥期のため、乾燥による発芽不良や虫害による欠株が発生しやすいので、1穴当たり5～6粒以上まきます。

子葉が展開したころに子葉に奇形や虫害などがなく生育のよいものを選んで、1穴3本に間引きます。本葉が2枚になったら、生育のいいものを選んで1本立ちにします。

育苗と定植

タネまき時期は直まきに準じます。

セルトレーなどを使って育苗しますが、ハクサイの播種時期は夏場で高温のため、白色のセルトレーを使うと地温が上がりにくくおすすめです（写真1）。

一つのセルに2～3粒タネをまきます。子葉が展開したら、子葉に奇形がなく生育のいいものを選んで1本立ちにします。

128穴セルトレーの場合、タネをまいてから約2週間、本葉1.5枚になったら定植適期です（写真2）。128穴のセルトレー苗では、イボ竹の先がとがったほうで穴をあけ、植え穴とします。苗を植えたら、根鉢が露出しないようにうすくまわりの土を寄せ、指先で

写真1　セルトレーでの育苗

写真2　定植適期のセル苗

株元を軽く押さえて土と根鉢を圧着させます。

水やり・追肥

苗を定植すると、定植初期は根鉢（株元）の土が乾きやすいので、活着まで株元に水やりします。

本葉8～12枚ころ、株間にボカシ肥を軽くひとつかみ程度（30～40ｇ）追肥します。ただし、生育後半に養分過剰になると結球部の腐敗が多くなるので、やりすぎないように注意します。

◆母本選抜の着眼点と方法

初期生育と草姿の着眼点

初期生育は、子葉が大きく、枯れ上がりが遅く、奇形がないもの、胚軸は太く徒長していないものを選びます。

写真３　選抜した母本

草姿は、外葉が大きすぎず、虫害が少ないものを選びます。また、ほかの株にくらべて、毛じ（葉についている毛）が少なく、葉色が濃く、異常に生育のよいものは、ツケナ類と交雑した可能性があるので注意します。

結球の着眼点

結球部の形がその品種の特徴を示し、結球の頭の部分を押すと弾力があるものを選びます。

母本の選抜方法と必要な本数

母本の選抜時期は、タネとりのしやすさを考慮すれば8割ほど結球した時期（ややゆるい結球）が最適です（写真３）。

この時期は株に余力があり、完全結球した株より移植による根傷みの回復が早いためです。しかし、なかには完全結球している株もあり、この株は少肥での結球性に優れていると評価できるので、優先して母本にします。

母本は20株以上あれば、長期間安定して自家採種できます。しかし、小規模栽培の場合は5株以上母本を選び、とれたタネを貯蔵して数年間使うといいでしょう。

◆母本の栽培管理と採種

母本の移植

移植の方法はキャベツに準じます。選抜した母本を根ごとスコップで掘りとり（写真４）、株間50～60㎝程度、うね幅２ｍに移植します。

抽苔《ちゅうだい》管理

母本の移植直後に、抽苔を補助するため、結球部の切開を行ないます。方法は、結球部に十字に切り込みをいれ、結球部中心部の葉が露出するようにします。

移植直後に結球を切開した場合は、寒さが厳しくなる前に、できるだけ結球中心部の葉に日光を当てて緑化します。

切開しても、結球性の強い母本は再び結球してくるので、定期的に巡回して再度切開します。これも結球性の強弱の選抜になるので、結球性の強い株をチェックしておきます。

越冬時の防寒対策

凍霜害を受ける地域では、上から不織布をかけ防ぎます。

翌春に抽苔しはじめたら不織布をはずし、網室を設置します（総論22ページ参照）。これに防虫ネットを張るだけでも、早春の霜の害を防ぐことができます。

なお、寒冷地では越冬がむずかしいので、ハウスに移植します。

写真４　掘りとった母本

隔離採種での交配

カブと同じように、１～２日おきに開花した母本の花を、毛のついたハタキでなでて交配します（カブの項、88ページ参照）。

刈取り・調製・保存

開花結実から50日程度でさやは黄褐色に熟すので刈取ります。刈取り、タネ出し、乾燥方法はキャベツに準じます。

タネの保存期間は２年程度と短命ですが、低温・乾燥条件で保存すれば５年程度使えます。

葉菜類

ツケナ類（コマツナ）

- アブラナ科アブラナ属
- 原産地：中国
- 他殖性
- 生育適温：15～20℃前後

特性とタネとりに適した品種

◆原産地と来歴

ツケナ類とは園芸上の名称で、アブラナ科アブラナ属に属する野菜で、漬物や煮物に利用される非結球の野菜類の総称で、コマツナやチンゲンサイも含まれています。

原産地は地中海沿岸、中央アジア、中国と諸説ありますが中国が有力です。日本へは、中国やシベリヤからはいってきたと考えられています。来歴時期は不明ですが、『古事記』に記載されている古い野菜です。現在も、地域の気候と食文化に根ざした地方独自の種類や品種が多数あり、利用されています。

◆生育特性と栽培

生育適温は15～20℃で、耐寒性の強いものや春まきできるものも多いので、厳冬期を除いた、秋～春はいつでも栽培ができます。

しかし、耐暑性の強い種類や品種もあるが、高温期はコナガやヨトウムシなどの虫害を受けやすいので、真夏の栽培には不向きです。

二年生植物なので、採種栽培では秋まきし、翌春に開花・結実させます。

◆受精方法、交雑の注意点

他殖性作物のアブラナ科作物なので、10～20株の花粉が混じるよう、集団採種したほうが品種の弱体化を防ぐことができます。

自然交雑しやすいので、同種の作物がある場合は、網でかこむな

表1　ツケナ類の種類

種類		特性	品種
ツケナ 染色体数n=10	コマツナ類	在来ナタネとカブからできたと思われる。葉は倒卵形から長楕円形できざみがなく、葉柄は丸みを帯びている。耐寒性が強く、収穫までの期間が短いので栽培が容易である	丸葉小松菜、早生小松菜、ごせき晩生小松菜、武州寒菜、正月菜、剣先菜、札幌菜、松本冬菜
	和種ナバナ	和種ナバナを野菜として利用したもの。越冬性で、葉はダイコン葉状になり、毛のあるものが多い	白茎細菜、新晩生油菜、茎立菜、四月菜、おり菜、新潟トウ菜
	カブナ類	わが国で品種分化がすすんだ。葉は立性で切れ込みがあって長い。耐寒性が強い。肥大した根部を利用するものと葉を利用するものとの2タイプある。野沢菜はおもに葉を利用し、肥沃な土壌に適している	野沢菜、稲こき菜、木曽菜、羽広菜、鳴沢菜、源助菜、日野菜蕪
	キョウナ類	わが国特有のツケナである。分けつ性が強く、細長い葉を多数つける。ミズナは葉の切れ込みが強く、壬生菜は切れ込みがない。耐寒性が強く根がよく発達し、水田裏作にも適している	丸葉壬生菜、晩生壬生菜、白茎千筋京水菜、東京白茎京水菜
	タイサイ類	中国の華中方面の原産と思われる。根群の発達がよく、重粘土や排水不良土にも適応し、耐暑性が強くつくりやすい	雪白体菜、二貫目体菜、四月しろな、青軸体菜、長岡菜、チンゲンサイ
	不結球ハクサイ類	中国の華北方面の原産と思われる。葉幅が広く、葉柄が短く、葉面に毛のあるものが多い。山東菜は葉が黄緑でやわらかく、芯部がやや軟白するものがある	丸葉山東菜、切葉山東菜、広島菜、大阪しろ菜、真菜
	如月菜類	中国の華中、華北の原産。株はやや小さくロゼット状になる。葉はスプーン形でやや長く、濃緑色で周辺が外側にまくれる。耐寒性が強く寒冷地の冬どり菜に適している	如月菜、ヒサゴ菜、ビタミン菜、タアサイ
タカナ 染色体数n=18	カラシナ類	中国で品種分化がすすみ、アジア一帯で広く栽培されている。葉はダイコン葉状になりあらく毛がある。高温に耐え、独特の辛味がある	葉からし菜、黄からし菜、縮緬葉からし菜、山塩菜
	タカナ類	葉が大きく多肉で大株になる。高湿性で多湿を好み、粘質の肥沃土が適する	赤大葉高菜、三池大葉縮緬高菜、柳川大縮緬高菜、山形青菜、カツオ菜、丸葉紫高菜
染色体数n=19	洋種ナバナ	洋種ナタネを野菜用に改良したもの。耐寒、耐雪性が強く、越冬して春先にトウナやアオナに利用する	カブレナ、シンツミ菜、縮緬冬菜、宮内菜、かき菜

『農業技術体系　野菜編　第7巻』「ツケナ類」（農文協刊）を参考に作成

どの隔離措置が必要です。異品種との交雑に注意することと、母本をそろえすぎないことがポイントです。

◆自家採種に適した品種

コマツナ：新戒青菜（自農）、新晩生小松菜（野口）など

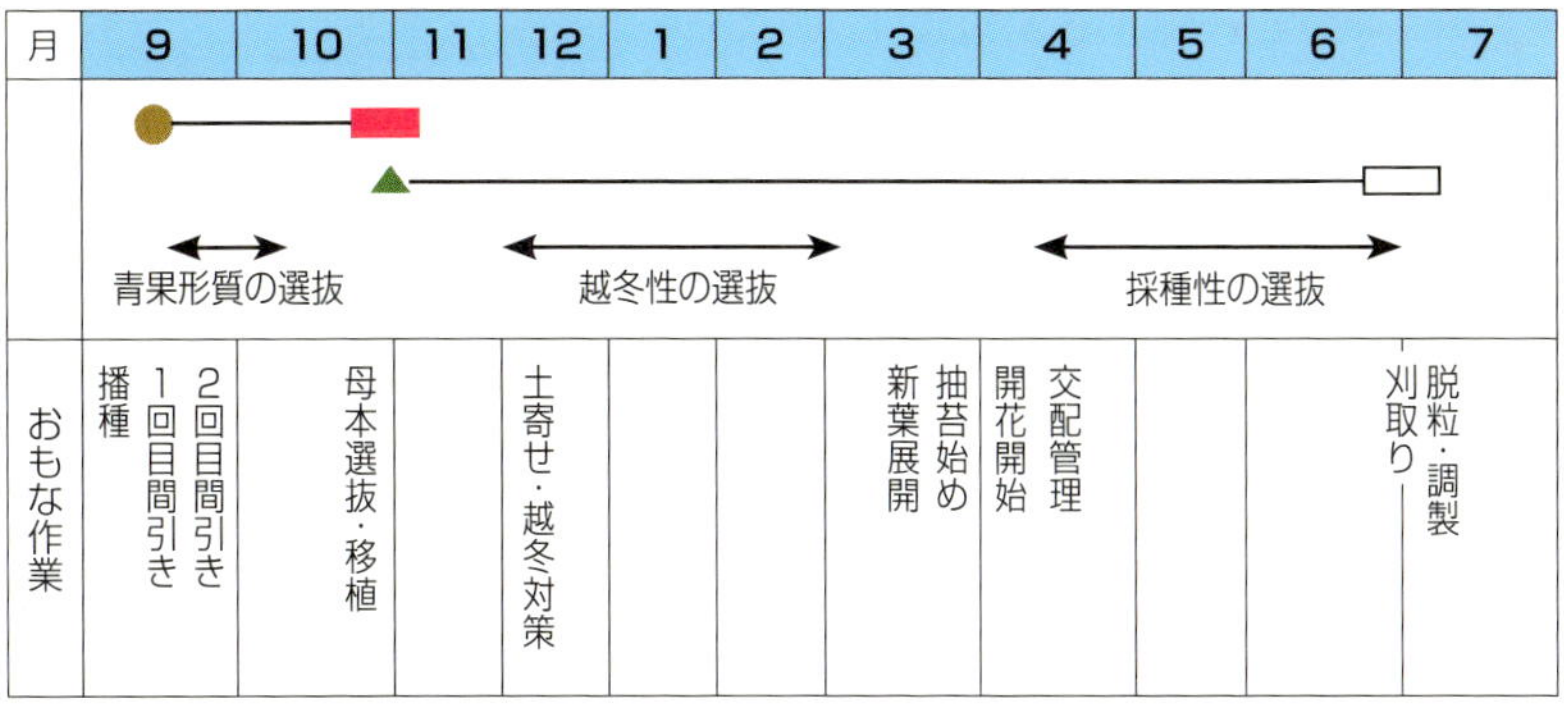

図１　タネとりの栽培暦（長野県松本市）

のらぼう菜（野口）、野沢菜（野口）、からし菜（つる新）、わさび菜（つる新）、大和真菜（野口）、水菜（野口）、壬生菜（つる新）など

半結球山東菜（野口）、中生チンゲンサイ（野口）、タアサイ（野口）など

タネとりの実際

◆栽培のポイント

土づくりと施肥

根を張らせスムーズに育てるには、水はけと通気性をよくすることが大切で、完熟した植物質堆肥を施用します。一度にたくさん施すと多肥になり、乾燥や病害が発生しやすくなるので注意します。

生育期間が短いので元肥の堆肥だけで十分育ちます。

タネまき

栽植密度は、うね幅60～70cm、株間20cmが目安です。タネは1カ所に3～5粒まき、間引きで生育のよいものを残します。

◆母本選抜の着眼点と方法

種類や品種固有の特性があるので、草姿（立性～開張性）、葉形、葉色、葉の大きさ、葉の着色（アントシアニン）や光沢、ろう質、葉肉の厚さ、葉の辛味、毛じの多少、葉柄の幅や長さ、色、すじ、花茎の色や大きさなどを観察して母本を選びます。

初期生育の着眼点

間引きでは、立ち枯れがなく、子葉が大きく、胚軸が徒長していないものを残します。草勢が強く、下胚軸（子葉から下の茎）が長く伸びている株や奇形株、病虫害を受けた株は間引きます。

また、毛じや葉に切れ込みのない種類や品種は、その有無も目安にします。

草姿の着眼点

病虫害がないこと、立性や開張性、葉形や色、葉の切れ込みの深さなど品種固有の草姿を基本に選びます。また、草勢の強い株を選ぶが、ほかの種類や品種が交雑した株は、大株になり形態が明らかにちがうので選ばないようにします。

ミズナなど大株にするものは、分枝性の高いものを選びます。

コマツナやチンゲンサイのように株どりするものは、食用の収穫適期に選抜します。

在圃性や耐寒性を選抜する場合は、やや収穫適期を過ぎてから選びます。

◆母本の栽培管理と採種

母本選抜・掘りとり

食用の適期ころ、遅くとも霜が強くなる前に母本の選抜と移植を行ないます。

母本選抜は、草姿や葉色が観察しやすい午前中に行ないます。選抜した株は根をつけて掘りとって、1列に並べ、品種の特性があらわれているかをチェックし、1株ずつ比較しながら不良株を除きます。

タネとりに必要な株数

タネとり用の株が少ない状態で採種をくり返すと、生育が弱り採種量が減ってくるので、少なくとも10～20株の集団で栽培します。

母本の移植

移植の場所は、春作のじゃまにならない畑のすみを選びます。うね幅60～70cm、株間30～50cmを目安に、面積が狭い場合は群落をつくるようにひとまとめに密植します。

植えるときは、株元まで土をかけしっかり踏みつけて凍害を防ぎます。また、越冬時の凍害を防ぐため、株元へ十分な土寄せを行な

写真１　移植した母本

写真２　交配のようす

写真３　刈取り時期の状態
（全体に黄変している）

い、しっかり踏んでおきます（写真1）。

越冬対策

コマツナやその地域の在来ツケナ類は、耐寒性が強いので特別な防寒は不要ですが、耐寒性の弱いサントウサイやミズナなどは、不織布のトンネルなどで被覆します。

除草と支柱立て

越冬後、春先に2回ほど株まわりの除草を行ない、抽苔しはじめたらまわりに支柱を立ててヒモを張り、開花後に枝が地面につかないように工夫します。

花茎が帯状になるなどの奇形株は抜きとります。

隔離採種での交配

近くに異品種がある場合は、キュウリ用のアーチ型パイプ支柱を使い、防虫網で被覆して隔離採種します。防虫網はタネができる成熟期の鳥害を防ぐ効果もあります。

交配は、カブに準じて行ないます（カブの項参照）。ツケナ類の開花は早朝から始まり、午前8～9時が最も盛んで、午前中にほとんど開花します。開花後3～4日で花弁は落ち、開花期間は30日程度です（写真2）。

写真４　タネの色（左：適期　右：未熟）

刈取り

刈取りの目安は全体の70～80％が黄変して、さやを割ってタネが赤みを帯びた色から褐色にかわっていれば適期です（写真3、4）。刈り遅れるとタネがこぼれやすくなるので注意します。

根をつけたまま収穫すると、脱穀するときに土が混入して調製に手間がかかるので、カマで株元から刈取ります。刈取った株は束にして、はぜかけで3～4日干します。

写真５　脱穀のようす

写真６　タネの調製

脱穀・調製・保存

さやが十分乾燥したら、晴天日を選んで脱穀します。シートの上に干した株を広げ、たたいたり踏んだりして、さやを割ってタネをとりだします（写真5）。

　唐箕などでゴミを飛ばして調製し（写真6）、風通しのよい場所で2〜3日乾燥します。タネを直射日光にさらすと急激に水分がなくなり割れの原因になるので、半日陰や寒冷紗の下で乾燥します。

　乾燥したタネは乾燥剤と一緒に密閉容器にいれ、冷蔵庫で保存します。低温・乾燥状態を維持すれば3年程度は高い発芽率を保ちます。

葉菜類

ルッコラ

- アブラナ科エルカ属
- 原産地：地中海沿岸
- 他殖性（他のアブラナ科とは交配しない）
- 生育適温：15〜20℃

特性とタネとりに適した品種

◆原産地と来歴

　冬にある程度の降雨があり、夏は日ざしが強く乾燥する地中海沿岸地域が起源のハーブです。

　日本では近年、イタリア料理の普及とともに知られるようになりました。そのせいか、英語名のロケットよりイタリア名のルッコラのほうが知名度が高いようです。

◆生育特性と栽培

　家庭菜園で開花させ、タネがこぼれると野草化するくらい、強く育てやすい野菜です。

　生育適温は15〜20℃で、冷涼な気候を好みます。ほかのアブラナ科野菜は二年生植物ですが、ルッコラは春まきしても抽苔して、夏に開花・結実します。真夏や厳寒期にタネまきする栽培を除いて、一年中栽培できます。

　おもに葉を食用にしますが、生で食べるとゴマのような香りと軽い辛味と苦味があります。抽苔した花茎や蕾、花も食用になります。

◆受精方法・交雑の注意点

　他殖性作物ですが、ほかのアブラナ科作物とは交雑しないので、隔離採種の必要はありません。採種栽培は秋まきし、翌春に開花・結実させます。

　春まきしても抽苔・開花するので、随時栽培・採種が可能ですが、採種量が多いのは秋まきして越冬させ、翌春に採種する栽培です。選抜では、食感のよいものを選びます。

◆自家採種に適した品種

　フックラ（自農）、ルッコラ（野口）、ルッコラセルヴァティカ（ナチュラル）など

タネとりの実際

◆栽培のポイント

土づくりと施肥

　日当たりがよく、極端にやせた畑でなければ、施肥しなくても生育します。ただしやせていると辛味が強く葉身が細く、食感もすじっぽくなります。

　したがって、葉の辛味や形、食感のよいものを選びたいときは、堆肥などの有機物をすき込んで土づくりをしてからタネまきします。

タネまき

　栽植密度は、うね幅100cm、条間30cm、株間30〜40cmが目安で

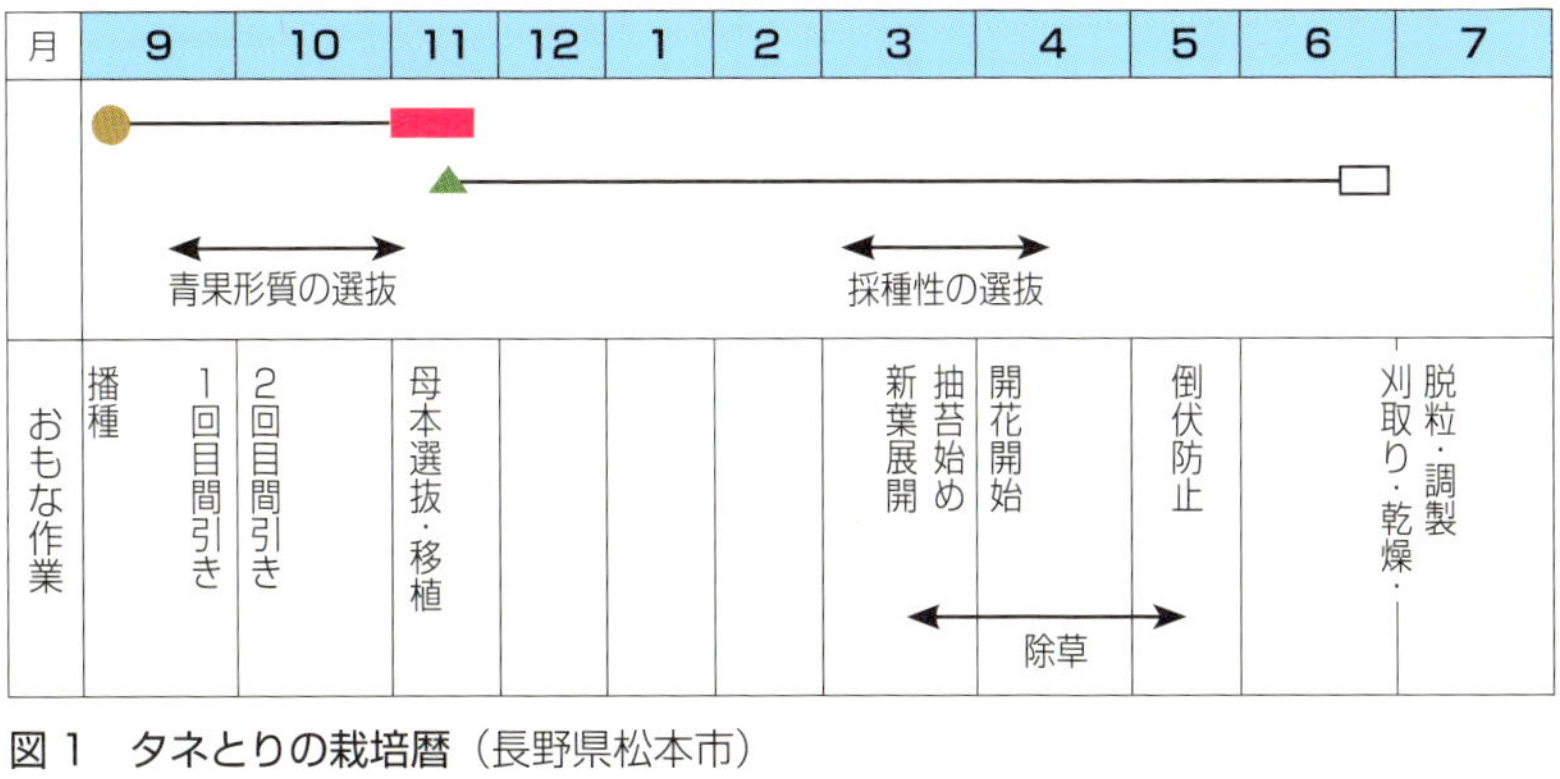

図1　タネとりの栽培暦（長野県松本市）

写真1　間引きしたルッコラ

す。タネは1カ所に3～5粒まいて、間引きによって生育のよいものを残します。

食用栽培ではばらまきか、株間15～20㎝で点まきしますが、採種栽培では広くとります。

食用栽培から引きつづいてタネとりするときは、間引き収穫して、最終的に株間30～40㎝にするとよいでしょう（写真1）。

タネとりに必要な株数

少ない株数でタネとりをくり返すと、生育が弱り採種量が減ってくるので、少なくとも10～20株の集団で栽培します。

◆母本選抜の着眼点と方法

初期生育の着眼点

間引きでは、立ち枯れがなく、子葉が大きく、胚軸が徒長していないものを残します。子葉が3枚の奇形や胚軸がくびれているもの、本葉が曲がっているものは間引きます。

葉に細かい毛がありますが、まれに毛のない株があります。毛のないものは食感がよいので、その株から採種すると毛のない系統を得ることができます。毛の有無は生育初期のうちに正確な判断ができます。

タネまき時期と抽苔時の選抜

秋まきして翌春に抽苔・採種するときは抽苔時期がそろいますが、春まきでは抽苔が株ごとにバラツクことがあります。この場合、抽苔の遅い株を残すようにすると、集団全体が晩抽性になって、収穫期間を長くすることができます。

選抜時期と方法

コマツナのように株どり収穫の時期に選抜します。または、大きくして摘み菜を収穫する時期ならば分枝の多いものを選抜します（詳細はツケナ類の項参照）。

◆母本の栽培管理と採種

母本の移植と管理

母本の移植は、霜が強くなる前に行ないます。株間30～40㎝で移植します。

越冬後、春先に2回ほど株まわりの除草を行ないます。春まきの場合も抽苔しはじめるころまでに株まわりの除草を行ないます。

抽苔しはじめたら周囲に支柱を立ててヒモを張り、開花後に枝が地面につかないようにします（写真2、3）。

刈取り・脱穀・調製・保存

刈取りや脱穀、調製はツケナ類に準じて行ないます。

タネは乾燥剤と一緒に密閉容器にいれて冷蔵庫で保存します。低温・乾燥状態を維持すれば3年程度は高い発芽率を保ちます。

写真2　開花中のようす（6月22日）

写真3　倒伏防止の例

写真4　刈取り直前のようす（8月17日）

葉菜類

カキナ

- アブラナ科アブラナ属
- 原産地：地中海沿岸
- 他殖性
- 生育適温：15～20℃

特性とタネとりに適した品種

◆原産地と来歴

冬にある程度の降雨があり、夏は日ざしが強く乾燥する地中海沿岸原産のアブラナ・花菜（和種ナバナ）と、アブラナとキャベツ類が交雑してヨーロッパに広まったナタネ・茎立ち菜（洋種ナバナ）に大別されます。

「カキナ」は若い花茎をかきとって食用とすることから名付けられ、万葉集にも出てくるなど、抽苔した花茎は古くから春先の野菜として利用されてきました。

また、カキナはナバナともよばれ、園芸学ではツケナ類としてあつかわれています。茎立菜類や菜心類もナバナとしてあつかわれています。

◆生育特性と栽培

生育適温は15～20℃ですが耐寒性が強く、秋まきして厳寒期までに大株に育て、翌春に花茎とそれにつく若い葉を食用にします。

花茎をあまり伸ばさず収穫すると、次々と側枝が発生し、収穫期間をのばすことができます。収穫しないと花茎が長く伸び、いわゆる菜の花が咲いて結実します。

◆受精方法・交雑の注意点

アブラナ科の野菜なので他殖性です。きわめて交雑しやすいので、カブなどアブラナ科作物と同時に採種するときは隔離する必要があります。

食用栽培自体が抽苔・開花現象なので、優良な株を選んでそのまま開花・結実させればタネがとれます。タネとりには、10株程度の花粉が混じるようにして、品種の弱体化を防ぎます。

異品種との交雑に注意することと、母本をそろえすぎないことがポイントです。

◆自家採種に適した品種

和種ナバナ：伏見寒咲花菜 など

洋種ナバナ：川島かき菜（自農）、ちりめん冬菜（高木）、紅菜苔（つる新）など

タネとりの実際

◆栽培と母本選抜

土づくりと施肥

根をよく張らせスムーズに育てるには、完熟した植物質堆肥を施用し、水はけと通気性をよくします。1回にたくさん施すと、乾燥や病害が発生しやすくなるので注意します。

生育期間が長いので、花茎が伸び始めるころ、生育が悪いようであればボカシ肥などを追肥します。

タネまき

早生で抽苔が早い和種ナバナは8～10月、花芽分化や抽苔が遅い洋種ナバナは9～10月にまきます。うね幅70cmの場合、条間35cmの2条植えが目安です。株間は、和種ナバナで20cm程度、洋種ナバナは30～40cmと広くします。

直まきは、一カ所に3～5粒ま

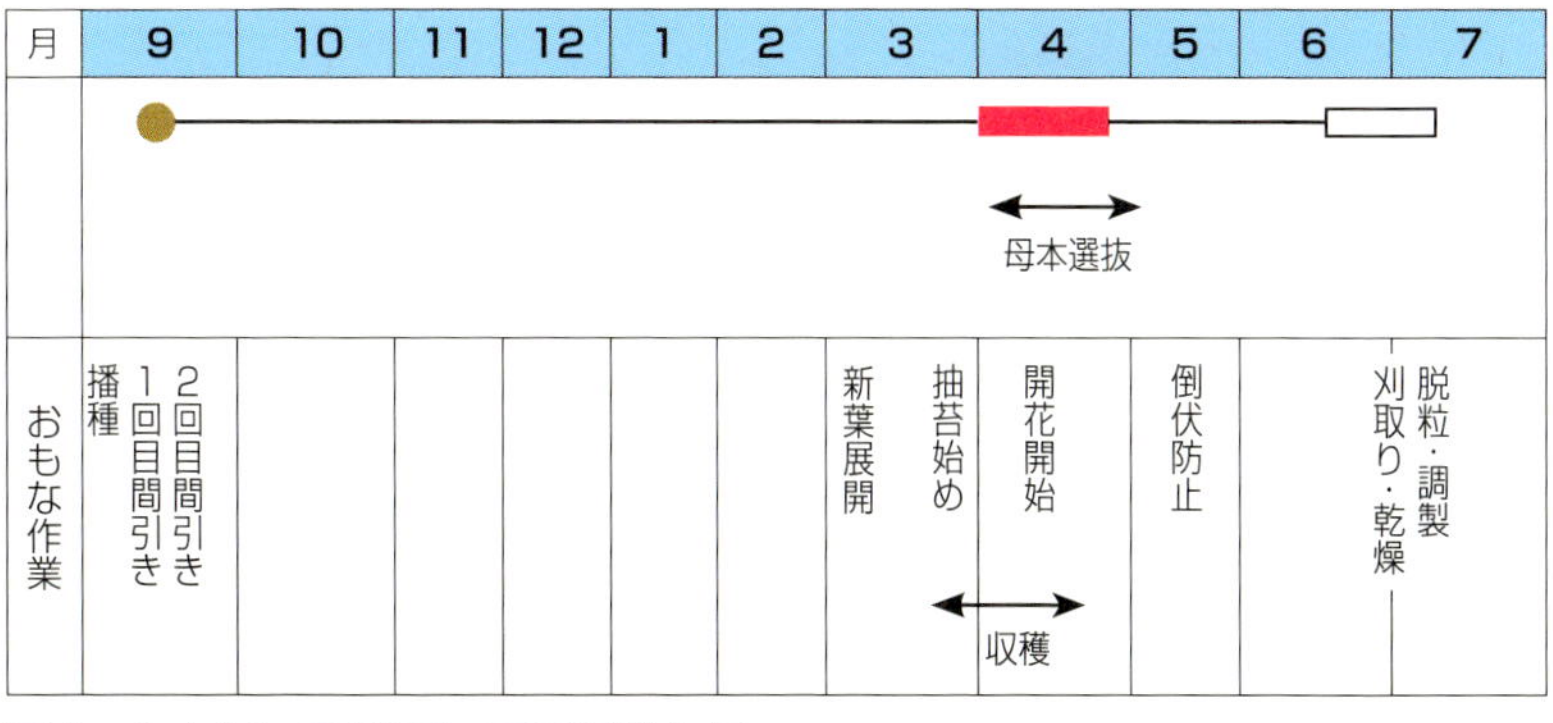

図1　タネとりの栽培暦（長野県松本市）

いて、間引きで生育のよいものを残します。育苗する場合は、本葉1〜2枚のころ間引き、本葉4〜5枚のころ、鉢に根がまわってきたところで定植します。

食用の収穫

越冬後に、中心（頂芽）の花茎の伸長を確認したら、かきとり収穫します。頂芽を早めにかきとると側枝の花茎の伸長が促進され、次々と伸びます。適度な花茎の長さ（目安は15〜20㎝）になったら順次収穫します（写真1）。

写真1　抽苔したカキナ

写真2　刈取り時期（6月下旬）

かきとりをやめると、花茎が伸びて分枝しながら開花が始まります。開花・結実がすすむと分枝しなくなります。

母本の選抜

選抜は花茎が盛んに伸びている時期に、花茎の異常がなく、分枝の旺盛で太く、食味の優れたものを選びます。

また、最終的にタネを多くつけるもの、さやにカビなど病斑のないものを選ぶといいでしょう。

◆母本の栽培管理と採種

花茎の整理

花茎の収穫をやめると、さまざまな太さの花茎が伸びて開花・結実します。登熟が梅雨にかかるので、花茎が多すぎるときは、太い花茎にさやがつくのを確認したら、細い花茎を間引いて風通しを確保します。

刈取り

開花結実から40〜50日程度でさやは黄褐色に熟します。花茎の下部から上部へ順に熟していくので、全体が完熟するのを待つと、先に熟したさやからタネがこぼれてしまいます。さやが割れタネがこぼれ始める直前のタイミングで基部から刈取って、そのまま脱穀します（写真2）。

梅雨などで、登熟しても乾燥しにくくさやが割れにくい場合は、先に結実したさやが乾燥しはじめたら基部から刈取り、雨の当たらない場所で乾燥します。

脱穀・調製・保存

刈取りや脱穀、調製はツケナ類に準じて行ないます。

タネは乾燥剤と一緒に密閉容器にいれて冷蔵庫で保存します。低温・乾燥状態を維持すれば3年程度は高い発芽率を保ちます。

葉菜類

オカノリ

- アオイ科ゼニアオイ属
- 原産地：中国を中心に北部温帯から亜熱帯
- 不明
- 生育適温：15〜25℃程度

特性とタネとりに適した品種

◆原産地と来歴

オカノリはフユアオイから分化した変種です。フユアオイは、中国を中心に北部温帯から亜熱帯にわたる地域が原産地と考えられています。

日本には奈良時代に渡来し、万葉集にオカノリを詠んだ歌があります。江戸時代までは「冬葵」とよばれていました。いつから「オカノリ」とよばれるようになったかは不明です。

◆生育・生殖特性と栽培

フユアオイと同じく越冬性のある一年生植物で、チリメン状の葉をつけ、茎葉はフユアオイよりいくぶんやわらかで食用に適しています。

耐暑性、耐寒性が強く、関東以西の平坦地では容易に越冬します。

園芸学的な研究がほとんどなく、自殖性なのか他殖性なのか、生理生態も整理されていません。フユアオイと交雑する可能性があると思われます。

自生する力が強いので雑草化に注意することと、極端なやせ地で選抜しないことがポイントです。

◆自家採種に適した品種

オカノリ（自農）

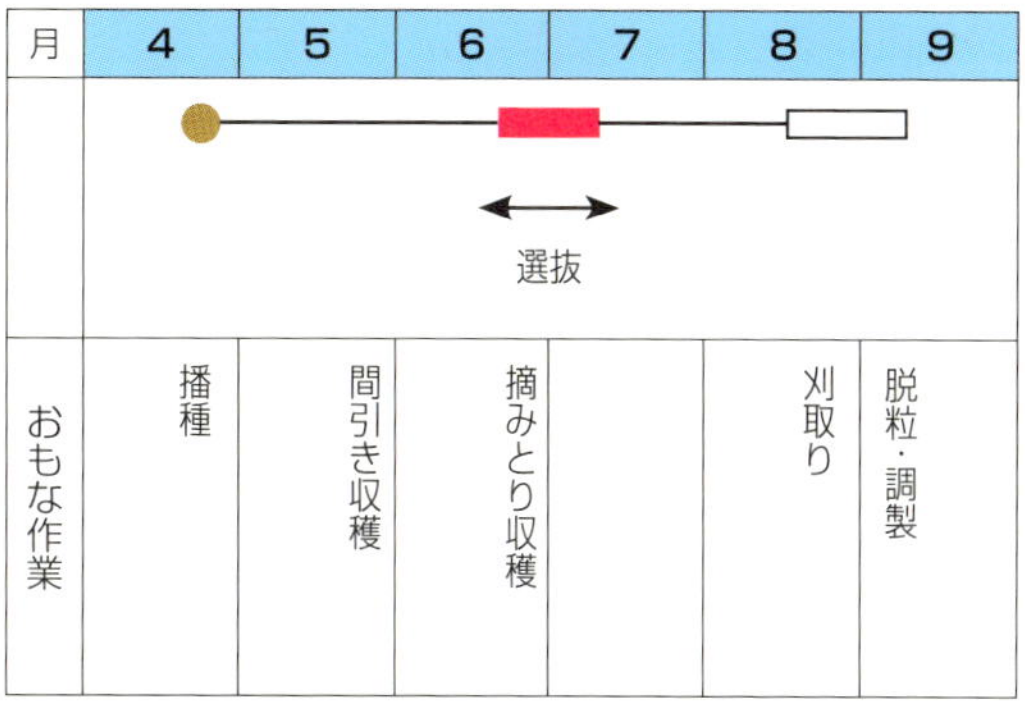

図１　タネとりの栽培暦（長野県松本市）

タネとりの実際

◆栽培と母本の選抜

土づくりと施肥

無肥料で十分育ち、病害虫もほとんどなく非常に丈夫です。ただし、養水分が少なかったり乾燥がつづくと、茎や葉柄がかたくなり新葉の展開も遅くなるので、養水分が不足しない畑がいいでしょう。果菜類の後作なら、無肥料で育ちます。

タネまき

桜が咲き始めるころにタネまきすると7月ごろから開花し、40日程度でタネが熟し始めます。

深さ1cm程度で、条間20cmの条まきか、ばらまきします。

食用の収穫

葉が重なるところから間引きながら収穫します。タネまき後1カ月で草丈15～20cm程度になるので、このころまでに株間15～20cmくらいになるよう間引きます（写真1）。

写真１　間引き収穫（食用）

最終間引きのころから節間が伸びてくるので、それ以降は芯葉から15～20cmくらいのやわらかい部分を摘みとり収穫します。

母本の選抜

野菜として栽培し、そのなかから健全株を残して自家採種します。

一斉に発芽しても一斉に開花しないので、極端に早く開花する株は除きます。こうすることで、摘みとり期間の長いものを選ぶことができます。

母本の管理と必要株数

草丈が70cmくらいになると、頂芽と葉の付け根に順次小さな花が咲き結実します（写真2）。花が咲きだしたらさらに間引き、最終的に株間40～50cmにします。

生態が不明ですが、タネとり用の株が少ないと生育が弱るおそれがあるので、5～10株程度から採種します。

◆採種・調製・保存

各節のタネは一斉に熟さないので、完熟した実がある程度ついたら、株を刈取ってハウスなどで乾燥します（写真3、4）。

シートの上に刈取った株を広げ、タネをたたき落とします。唐箕などでゴミを飛ばして調製し、さらに風通しのよい場所で数日間乾燥します。

写真３　オカノリの実

写真２　オカノリの花

タネは乾燥剤と一緒に密閉容器にいれて冷蔵庫で保存します。低温・乾燥状態を維持すれば4年程度は高い発芽率を保ちます。

写真４　刈取り時期のオカノリ

写真５　刈取った株の乾燥

ツルナ

葉菜類

- ツルナ科ツルナ属
- 原産地：アジア南部を中心にした広い地域
- 不明
- 生育適温：15〜25℃

特性とタネとりに適した品種

◆原産地と来歴

アジア南部を中心に中国、日本、オーストラリア、チリなど広い地域に自生しています。

イギリス人がニュージーランドの野生種を発見して母国へ持ち帰って以来、ニュージーランド・スピナッチとよばれています。その後、欧米各地に伝わり、ホウレンソウと同様の方法で食用にされています。

日本には1700年には伝わったとみられ、北海道南西部以西の各地の海岸に野生し、ハマヂシャともよばれています。

◆生育・生殖特性と栽培

多年草であるが、寒地では霜に弱く冬は枯れるので、一年草として栽培します。

病害虫が少なく、手間のかからない野菜です。

茎は地面を這い、70〜100㎝に伸び、四方に広がります。葉は三角形か菱形で多肉質です。

自殖性なのか他殖性なのか不明です。タネがこぼれやすいので、タネができた株から採種します。

異品種との交雑に注意することと、母本をそろえすぎないことがポイントです。

◆自家採種に適した品種

ニュージーランド・スピナッチ

（藤田）

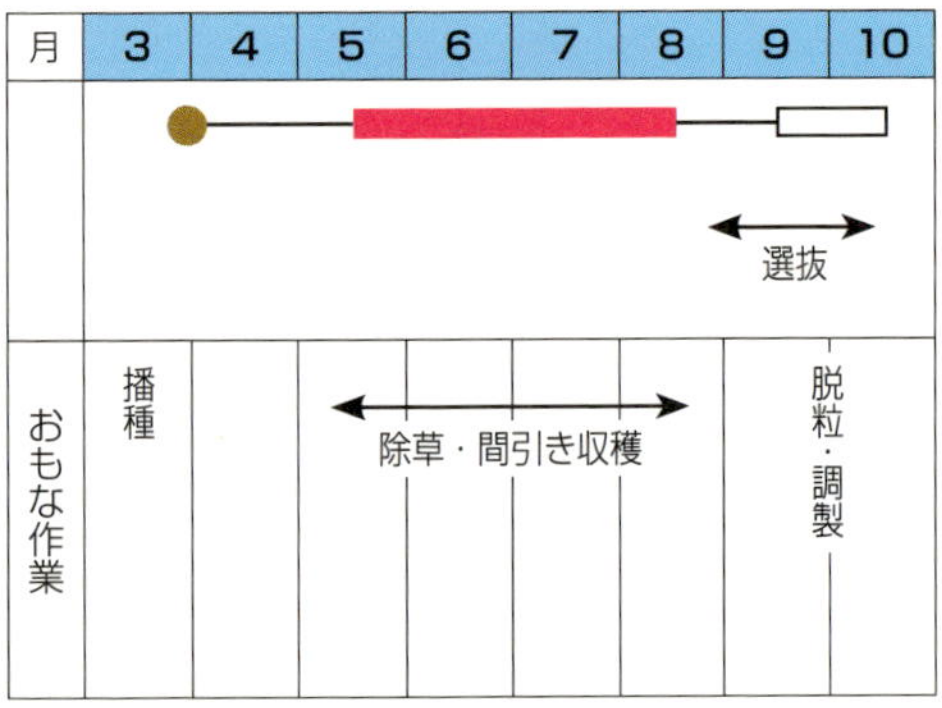

図１　タネとりの栽培暦（長野県松本市）

タネとりの実際

◆栽培のポイント

土づくりと施肥

極端なやせ地は病気や障害につながり、品質低下の原因になります。若葉を旺盛に繁茂させるために、植物質の完熟堆肥を十分施します。乾燥にも比較的強いですが、やわらかな茎葉を収穫するために適宜水やりをします。

プランターでも手軽に栽培できます。

タネまきと食用の収穫

発芽に2週間ほどかかるので、発芽を早めたいときは、タネを一昼夜ほど水に浸してからまきます。うね幅1mに2～3条まきにし、発芽してから間引いて、本葉が2～3枚になるまでに株間約15cmにします。

3～4月ごろまくと、5月から旺盛に生育してきます。茎頂が立ってきたら、新芽の茎葉を生育に応じて10～15cmくらいで摘みとります。

秋には葉腋に実ったタネが自然に落ちて、翌春になると自然に発芽して自生します。

◆採種株の選抜と採種

採種株の選抜

食用に栽培し、そのまま採種株を残して自家採種します。病虫害のない健全株から採種します。

採種と保存

秋になって気温が下がると葉が黄化し、葉腋にヒシの実のような刺状の突起のある倒円錐形の果実をつけます。そのなかに数個のタネがはいっており、果実はこげ茶色になると自然に落下するので、下に箕やシートを敷いて刈取ります。

刈取ったら軽くたたいてタネをとりだします。唐箕などでゴミを飛ばして調製し、さらに風通しのよい場所で数日間乾燥します。

タネは乾燥剤と一緒に密閉容器にいれて冷蔵庫で保存します。

写真1　ツルナのタネ

葉菜類

マーシュ

●ミナエシ科ヴァレリアネラ属
●原産地：地中海沿岸
●不明
●生育適温：15～25℃

特性とタネとりに適した品種

◆原産地と来歴

地中海沿岸が原産地で、ヨーロッパ、北アメリカ、アジアに広く分布しています。野菜としての利用は新しく、18世紀初めごろヨーロッパの庭園で栽培されたのが始まりです。

日本には明治初年に導入され、サラダ用に栽培されていましたが、あまり普及しませんでした。

和名はマーシュのほかにノヂシャ、イギリスではコーンサラダとよばれています。トウモロコシ畑に自生していることからついた名で、トウモロコシの風味があるわけではありません。

◆生育・生殖特性と栽培

一年生あるいは多年生です。耐寒性があり越冬可能ですが、寒冷地では凍害を受けないよう被覆する必要があります。栽培は容易ですが採種量が少ないのが特徴です。

自殖性なのか他殖性なのか不明ですが、タネが小さく千粒重は約1g程度と軽いため、集団で採種することをおすすめします。

◆自家採種に適した品種

マーシュ（野口）など

タネとりの実際

◆栽培のポイント

土づくりと施肥

生育は旺盛で栽培に手はかかりません。しかし、良質で食感のよいものを選びたい場合は、排水のよい有機物に富んだ畑を選びま

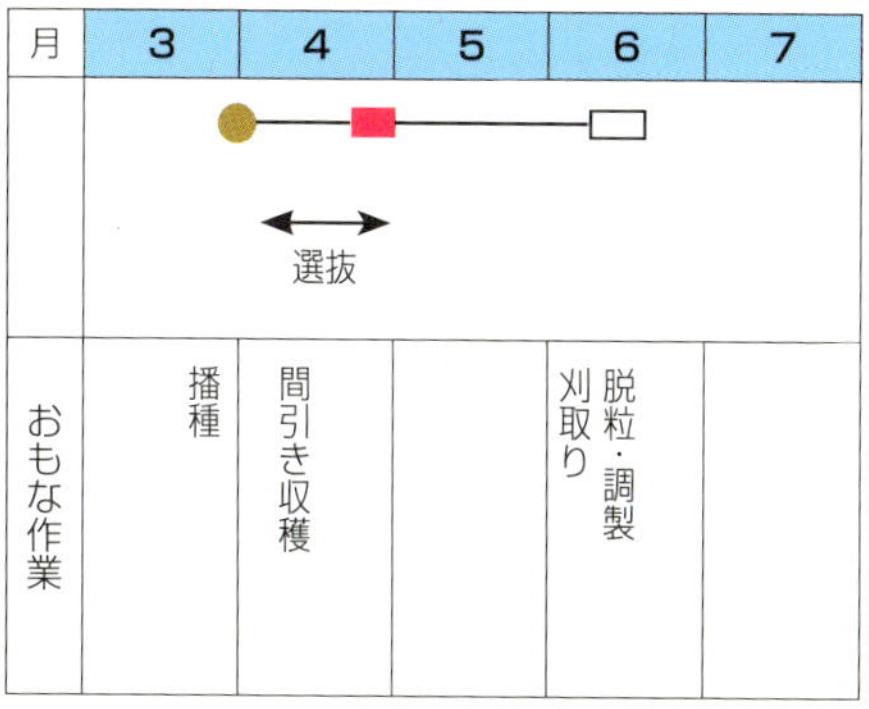

図1　タネとりの栽培暦（長野県松本市）

す。

タネまきと生育

うね幅100cmで条まきして、間引きしながら株間を15～20cmにしていきます。

春先にタネをまけば、5～6月ごろ開花し、タネをつけます（写真1）。葉が黄緑色になると、枝先に白っぽい縦溝のはった小さなタネをつけます。タネが小さいので、少なくとも5～10株の集団で維持します。

写真1　マーシュの花

◆採種株の選抜と採種

採種株の選抜

栽培品種は、葉の幅が広く大きい系統、卵形で円形の系統、葉脈がある系統の3群に分けられますが、品種の分化はあまりすすんでいません。

健全株のなかから葉形が品種固有のものを選びます。

採種と保存

手でふれるとすぐ脱粒するので、下に箕やシートを敷いてから刈取り（写真2）、軽くたたいてタネをとりだします。唐箕などでゴミを飛ばして調製し、さらに風通しのよい場所で数日間乾燥します。

タネは乾燥剤と一緒に密閉容器にいれて冷蔵庫で保存します。

写真2　刈取り
脱粒しやすいので箕などを敷いて行なう

マメ類

アズキ

- マメ科ササゲ属
- 原産地：東南アジア
- 自殖性
- 生育適温：20～25℃

◆特性とタネとりに適した品種

ほかのマメ類よりも早く煮え、食用として重宝されていました。自殖性の強い作物のため、数メートル他品種と離れていれば、交雑の心配はほとんどありません。

自家採種に適した品種：黒アズキ（自農）、大納言アズキ（つる新）など

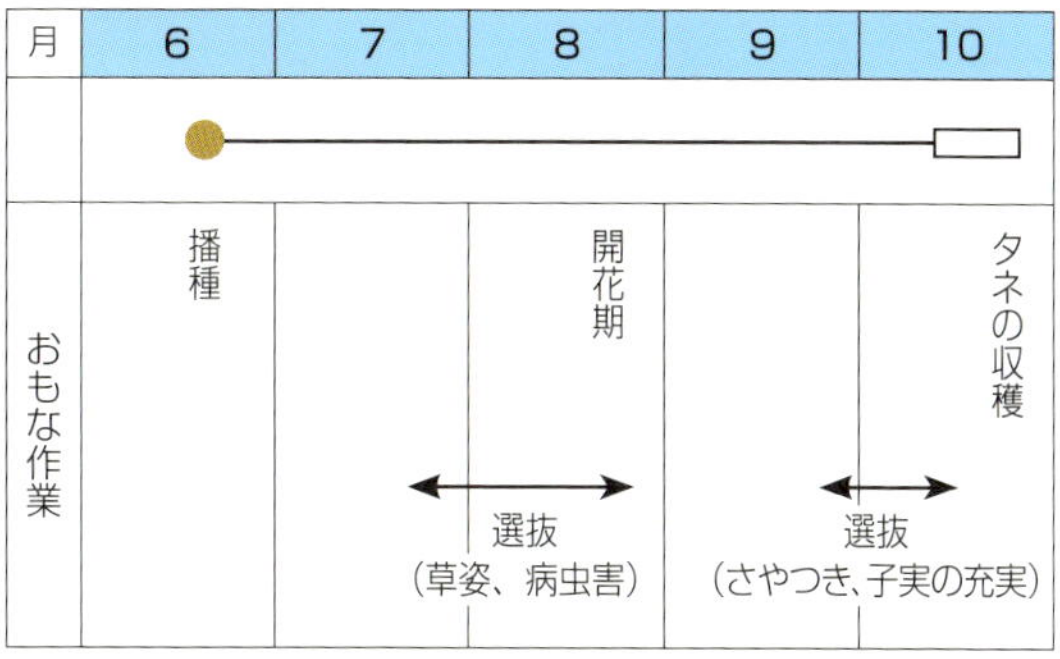

図１　タネとりの栽培暦（長野県松本市）

◆タネとりの実際

タネまき

土づくりや施肥はとくに行ないません。

タネまきは、冷涼地では5月中旬～7月上旬、温暖地では5月上旬～7月下旬が目安です。地域によって差があるので、はじめて栽培するときは時期をずらしてタネまきして、その地域での播種適期をつかむようにします。

うね幅60～80cm、株間30～40cmで、一カ所に2～3粒まきます。

間引き・除草・土寄せ

本葉2～3枚ごろ1穴1～2本立ちにします。

幼苗期は雑草と競合しやすいので、除草をていねいに行ないます。播種後30日ごろ倒伏防止と除草を兼ねて、株元に土寄せします。

採種株の選抜

次年に必要なタネの量が確保できるよう、タネとりの株数を決めます。茎が太く倒伏していない、ウイルスなどの病害に侵されていない、落葉が斉一でさやつきがよい、しわや虫害がなく品種特有の色、大きさを備えた子実を生産する株を選びます。

収穫・脱穀・保存

下部のさやから順次成熟して黄変していくので、2～3回に分けて、成熟したさやから順に収穫します。さやをシートの上に広げ、はじけるようになるまで天日乾燥し、カラカラに乾いたところを棒でたたき脱穀します。虫食い粒やゴミを除いて、天日で3～5日間よく乾かし、フタつきのガラスビンやペットボトルなど密閉容器で保存します。

アズキは短命種子で、常温だと1～2年で発芽率が急激に落ちます。低温・乾燥条件での保管すれば3年程度使用できます。

マメ類

ササゲ

- マメ科ササゲ属
- 原産地：中央アフリカ
- 自殖性
- 生育適温：25～30℃

◆特性とタネとりに適した品種

高温と乾燥に強い反面、冷涼な気候では生育が劣るとされています。

アズキより煮ても種皮が割れにくく、マメの内容物が外にもれないので、昔から米と混ぜて赤飯にして食べていました。

自殖性が強い作物なので、他品種と数メートル離れていれば交雑の心配はほとんどありません。

自家採種に適した品種：奈川ササゲ（自農）、鹿児島在来（自農）、緑肥用カウピー（自農）など

◆タネとりの実際

土づくりとタネまき

とくに必要ありません。残渣を土にすき込むことで緑肥的な効果が得られます。

タネまきは、冷涼地では5月下旬〜7月上旬、温暖地では5月中旬〜7月下旬が目安です。高温性の作物なので、早まきするより十分気温が上がってからまくほうが、初期生育が良好でその後の管理がらくになります。

タネまきはアズキに準じて行ない、うね幅1.5〜2m、株間30〜40cmで、1カ所に2〜3粒まきます。

間引き・除草

本葉2〜3枚ごろ、病害を受けず生育のよいものを1穴2本残します。幼苗期は雑草と競合しやすいため、除草をていねいに行ないます。

半ツル性で茎が縦方向に伸びたあと倒伏して、地面を這うように茎葉を繁茂させます。この時期には茎葉が地面を覆っているので草をよくおさえ、後作の雑草を減らします。

採種株の選抜

食用栽培のなかからウイルスなどの病害に侵されていない株、しわや虫害がなく、品種特有の色、大きさを備えた子実を生産する株を選びます。

収穫・脱穀・保存

黄化し、水分が抜けたさやから2〜3回に分けて順次収穫します（写真1）。株の上部に房状のさやが突き出るので、さやの状態がみやすく収穫がらくです。

脱穀と調製はアズキに準じます。異品種の混入を防ぐため、収穫や調製で使う道具に異品種の種子がついていないことを確認しながら作業します。

ササゲは短命種子で、常温だと1〜2年で発芽率が急激に落ちます。低温・乾燥条件での保管であれば3年程度使用できます。

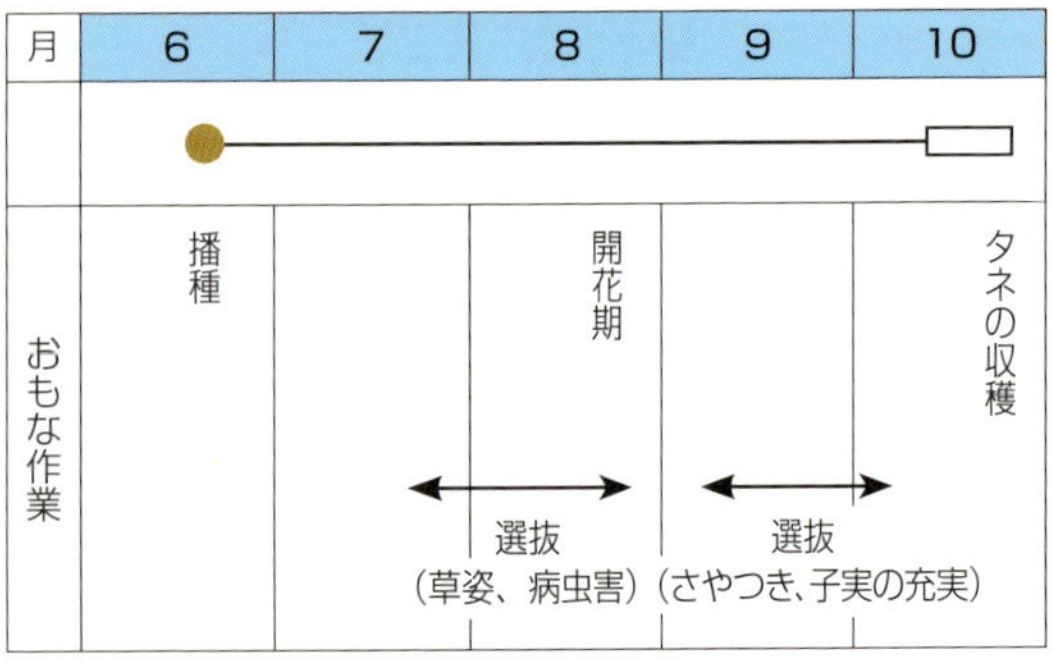

図1　タネとりの栽培暦（長野県松本市）

写真1　ササゲの成熟期

マメ類

サヤインゲン

- マメ科インゲンマメ属
- 原産地：中南米メキシコ付近
- 自殖性
- 生育適温：20〜25℃

◆特性とタネとりに適した品種

サヤインゲンは、インゲンマメの食用の若いさやのことです。生育適温は20〜25℃で、やや冷涼な気候を好みます。

ツルなし種とツルあり種があり、ツルなし種は早生で、短期間で収穫を終えますが、支柱を立てなくても栽培できるため省力的です。ツルあり種は長期間収穫できます。

自殖性が強いため、他品種から

数メートル隔離すればほぼ交雑することはありません。

自家採種に適した品種

ツルあり種：島村インゲン（自農）、越谷インゲン（自農）、マンズナル（野口）など

ツルなし種：つるなしモロッコ（野口）、初みどり2号（つる新）、サクサク王子（つる新）など

◆栽培のポイント

土づくりとタネまき

タネまきの40日以上前に、1㎡当たり植物質堆肥を1kg、ボカシ肥を100g施用し、表層5～10cmにすき込んでおきます。

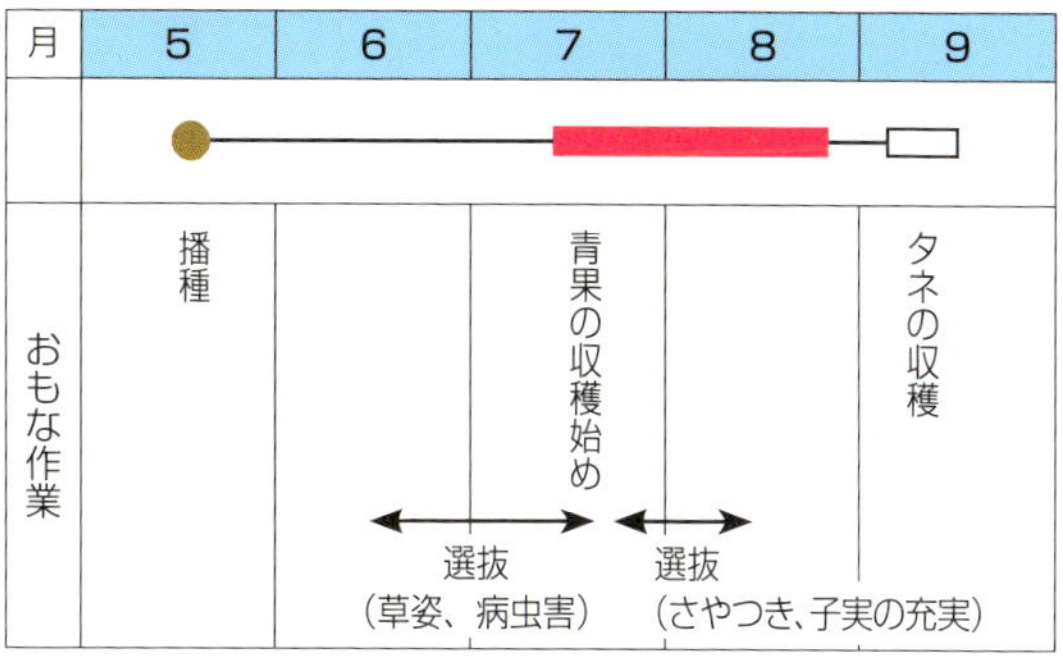

図1　タネとりの栽培暦（長野県松本市）

タネまきは、温暖地では4月下旬～5月上旬（普通）、7月上～中旬（抑制）、冷涼地では5月中旬～6月上旬（普通）、7月上～中旬（抑制）が目安です。

ツルあり種はうね幅90～100cm、株間30～40cm、ツルなし種はうね幅60cm、株間25～30cmの各1条栽培とします。両種とも1穴3～4粒まいて、本葉2枚ごろに1～2本残します。

支柱立て

ツルあり種は支柱を立てて誘引します。支柱は長さ1.8～2.1mで、各株に1本立てます。初期からツルの伸びが早いので、播種前か播種後すみやかに支柱を立てます。

水やり・土寄せ・敷き草

開花期と着莢期は乾燥に弱く、落花や落莢が多くなり、さやの曲がりも増えるので、この時期に土が乾くようであれば適宜かん水します。

写真1　敷き草をしたインゲン

土寄せは、生育初期の株のぐらつきをおさえるため、2回程度株元に行ないます。土をかけすぎると雨による土のはね返りがひどくなり、病害の原因になるので注意します。

泥はねと乾燥を防ぐため敷き草をします。梅雨前までは土の表面がみえる程度に薄く敷き、梅雨明け後に徐々に厚くしていきます（写真1）。ツルなし種は、とくに泥はねの害を受けやすいので、必ず敷き草をします。

◆採種株選抜の着眼点と方法

初期生育と草勢の着眼点

子葉の欠損や、葉に病害や奇形がない株を選んで間引きます。

草勢は、ツルあり種はツル伸びがよく、さやつきのよい株を選びます。ツルなし種は茎が太く、倒伏に強い株を選びます。

さやと種子の着眼点

日々の収穫作業のなかで、さやの曲がりが少なく、さやつきのよい株を選びます。また、さやの形、色などを観察し、品種の特徴を備えたさやをつけている株を選びます。

ツルなし種の丸ざや品種の多くは、タネが縦長で白色を帯びているため見分けがつきにくいのですが、古いツルあり品種の完熟マメ（種子）は黒紫、白、茶色など、品種特有の種皮の色をしています（写真2）。これらは、完熟マメの色を確認して、異品種の混入がないか確認します。

タネとりに必要な株数

自殖性が強く、近交弱勢の危険性が少ないので3株以上からのタネとりで十分です。

◆採種株の管理と採種

青果収穫の打ち止め

ツルあり種で収穫開始から1カ月後、ツルなし種で収穫中盤に、

写真2　いろいろなインゲンマメ

タネとりする株からの青果のインゲン収穫を終了します。なお、収穫をやめる前に、さやの形やさやつきの良し悪しを十分調査しておきます。

タネとり用さやの収穫

タネとり用さやの収穫適期の目安は、黄化し、手でさわるとわずかに潤いがある状態です（写真3）。

完全に乾くまでツルにつけておくとさやにカビが生え、タネの品質を損なうことがあります（写真4）。

写真3　収穫適期のさや

写真4
収穫時期をすぎたさや

追熟・脱穀・調製・保存

収穫したさやを日陰にうすく広げ、3～5日程度追熟して脱穀します。追熟が完了したさやを天日で乾燥し、さやが割れやすいようにすると脱穀作業がらくにできます。脱穀・調製はアズキに準じます。

調製のとき、種皮色に注目して、他品種や交雑種子の混入がないかチェックします。

やや短命な種子で、常温保管で2～3年、保冷保管すると5年程度使用できます。

マメ類

エダマメ

- マメ科ダイズ属
- 原産地：中国東北部
- 自殖性
- 生育適温：20～25℃

◆特性とタネとりに適した品種

エダマメとダイズは同じ植物で、エダマメは未熟なダイズを収穫したものです。

エダマメは本来秋が旬の食べ物です。昔はエダマメ専用品種がなく、ダイズ品種を未熟なうちに収穫していました。ダイズは初夏にタネをまき晩秋に収穫するので、エダマメの収穫は秋だったのです。

自殖性がきわめて強いので、他品種と数メートル離れていれば交雑の心配はほとんどありません。

自家採種に適した品種

早生品種：盆踊り枝豆（つる新）、たんくろう枝豆（つる新）

中～晩生品種：借金なし（都留）、庄内3号茶豆（野口）、越後ハニー（野口）、秘伝（つる新）

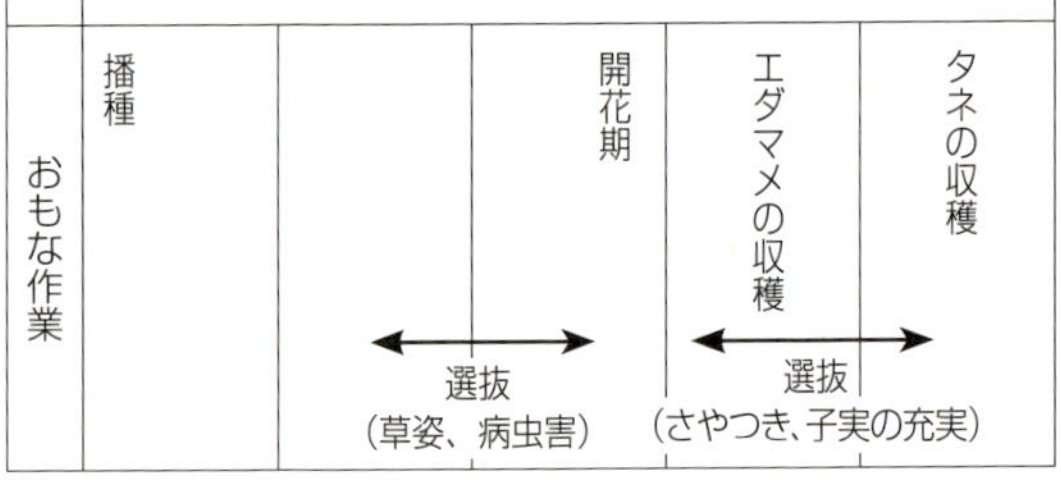

図1　タネとりの栽培暦（長野県松本市）

◆栽培のポイント

土づくりと施肥

やせた畑では、タネまき40日以上前に植物質堆肥を1㎡当たり1kg施用し、深さ5～10cmですき込んでおきます。施肥はとくに必要ありません。

タネまき時期

タネまきの時期は、早生系は、温暖地と暖地で5月上旬、冷涼地で5月中旬です。中～晩生系は、温暖地と暖地で6月上旬～7月中旬、冷涼地で6月上旬～7月上旬が目安です。晩生系の品種をムリに早まきすると蔓化《まんか》（ツルのように伸びること）して倒伏し、さやつきが悪くなります。

タネまき

うね幅60～80㎝、株間20～40㎝を目安に、早生で株が繁茂しない品種は株間をつめ、晩生で株が繁茂する品種は株間を広げて疎植にします。うねの高さは10～20㎝にします。タネは1穴に2～3粒まきます。

発芽したころハトが子葉を食べてしまうことがあります。防ぐには、タネをまいたうねの上に、15㎝くらいの高さで水糸をピンと張ります。

移植栽培もできる

エダマメはポリポットでの育苗も可能です。6㎝ポットに育苗用土をつめ、1ポット当たり3粒程度のタネをまきます。

初生葉（子葉の次に出る葉）が展開したころに2本残して間引き、本葉1～2枚になったら定植します。

水やり・除草・土寄せ

生育初期は乾燥に強く、水やりの必要はありません。開花始めからさやがつくころまでの水の吸収量が多いので、このころ土が乾燥するようであれば水やりします。

生育初期は雑草と競合しやすいので、株元までていねいに除草します。

また、倒伏防止と除草をかねて、土寄せを本葉3～4枚ごろと6～8枚ごろの2回行ないます。

青果の収穫

エダマメの収穫適期は開花後30～40日で、子実が7～8分程度ふくらんだころです。さやが黄色になってくると子実がかたくなり、品質が低下します。ただし、茶豆の一部の品種には、特有の芳香をださせるため、あえて収穫を遅らせるものもあります。

◆採種株選抜の着眼点と方法

初期生育の着眼点

ウイルス病に罹病していない株（葉にモザイク症状がないもの）、アブラムシなどの病虫害の被害がない株を選び、間引きで残します。

草姿、草勢の着眼点

草姿は、開張性（葉や茎が開くタイプ）や立性（葉や茎が直立するタイプ）など、品種固有の草姿があります。実つきがよく、倒伏することなく、成熟期には斉一に落葉する株を選びます。また、茎が太く、分枝が多い株は根張りがよく草勢が強い傾向があるので、こうした株を選びます。

さや、子実の着眼点

さやつきがよく、なかの子実の充実もよいもの、また、さやの表面にある毛の色や、さやの形がその品種の特性を備えた株を選びます。

ウイルスに侵されると子実の芽の部分の色素がにじむので、正常なタネと区別できます（写真1）。タネ用に選別するとき、こうした子実は取り除きます。

タネとりに必要な株数

自殖性で、少数株での採種でも近交弱勢がおこりにくいため、食用として栽培したもののなかから2～3株以上選んで残し、タネをとるといいでしょう。

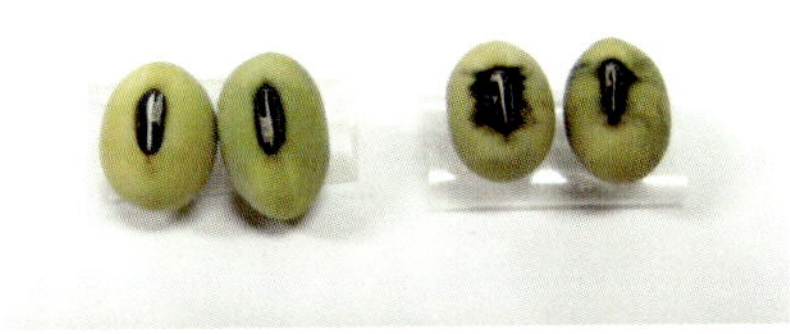

写真1　ウイルス病に侵された種子（右側）

◆収穫・乾燥・調製・保存

落葉し、株全体が黄化したものを地ぎわで刈取り、3～5日干します（写真2）。乾いたところで、株全体を棒でたたくか、大きなバケツの壁面に株を打ちつけるようにして脱穀します。

脱穀したタネはゴミが多いため、ふるいや手箕でゴミや虫食いを取り除きます。これを、天日で3日程度よく乾かし、密閉できる容器に収納します。もちろん、収穫したタネはダイズとして食用にもできます。

常温では2年程度ですが、低温乾燥条件で保管すれば5年程度タネとして使用できます。

写真2　タネとり用エダマメ（ダイズ）の地干し
このように畑で地干ししてもよい

雑穀

アワ

- イネ科エノコログサ属
- 原産地：中央アジアから西アジア
- 自殖性
- 生育適温：20～30℃

◆特性とタネとりに適した品種

モチ種とウルチ種があり、日本では食味に優れているモチ種が中心です。モチ種は米のモチやご飯に1割程度混ぜて食べます。ウルチ種は中国などでは粥に混ぜて食べます。

自殖性が強いため、他品種から数メートル離れていれば採種可能です。

自家採種に適した品種：モチアワ松本系（自農）、ウルチアワ中国系（自農）など

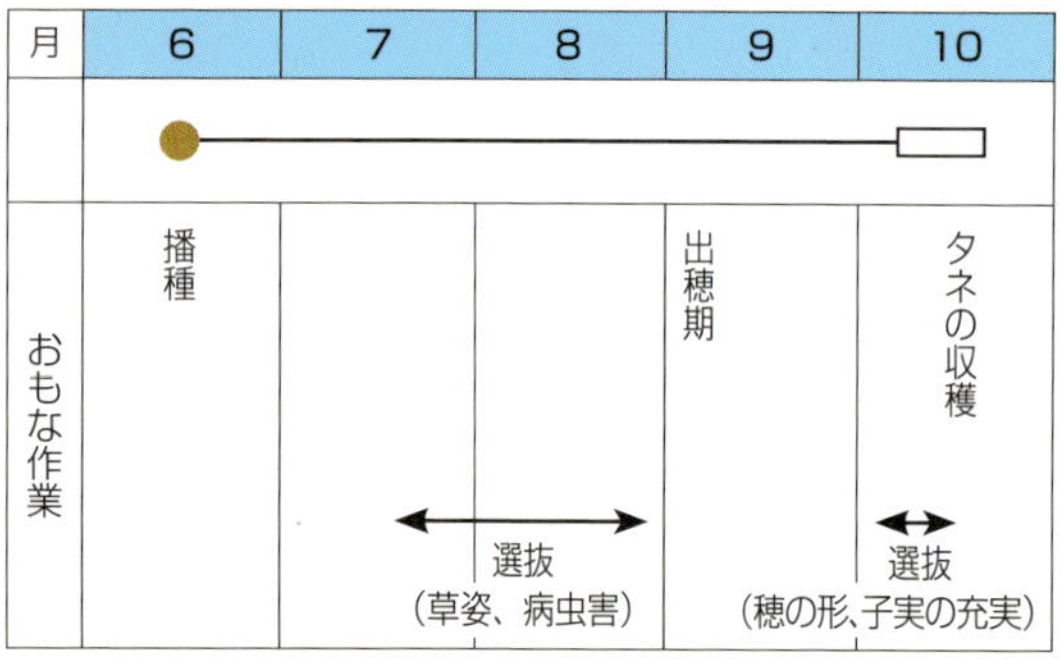

図１　タネとりの栽培暦（長野県松本市）

◆タネとりの実際

土つくりと施肥

タネまきの前年の秋か早春に、植物質堆肥を1㎡当たり1kg施用し、深さ5cmにすき込みます。野菜の後作では無肥料で栽培します。

タネまき

冷涼地では5月中下旬～6月中旬、温暖地では6月中旬～7月上旬が目安ですが、地域の播種適期に準じるようにします。地域でのアワの播種期がわからない場合は、ダイズの播種期を目安にします。

条まきは、うね幅60～70cm、クワ幅（10～15cm）のまき溝を切り、厚まきにならないようにまきます。点まきは、うね幅60～70cm、株間15～20cm、一カ所に10粒程度まきます。

覆土は1～2cmとし、覆土後上から足で踏んで鎮圧します。

間引き・除草・土寄せ

間引きは除草をかねて2～3回行ないます。

発芽後10日目に密生する部分を間引き、その後10日ごとに間引いて、最終的にはうねの長さ30cmに10本の苗立本数を目標にします。点まきでは1～2本立ちに間引きます。

密植すると茎が細くなり、穂も小さくなって減収するので、適期の間引きを心がけます。

間引き後にうね間を除草し、最終間引き直後と草丈30～40cmごろ、倒伏防止のために土寄せを行ないます。

写真１　栽培中のアワ

写真２　モチアワの収穫時期

写真３　ウルチアワの収穫時期

◆採種株の選抜と採種

採種株の選抜

生育旺盛で倒伏しないものを選びます。また、食用に栽培したなかから穂が大きく、品種特有の色や形状をしたものを選びます。

収穫・脱穀・調製・保存

穂の緑が完全に消えて黄化し、茎葉が黄変した状態が収穫の目安です（写真2、3）。熟した穂を穂首から40cmの長さに穂刈りし、束ねて軒下につるして十分乾燥します。

よく乾かした穂をシートの上に広げ、棒でたたくか手でもみしごいて脱穀します。

ふるいで殻やゴミを除き、箕で風選して調製します。長命で、低温・乾燥条件であれば5年以上保存できます。

なお、作業は異品種の混入を防ぐため、収穫や調製で使用する道具に異品種のタネがついていないことを確認しながら行ないます。

雑穀

ヒエ

- イネ科ヒエ属
- 原産地：東アジア
- 自殖性
- 生育適温：15～30℃

◆特性とタネとりに適した品種

日本で栽培されているヒエは、東アジア原産のイヌビエが祖先です。ヒエはタンパク質やビタミンB類などを豊富に含み、米麦に劣らない栄養価ですが、食味が劣ります。

低温に強く、生育期間が短いうえ、雑穀類では多収だったので、古くから救荒作物として利用されてきました。

自殖性の強い作物なので、他品種から数メートル離れれば採種可能です。

自家採種に適した品種：ヤリコ（自農）など

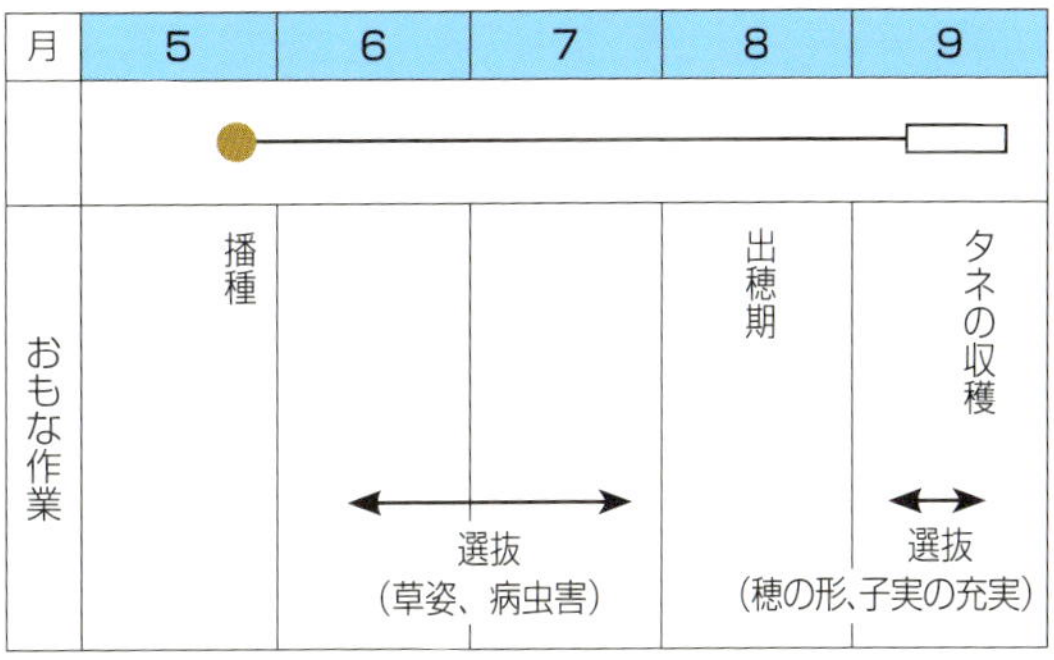

図1　タネとりの栽培暦（長野県松本市）

◆栽培のポイント

タネまき時期は5月下旬～6月上旬が目安です。品種の早晩性や地域の気象条件によってちがうので、現地の適期に準じるようにします。地域でのヒエの播種期がわからない場合は、ダイズの播種期を目安にします。

土づくりと施肥、タネまきの方法はアワに準じます。

写真1　生育中のヒエ

栽培管理もアワに準じますが、ほかの雑穀より水の要求量が多い作物です。とくに出穂直前から水を必要とし、この時期に乾燥がつづくようなら水やりをします。

◆採種株の選抜と採種

採種株の選抜

食用に栽培したもののなかから、生育旺盛で倒伏しないものを選びます。また、穂が大きくて、分けつが多く、穂の色や形が品種の特性をよくあらわしているものを選びます。

収穫・脱穀・調製・保存

5月下旬播種で9月中旬ごろの収穫になります。出穂後30日ごろ、手で握ると脱粒するようになり、茎葉が黄変しはじめたころが収穫適期です。

ヒエは収穫適期がきわめて短く、刈取り時期が遅れると脱粒による減収がひどくなります。

熟した穂を穂首から40cmの長さに穂刈りし、束ねて軒下につるして十分乾燥させます。脱粒しやすいので、乾燥時もシートなどで子実を受けるようにします。脱穀・調製はアワに準じます。

長命で低温乾燥条件であれば5年以上保存できます。

雑穀

キビ

- イネ科キビ属
- 原産地：中央アジア
- 自殖性
- 生育適温：20〜30℃

◆特性とタネとりに適した品種

日本ではモチ種が栽培されていて、雑穀のなかでは食味がよいとされています。キビはご飯や粥に1割程度混ぜて食べたり、カリントウなどの菓子に加工されます。

自殖性ですので他品種から数メートル離せば採種可能です。

自家採種に適した品種：モチキビ松本系（自農）など

写真2　調製したヒエ

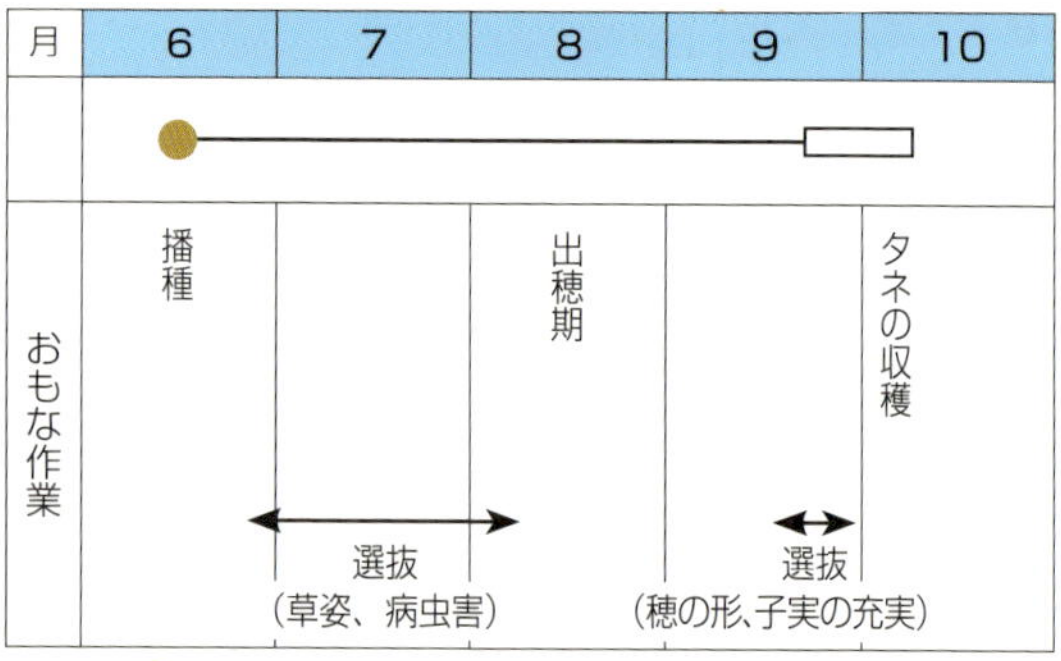

図1　タネとりの栽培暦（長野県松本市）

◆タネとりの実際

土づくりとタネまき

タネまきの時期は、5月中下旬〜6月中旬が目安です。実際には地域の播種適期に準じるといいでしょう。地域の播種期がわからない場合は、ダイズの播種期を目安にします。

土づくりと施肥、タネまきの方法はアワに準じます。

間引き・除草・土寄せ・鳥害防除

条まきでは、間引きは除草を兼ねて2〜3回行ないます。1回目は発芽後10日ごろ、密生する部分を間引きます。その後7日ごとに行ない、最終的にうねの長さ30cmに10〜15本の苗立本数を目標にします。

点まきでは1穴1〜2本立ちに間引きます。

間引き後にうね間を除草し、草丈20〜30cmごろ倒伏防止のため土寄せを行ないます。キビは草丈が高くなるため、土寄せは念入りに行ないます。

キビは鳥害が多く収穫皆無になることがあるので、スズメの多い地帯では出穂後、防鳥網等で鳥害対策を行ないます。

採種株の選抜

採種には、生育旺盛で倒伏しない株で、穂が大きく、品種特有の色や形状をしたものを選びます。

収穫・脱穀・調製・保存

9月下旬ごろ、穂の50％くらい

写真1　収穫適期のキビ

が黄化成熟し、茎葉が黄変したころが収穫適期です。成熟すると脱粒しやすいので、刈取り時期が遅れないよう注意します。

穂首から40cm程度の長さに穂刈りし、束ねて軒下につるして十分乾燥します。脱穀・調製はアワに準じます。

長命で低温乾燥条件であれば5年以上保存できます。

雑穀

アマランサス

- ヒユ科アマランサス属
- 原産地：中米やアンデス
- 他殖性
- 生育適温：25℃

◆特性とタネとりに適した品種

原産地では古くから栽培されていました。日本には江戸時代にはいり、「仙人穀」ともよばれていました。東北地方では「アカアワ」とよび食用にされていました。しかし、栄養価の高さから、世界的に注目されるようになったのは1970年代です。

ほかの雑穀とちがって精白を必要とせず、脱穀した子実をそのまま食べることができるので、家庭用の少量栽培にもうってつけの雑穀です。

同じ株に雌花と雄花が別々に咲くため、他殖性の強い作物です。交雑可能な距離については不明ですが、近接して他品種のアマランサスを栽培しないようにします。

自家採種に適した品種：アマランサス立穂赤系（自農）など

◆タネとりの実際

土づくりとタネまき

タネまきの時期は、冷涼地は5月中旬～6月上旬、温暖地では5月上旬～7月下旬が目安です。

アマランサスは点まきします。うね幅60～80cm、株間20cm、一カ所に10粒程度まきます。株間が上記よりせまいと株が充実せず子実収量が低下し、広くなると分枝が多くなり刈り残しが多くなるので適正な株間を守ります。

土つくりと施肥はアワに準じます。

間引き・除草・土寄せ

本葉3枚のときに3～4本立ちに間引き、本葉8枚までに1本立ちにします。間引きが遅れると茎が徒長し、倒伏しやすくなるので適期に行ないます。

幼苗期は生育が緩慢で雑草と競合しやすいため、間引きのときに株のなかもていねいに除草します。

1回目の間引きのときに株元に軽く土寄せします。本葉10枚ころから生育が旺盛になるので、倒伏防止と除草をかねて土寄せします。

採種株の選抜

食用に栽培したもののなかから茎が太く、倒伏に強い株で、茎頂部の穂が大きく、穂が品種特有の形状や色をしたものを選びます。

収穫・脱穀・調製・保存

5月下旬まで9月中下旬ごろ収穫になります。いっせいに熟さないので、株全体の半分くらいの下葉が黄化しはじめ、花穂を軽く

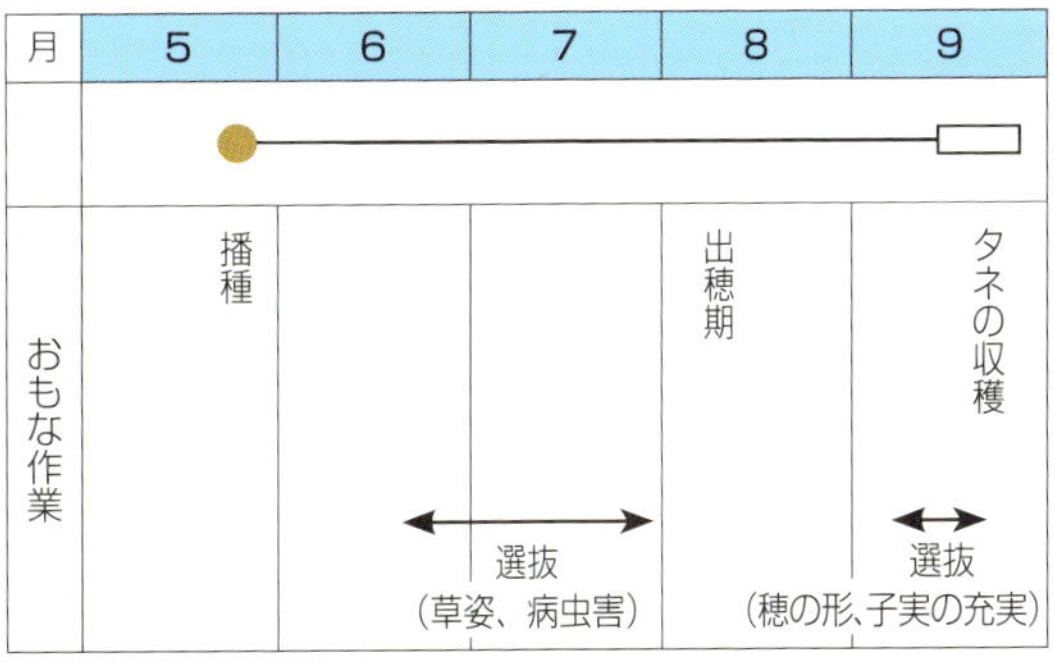

図1　タネとりの栽培暦（長野県松本市）

写真1　収穫前のアマランサス（8月）

握って実が手のひらにつくころを収穫の目安にします。

　穂首から刈取り、小束にして日当たりと風通しのよい軒下につるします。カラカラに乾燥させると葉が粉状になりゴミが多く出るので、半乾きの状態になったら、穂をシートの上に広げ、棒でたたき脱穀します。

　子実が小さいので2㎜ほどのふるいや台所用の金ザルでふるい、箕で風選して細かなゴミを除きます。子実がまだやわらかいので天日でよく乾燥させ、かたくなってから紙袋にいれて貯蔵します。

　保存性については不明ですが、経験的に、低温・乾燥条件で3～5年は利用できます。

写真2　調製したアマランサス

雑穀

エゴマ

- シソ科シソ属
- 原産地：東アジア
- おもに自殖性、他殖もする
- 生育適温：20～25℃

◆特性とタネとりに適した品種

　中国、日本、韓国では昔から油料作物として栽培されてきました。葉を利用する「野菜エゴマ」と子実用（搾油）のエゴマの2種類があります。野菜エゴマはおもに韓国で栽培され、キムチに加工されたり、焼き肉に巻いて食べます。

　日本での利用はもっぱら子実用で油をしぼったり、子実をすりつぶして味噌とあえた「エゴマ味噌」を五平餅に塗って食べます。

　おもに自殖を行ないますが他殖もするため、ほかの品種やシソが近くにあると交雑する危険性があります。

　したがって、最低50ｍ以上ほかの品種やシソから離して栽培します。

自家採種に適した品種

葉利用：野菜エゴマ（自農）
子実利用：黒エゴマ（つる新）、白エゴマ（つる新）など
　白エゴマは子実収量は多いですが、種皮が厚く油含有率は黒エゴマに劣ります。黒エゴマは白エゴマよりもやや小粒で子実収量が少ないです。品質は白エゴマのほうが優れているといわれています。

◆タネとりの実際

土づくりとタネまき

　やせた畑では、タネまきの40日以上前に、植物質堆肥を1㎡当たり0.5～1kg施用し、土の表層5～10㎝の深さにすき込みます。吸肥力が強く、養分過剰になると倒伏しやすいため施肥は行ないません。

　タネまきの時期は、5月中旬～6月下旬です。うね幅1ｍ、株間0.5ｍの1条栽培とし、1穴5～6粒のタネをまきます。覆土はタネがかくれる程度で薄くします。

水やり・土寄せ・間引き

　発芽までは土が乾くようなら水やりをします。

　草丈30㎝までに2回程度株元に土寄せして、倒伏を防ぐとともに雑草発生をおさえます。エゴマは茎が伸びると雑草をおさえますが、初期は雑草と競合しやすいの

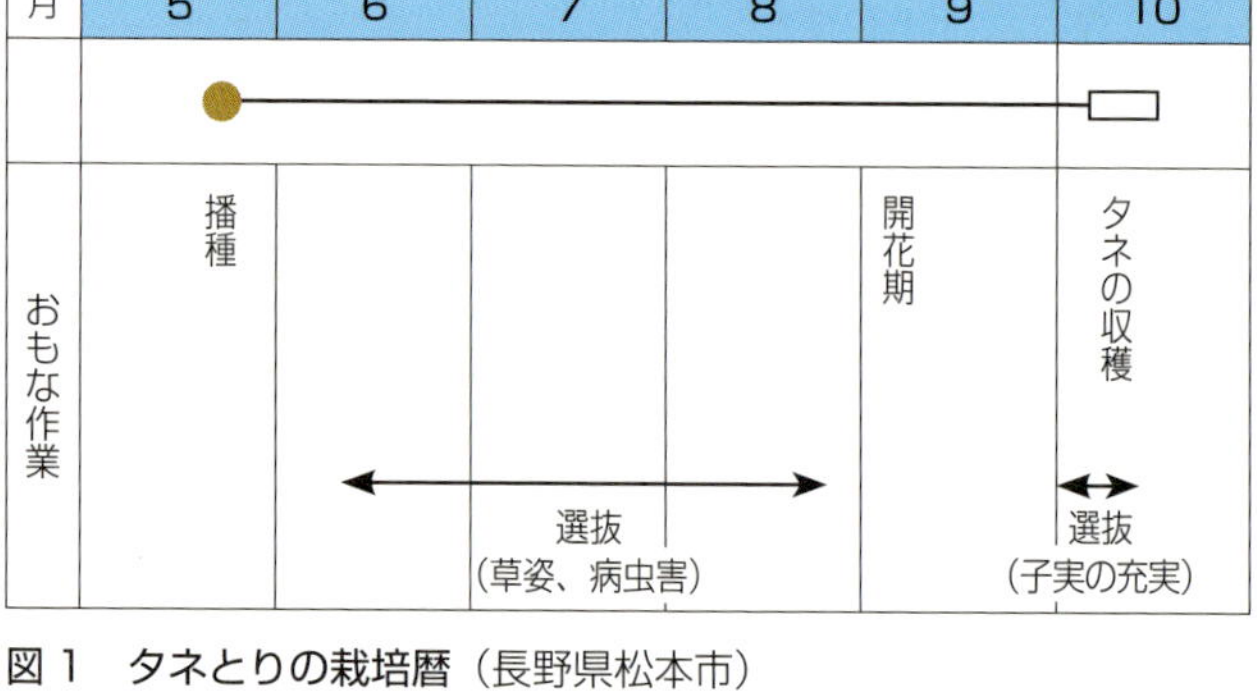

図1　タネとりの栽培暦（長野県松本市）

写真１　生育中のエゴマ

写真２　乾燥したエゴマ

写真３　調製したエゴマのタネ

で、株元はていねいに除草します。

本葉1枚ごろ、1穴に3本残し、本葉3枚ごろに1本立ちにします。

採種株の選抜

生育初期は、葉に病害がなく、節間が短くて徒長していない株を残して間引きます。

草姿や草勢は、主枝の伸びや側枝の発生程度が品種の特徴を示していて、茎が太く、倒伏に強い株を選びます。

子実については、色（白、黒）が品種の特徴を備え、稔実がよい株を選びます。

エゴマはおもに自殖するので、タネとり用の株は食用に栽培したものから5～6株以上選びます。

刈取り・脱穀・調製・保存

下から3分の2程度の葉が黄化したら刈取り適期です。茎を根元から刈り倒し、ただちに回収します。刈取りは曇天の日や早朝、葉に朝露が残っている時間に行なうと脱粒が少なくてすみます。

刈取った株はブルーシートの上に広げ、天日で乾燥します（写真2）。乾燥後、棒などで茎葉をたたいて、脱穀します。

ゴミやしいなをふるいまたは手箕などで取り除き、3～5日間天日でよく干します。干し上がったら密閉容器にいれ冷暗所で保管します（写真3）。

エゴマは短命種子で、常温では1～2年しか保存がきかないので密閉容器に乾燥剤を同封して、保冷保管すると3年程度使用できます。

編著者略歴

〈編者〉

公益財団法人 自然農法国際研究開発センター

昭和60年11月13日、農林水産省から財団法人として認可を受け、平成24年4月1日、内閣府より公益財団法人として認可される。化学肥料や合成農薬にたよらず、地域の実情に応じて自然の生態系を利用した持続可能な生産技術体系(自然農法)の研究, 開発、品種の育成と、教育研修、国内外への普及活動に取り組んでいる。

〈著者〉

原田 晃伸

1975年奈良県生まれ。大阪ハイテクノロジー専門学校卒。2002年公益財団法人自然農法国際研究開発センターに入職。現在、研究部育種課係長兼育種チーム長。トマト、ナス、ピーマンなどの品種育成に取り組んでいる。

巴 清輔

1979年兵庫県生まれ。東京農業大学国際農業開発学科卒。2005年公益財団法人自然農法国際研究開発センターに入職。現在、研究部育種課育種チームに在籍。メロン、タマネギなどの品種育成に取り組んでいる。

これならできる! 自家採種コツのコツ
失敗しないポイントと手順

2016年6月5日　第1刷発行

編者　公益財団法人　自然農法国際研究開発センター

発行所　一般社団法人　農山漁村文化協会
〒107-8668　東京都港区赤坂7丁目6-1
電話　03 (3585) 1141 (営業)　03 (3585) 1147 (編集)
FAX　03 (3585) 3668　振替 00120-3-144478

ISBN 978-4-540-15155-2　DTP/ 條 克己
〈検印廃止〉　印刷・製本 / 凸版印刷 (株)